Al-Ghazālī, Der Pfad der Gottesdiener

تأليف
الإمام أبي حامد محمد بن محمد بن محمد الغزالي

Abū Ḥāmid Muḥammad
ibn Muḥammad al-Ghazālī

DER PFAD DER GOTTESDIENER

minhāj al-ʿābidīn

übersetzt und erläutert von

Ernst Bannerth

Die Deutsche Bibliothek
verzeichnet diese Publikation
in der Deutschen Nationalbibliographie;
detaillierte bibliographische Daten sind im Internet
über http//dnb.de abrufbar.
ISBN 978-3-911433-00-6

1964 by Otto Müller Verlag Salzburg,
Reihe Wort und Antwort / Bd. 33,
hg. von Matthias Vereno,
übersetzt und erläutert von
ERNST BANNERTH.

1. Aufl. 2024
ISBN 978-3-911433-00-6

[www.spohr-publishers.com]
Covergestaltung Salim Spohr.

Druck: Alföldi Printing House.
Printed in Hungary.

INHALT

VORWORT DES VERLAGES

DAS IN DER ÜBERSETZUNG von Ernst Bannerth hier vorgelegte Werk Imam al-Ghazālīs, „Der Pfad der Gottesdiener“, *minhāj al-ʿābidīn,* unterscheidet sich von allen anderen Werken unseres „Jahrtausendgelehrten“, sofern es als das von ihm zu allerletzt verfaßte seit je besondere Beachtung auf sich zog und überliefert ist, der Meister habe es nur den vertrautesten seiner Schüler persönlich überreicht.

Es ist ein Werk, über das der Autor sich geradezu beglückt zeigt, so Allah ihm nach eigenem Bekunden bei dessen Ausarbeitung Einblicke in den inneren Sinn gottesdienstlicher Handlungen gewährte, die ihm bislang verschlossen waren, und ihn zu einer wunderbaren Anordnung der Lehrstücke geführt hatte, die ihm zuvor in seinen Schriften nicht gelungen war.

Unter den Titeln „Wissen“, „Bekehrung“, „Hindernisse“, „Heimsuchungen“, „Triebkräfte“, „Ablenkungen“, schließlich „Lobpreis und Dank“ entwickelt der Autor — zur Besserung und zum Heile — sieben Aufstiege der Seele.

Im Unterschied zu seinen ausführlichen Werken beschränkt er sich hier auf das „notwendige Grundsätzliche“, das, in Regeln zusammengefaßt, zum Erfolg führen werde, wenn man an ihnen festhält – was sowohl für den Anfänger wie den Vollendeten, den Starken wie den Schwachen gilt. Wie die Konzentration auf das Wesentliche den Verzicht auf „Überflüssiges“ einschließt, stellt die vorliegende Abhandlung formal wie inhaltlich eine abschließende Darlegung der Essenz des „asketischen Weges“ dar.

Auf die überausführliche Einführung des islamwissenschaftlichen Übersetzers wurde verzichtet, da ein Verständnis des Haupttextes ihrer keineswegs bedarf. Geblieben ist das Verzeichnis der vom Übersetzer verwendeten Literatur und ein Verzeichnis von Personennamen und islamischer Fachausdrücke.

Eher befremdlich wirkende Fälle österreichischer Ideomatik bzw. Grammatik wurden dem Deutschen angepaßt, die Transliteration abgestimmt und die Koranverweise der heute gebräuchlichen Zählweise angeglichen.

Abschließend können wir uns nur darüber freuen, mit dem hier vorgelegten Titel nun ein seit Jahren heftig nachgefragtes Desiderat einer deutschsprachigen Leserschaft wieder zugänglich zu machen.

Wa min Allah at-tawfīq

Köln am Rhein,
im Muḥarram 1446, den 27. Juli 2024,

ERICH SALIM SPOHR

EINLEITUNG

Der gelehrte fromme Asket und Scheich ʿAbd al-Malik ibn ʿAbdullāh — Gott sei ihm gnädig — berichtet: Dieses kurzgefaßte Buch hat mir mein Scheich diktiert, der erhabene Imām, der beseligte erfolgreiche Asket, Autorität des Islam, Zierde der Religion, Ehre der Glaubensgemeinde Abū Ḥāmid Muḥammad ibn Muḥammad al-Ghazālī aus Ṭūs — Gott heilige seine Seele und erhöhe im Paradies seine Stufe. Es ist das letzte von ihm verfaßte Buch, und nur seine vertrauten Gefährten haben es von ihm erhalten.

Es lautet: Lob sei Gott, dem weisen, gütigen, gnädigen, erhabenen und barmherzigen Herrscher, „*der den Menschen im schönsten Gleichmaß schuf*“ [K. 95:4]. Die Himmel und die Erde bildete er durch seine Allmacht und ordnete die Dinge in beiden Welten. „*Geister und Menschen schuf er nur, auf daß sie ihn anbeten*“ [K. 51:56]. Deutlich liegt vor dem Wandernden der Weg zu ihm, wie der Grund seiner Erkenntnis klar vor dem Betrachtenden steht, dennoch „*läßt er irregehen, wen er will, und leitet, wen er will*“ [K. 14:4], „*denn er kennt ja am besten die Rechtgeleiteten*“ [K. 6:117]. Segen und Heil sei über den Herren der Gesandten sowie über dessen Anverwandten, den reinen, guten und makellosen — unversehrt und herrlich ist er bis zum „*Tag des Gerichtes*“ [K. 1:4].

Wisset, meine Brüder — euch und mich möge Gott wohlwollend beseligen: Die Gottesverehrung ist Frucht des Wissens, Gewinn des Lebens, Erfolg der starken Gottesdiener, Besitz der Heiligen, Weg der Gottesfürchtigen, Anteil der Teuersten, Ziel der Strebenden,

Losung der Edlen, Beruf der Vollendeten, Wahl der Schauenden, und sie ist Pfad zur Seligkeit wie Weg zum Paradies. Gott der Allerhöchste hat ja gesagt: „*Ich bin euer Herr — so betet mich an*“ [K. 21:25], sodann: „*Dies ist Lohn für euch, und Dank erfährt euer Eifer*“ [K. 17:19]. Dann schauten wir auf sie und betrachteten ihren Weg von den Ausgängen bis zu den Zielen, die das Erstrebte ihrer Wanderer sind. Es ist ein steiler Weg und ein schwieriger Pfad. Zahreich sind dessen Anstiege, hart seine Mühen, weit seine Strecken, schrecklich die Unfälle, häufig seine Sperren und Widerstände, verborgen seine Gefahren und Hinterhalte, und übermächtig sind seine Feinde und Wegelagerer, und selten sind die, welche mit ihm gehen und ihm folgen. Er muß so sein, denn er ist ja der Weg zum Paradies.

Dies geschieht nun, wenn man dem Wort des Hochgebenedeiten Glauben schenkt: „Wahrlich durch Widriges wird das Paradies gewährt, und wahrlich das Höllenfeuer durch Begierden“ [W. I. 376]. Ferner hat der Hochgebenedeite gesagt: „Wahrlich, der Zucht wegen heißt das Paradies Trauer, und wegen der Sorglosigkeit ist das Höllenfeuer leicht“ [W. I. 461]. Sodann, trotz alledem ist der Gottesdiener schwach, die Zeit ist schwer, die Sache der Religion geht zurück, die Muße ist gering und die Arbeit viel, das Tun ist mangelhaft, der Ankläger ist scharfsinnig, das Ende nahe und die Reise weit. Der Gehorsam ist notwendige Wegzehrung, er kann verfehlt werden, und unumgänglich ist er. Wer ihn erfaßt, der siegt und ist selig für alle Ewigkeiten, doch wer ihn verfehlt, der gehört zu den Verlierenden und zu den Verlorenen [S. 2]. Bei Gott, demnach ist diese Sache anstrengend und die Gefahr riesig, weshalb selten einer diesen Weg einschlägt. Selten geht ihn ein

Wanderer, und kaum ist einer zu finden, der ans Ziel gelangt und das Erstrebte erlangt. Doch am seltensten sind diejenigen, die Gott der Mächtige und Erhabene zu seiner Erkenntnis und Liebe erwählt hat und denen er seine Erfolgshilfe und seinen Schutz verleiht und die er sodann gnädig zu seinem Wohlgefallen und Paradiese geleitet.

So bitten wir ihn denn, dessen Gedenken erhaben ist, daß er durch sein Erbarmen euch und uns zu Siegern mache: Ja, da wir nun diesen Weg sogestalt gefunden haben, denken wir nach und halten Ausschau, wie wir ihn zurücklegen sollen und wessen der Mensch bedarf an Begabung, Gerät, Werkzeug, an Kunst, Wissen und Tun, auf daß er ihn vielleicht mit Gottes gütiger Erfolgshilfe heil zurücklege und nicht durch verderbliche Hindernisse abgeschnitten untergehe, wovor Gott behüte.

Darüber, wie man diesen Weg zurücklegt und auf ihm wandelt, haben wir Bücher verfaßt wie: „Wiederbelebung der Religionswissenschaften", „Annäherung an Gott" usw., die Genaues an Wissenschaften enthalten. Sie waren zu schwierig für das Verständnis, man lehnte sie ab und befaßte sich mit dem, was man darin nicht gut verstand. Welches Wort ist sprachlich reiner als das des Herrn der Welten, und doch hat man darüber gesagt, es seien „*Erzählungen der Altvordern*" [K. 6:25]. Hast du nicht das Wort des Zayn al-ʿĀbidīn ibn al-Ḥusayn ibn ʿAlī ibn Abī Ṭālib — über allen sei Gottes Wohlgefallen — gehört:

„Die Perlen meines Wissens,
  wahrlich ich verberge sie,
damit der Tor sie nicht sehe und uns anfechte.
Früher schon tat Abū Ḥasan so (Ḥasans Vater: ʿAlī)

gegenüber al-Ḥusayn und vertraute es vor
ihm al-Ḥasan an.
O mein Herr, kündete ich offen das Kleinod des
Wissens,
So sagte man mir: ‚Ein Götzendiener bist du!‘
Muslime würden meinen, mich zu töten sei erlaubt.
Ḥasan sähen sie als den Schlimmsten an, dem sie
begegnen.“

Bei den Religiösen, die die edelsten Geschöpfe Gottes des Allerhöchsten sind, gilt es als notwendig, den Blick auf die Schöpfung insgesamt mit erbarmendem Auge zu richten und den Streit zu lassen. So flehte ich denn zu dem, in dessen Hand die Schöpfung hegt, er möge mir erfolgreich helfen, ein Buch zu verfassen, das Zustimmung finde und aus dessen Lesung man Nutzen ziehe. Es möge Jener mich erhören, der den Bedürftigen erhört, wenn er *„ihn anruft“* [K. 27:62]. Er gab mir Einblick in den inneren Sinn und gab mir hierüber eine wunderbare Anordnung ein, die ich in früheren Schriften über „den inneren Sinn der religiösen Handlungen“ nicht behandelt habe. Dies ist meine Meinung, und von Gott ist der Erfolg.

Wie der Mensch zum geistlichen Leben erwacht und durch himmlische Eingebung von Gott wie durch besondere göttliche Hilfe sich frei dazu macht, dessen Weg zu gehen, so hat der Gepriesene und Allerhöchste mit seinem Worte gemeint [K. 39:22]: *„Sollte wohl der, dessen Herz Gott für den Islam geöffnet hat und der in einem Lichte ist, (das) von seinem Herrn (kommt) ...“* Hierauf hat der hochgebenedeite Herr des Gesetzes (Muḥammad) mit seinem Ausspruch hingewiesen: „Wahrlich, wenn das Licht in das Herz eindringt, so erfreut und ergötzt es sich." Auf die Frage: „O Gesandter Gottes, gibt es hierfür ein Zeichen?", sagte er: „Wenn man sich von der Stätte des Nichtigen abkehrt, sich reuig zur Stätte des Ewigen wendet und wenn man sich auf den Tod vorbereitet, ehe dieser kommt." Wenn vor allem es dem Menschen in den Sinn kommt: „Wahrhaftig, mannigfaltig finde ich mich begnadet, da ist das Leben, die Kraft, der Verstand, die Sprache nebst den übrigen edlen Eigenschaften und Genüssen, daneben noch was an Schäden und Unfällen von mir abgewehrt wurde. Nun haben diese Gnaden einen Spender, der von mir verlangt, daß ich ihm danke und diene. Wollte ich dies versäumen, so versagt er seine Gnaden und läßt mich seine Ahndung und Vergeltung verkosten. Er hat mir ja einen Gesandten geschickt, den er durch Wunderzeichen bekräftigt hat, die die Naturordnungen durchbrechen und über Menschenmacht hinausgehen. Der nun hat mich belehrt, daß ich einen Herrn habe, erhaben ist sein Gedenken, er ist allmächtig, allwissend, lebendig, wollend, der durch sein Geheiß befiehlt und untersagt. Er hat die Macht, mich zu bestrafen, wenn ich zuwiderhandele, wie mich für den Gehorsam zu belohnen. Er kennt mein Innerstes wie alles, was sich meinem Denken mischt, er hat verheißen und angedroht und befohlen, seine geoffenbarten Gesetze zu halten."

Da dringt es denn ins Herz: „Wahrlich, es ist möglich, die Vernunft kann es durch erste einleuchtende Erkenntnis nicht ableugnen!" So gerät er denn in Furcht um sich und erschrickt, und dieser Schreck bringt den Menschen zum Erwachen, zwingt ihn zur Verantwortung, verwehrt ihm die Entschuldigung und treibt ihn an, nachzudenken und Folgerungen zu ziehen. Dabei wird der Mensch aufgescheucht, gerät in Unruhe und sinnt darüber nach, wie er vor dem, was ihm in den Sinn kam oder was er gehört hatte, Befreiung und Sicherheit erlange. Doch findet er in sich keine Möglichkeit, außer er denke reiflich nach über die Beweisgründe, die aus dem Werke den Meister erschließen lassen, so daß er sicheres Wissen über das Unsichtbare erhalte. Er weiß nun, daß er einen Herrn hat, der ihm Pflichten auferlegt, gebietet und verbietet.

Dies ist der erste Anstieg, der ihm auf dem Weg des geistlichen Lebens entgegentritt. Es ist dies der „Anstieg des Wissens und der Erkenntnis". Er muß hierin Einblick haben und sich unweigerlich daran machen, den Anstieg zu bewältigen, indem er gut über die Gründe nachdenke, häufig nachsinne und lerne und ebenso an die Gelehrten, die sich mit dem Jenseits befassen, Fragen stelle, die Führer auf dem Wege, die Leuchten der Gemeinde, die Leiter der Vorsteher. Von ihnen hat er Nutzen, läßt sich von ihnen zeigen, richtig um Erfolg zu beten, und wird unterstützt, ihn mit Gottes des Gepriesenen Hilfe zu übersteigen. So erhält er sicheres Wissen um das Unsichtbare, nämlich, daß er einen Gott habe, der keinen Genossen hat, der ihn erschaffen und mit all diesen Gnaden beschenkt hat, der ihm Dankbarkeit gegen ihn zur Pflicht gemacht, der ihn zu seinem Dienst wie zum inneren und äußeren Gehorsam befohlen hat, vor dem Unglauben wie vor verschiedener Zuwiderhandlung gewarnt hat, der ihm ewigen Lohn für den Gehorsam zuerteilt und ewige Strafe, falls er sich ihm widersetzt und sich von ihm abwendet. Dabei treiben ihn diese Erkenntnis und sicheres Wissen um das Unsichtbare dazu an, ernstlich den Dienst zu verrichten und zur Hingabe an diesen gnädigen Herren heranzutreten, den er suchte und fand, den er erkannte, nachdem er von ihm gewußt hatte, von dem ihm aber unbekannt war, wie er ihm dienen solle und was zu dieser Leistung äußerlich und innerlich nötig sei.

Hat er nun diese Erkenntnis über Gott den Gepriesenen und Allerhöchsten erlangt, muß er sich bemühen, zu erlernen, welche gesetzlichen Pflichten ihm äußerlich und innerlich obliegen. Hat er dann vollkommene Erkenntnis und Wissen um die Pflichten, so sieht er sich angetrieben, das geistliche Leben zu beginnen und daran zu arbeiten und denkt nach. Siehe da, er hat Übertretungen und Sünden begangen, wie dies ja bei den meisten Menschen der Fall ist. Er sagt sich: „Wie trete ich an die Gottesverehrung heran, wo ich doch beharrlich sündige und beschmutzt bin? Zuerst muß ich mich reuig zu ihm bekehren, damit er mir meine Schulden nachlasse, von deren Knechtschaft mich befreie und von ihrem Schmutz reinige, auf daß ich zum Dienste wie zur vertrauten Gottesnähe tauge." Du stehst hier vor dem Anstieg der „Bekehrung". Man muß ihn unbedingt bewältigen, um das zu erreichen, was man sich dabei vorgenommen hat. Der Mensch beginnt nun hier dadurch, daß er die Bekehrung vollbringt unter allen notwendigen Bedingungen, bis er sie vollzogen hat. Nachdem er die ehrliche Bekehrung hinter sich und diesen Anstieg bewältigt hat, so wendet er sich der Hingabe an Gott zu, um sie zu beginnen. Er denkt nach, und siehe, er steht inmitten von Hindernissen, die ihn umringen und von denen jedes einzelne ihn von der erstrebten Gottesverehrung irgendwie abhält. Da sinnt er nach, und siehe, es sind deren vier: die Welt, die Menschen, der Satan und die Triebseele. Er muß nun unbedingt diese Hindernisse beheben und sie vermeiden, sonst erreicht er nämlich die Gottesverehrung nicht, die er wollte. Es steht ihm hier der Anstieg der „Hindernisse" entgegen. Dabei hat er vier Dinge zu bewältigen: Abwendung von der Welt, Loslösung von den Menschen, Kampf gegen Satan und Bezwingung der Triebseele. Letztere ist das Härteste, da er sich von ihr nicht lostrennen, noch sie ganz und gar unterjochen kann wie den Satan. Sie ist ja das Reittier und Werkzeug, und es besteht auch keine Hoffnung dafür, daß sie mit dem Menschen in seinem erzielten geistlichen Leben nebst dem Eifer hierfür übereinstimme. Dem Guten steht sie nach ihrer Natur entgegen, wie Spielerei usw. So also hat er sie mit dem Zaum der Gottesfurcht zu zügeln, damit sie ihm bleibe, sich nicht losreiße, ihm folge und nicht widerspenstig sei.

Er hat sie zu Nutz und Frommen zu gebrauchen und vom Verderblichen wie vom Schädlichen abzuhalten. So also beginnt er diesen Anstieg zu bewältigen, indem er dabei Gott um Hilfe anruft — erhaben ist sein Gedenken.

Hat er dies hinter sich und schaut zur Gottesverehrung, seinem Ziel, siehe, da sind widrige Dinge, die ihm entgegentreten. Sie lenken ihn davon ab, sich dem erstrebten geistlichen Leben hinzugeben und dafür geziemend frei zu sein. Denke nach: Es sind deren vier; die Nahrung, welche die Triebseele fordert, indem sie sagt: „Ich muß Nahrung und Unterhalt haben, nun habe ich mich aber von der Welt abgewandt und von den Menschen losgelöst, woher bekomme ich meine Nahrung und meinen Unterhalt?"

Das zweite ist dann die Sorge um das, was man fürchtet oder wünscht, will oder verabscheut. Man weiß ja nicht, ob es nützt oder verderblich ist, da die Folgen der Dinge ja unbestimmt sind. So plagt sich denn sein Herz damit, und vielleicht fällt man in Verderben und Untergang.

Das dritte sind dann die Härten und Schicksalsschläge, die den Menschen von allen Seiten überschütten. Dabei hatte er sich doch der Absage an das Geschöpfliche, dem Kampf gegen Satan und dem Widerspruch gegen die Triebseele verschrieben. Welche Leiden hat er nicht zu verkosten, wieviel Hartes begegnet ihm, wie große Kümmernis ist ihm widrig, und welche Schicksalsschläge treffen ihn!

Das vierte sind die mannigfachen Heimsuchungen seitens des erhabenen und gepriesenen Gottes, Süßes und Bitteres erfährt er abwechselnd. Die Triebseele aber läuft und eilt zu Haß und Aufruhr. Er stößt hier auf den Anstieg der „vier Widrigkeiten". Sie zu bewältigen bedarf er viererlei Dinge, nämlich des Vertrauens auf den erhabenen und gepriesenen Gott in der Frage des Lebensunterhaltes, bei Gefahr sich dem Gewaltigen und Mächtigen anheimzustellen, dann der Geduld, wenn das Harte ihn überfällt, und sich zu bescheiden, wenn die göttliche Heimsuchung über ihn kommt.

Hat er nun mit Erlaubnis Gottes des Allerhöchsten und durch dessen gütige Stärkung diesen Anstieg bewältigt und hinter sich gebracht, so wendet er sich wieder dem Ziele, der Gottesverehrung zu. Er denkt nach, und siehe, da ist seine Triebseele matt, schwach und träge und ohne Antrieb zum Guten, wie es sich ziemt. Sie neigt fortwährend zur Sorglosigkeit, Lässigkeit, Ruhe und Müßiggang, ja sogar zum Bösen, Unnützen, Vermessenen und zur Unwissenheit. So braucht der Mensch hier für sie einen Treiber, der sie zum Guten wie zum Gehorsam antreibt und ermuntert, dann einen, der sie vom Bösen und der Widersetzlichkeit wegtreibt und davon abhält. Diese beiden sind „Hoffnung und Furcht". Die Hoffnung schaut auf das hohe Verdienst bei Gott dem Gepriesenen wie auf die schöne von ihm verheißene Ehrung. Gedenkt man dessen, so ist sie der Treiber, der sie antreibt und zum Gehorsam lenkt, sie dazu bewegt und aufmuntert. Die Furcht schaut auf die schmerzliche Strafe seitens Gottes des Mächtigen und Erhabenen und die Schwere der angedrohten Strafen und Schmach. Sie treibt hinweg von der Widersetzlichkeit, hält davon ab und läßt die Lust dazu vergehen. Dies ist der Anstieg der „Beweggründe" (*bawāʿith*), die dem Menschen hier begegnen. Mit den beiden angegebenen Haltungen hat er ihn zu bewältigen.

Nachdem er mit der gnädigen Hilfe Gottes des Mächtigen und Erhabenen damit begonnen und ihn hinter sich gebracht hat, so wendet er sich wiederum der Gottesverehrung zu. Er sieht da nichts Hinderndes noch Ablenkendes, findet Antrieb und Anruf, führt tatkräftig und beharrlich das geistliche Leben und gibt sich ihm dauernd voller Sehnsucht und Verlangen hin. Er denkt nach, und siehe, zwei mächtige Schädlinge treten gegen diese herrliche Gottesverehrung auf. Es sind dies die „Heuchelei und Selbstgefälligkeit". Bald stellt der Mensch seinen Gehorsam zur Schau und macht ihn so zunichte, ein andermal läßt er von diesen Handlungen ab, tadelt und bewundert sich, und so verdirbt er das geistliche Leben, macht es wertlos und vernichtet es. Er begegnet hier dem Anstieg der „Beeinträchtigungen". Er bedarf hier, um dies zu bewältigen, der Lauterkeit, des Gedenkens der Gnade usw., damit seine guten Werke ihm sicher seien. Er beginnt diesen Anstieg mit Erlaubnis Gottes des Gepriesenen und Allerhöchsten mit Ernst, Vorsicht und Wachsamkeit nebst Schutz und Stärkung des Allgewaltigen und Allerhöchsten. Ist er mit all dem zu Ende, dann hat er das geistliche Leben erlangt, wie es sich ziemt, und ist von allem Widrigen geheilt. Er denkt jedoch nach und sieht sich versunken in den Gnadenerweisen und Wohltaten Gottes des Allerhöchsten wegen der Fülle der ihm von Gott geschenkten Erfolgshilfe und Behütung sowie mannigfacher Stärkung, Bewahrung und Gnadengaben. Da fürchtet er, er könne die Danksagung vernachlässigen, in Undank geraten und von jener hohen Stufe herabsinken, welche die der lauteren Diener Gottes des Mächtigen und Erhabenen ist, und daß diese edlen Gnaden nebst vielerlei Hulderweisen Gottes des Allerhöchsten und dessen wohlgefälliger Blick auf ihn enden möchten. Er ist hier dem Anstieg des „Lobes und Dankes“ begegnet. Er beginnt ihn unter soviel Lob und Dank, als ihm möglich ist, zu bewältigen.

Hat er dies nun hinter sich und steigt wieder zu Tal, siehe, da ist er an seinem Ziel, und vor ihm liegt, was er erstrebte. Nur wenig wandert er weiter und gelangt in die Ebene der Tugend, die Wüste der Sehnsucht und in die Höfe der Liebe. Sodann betritt er die Gärten des Wohlgefallens, gelangt zu den Duftbeeten der Vertrautheit, zum Teppich der Freude und der Stufe der Gottesnähe wie zum Sitze des inneren Gebetes, erlangt Ehrenkleider und Wundergaben (*karāmāt*). Er ergötzt sich an diesen Zuständen und ergeht sich sein Lebtag in ihrem Wohlgeruch. Für den Rest seines Lebens ist er menschliche Person auf Erden, während sein Herz im Jenseits ist. Tag um Tag wartet er auf die Botschaft, bis ihm alles Geschöpfliche schal wird, er die Welt als unrein ansieht und nach dem Tode verlangt. Seine Sehnsucht steht nach dem höchsten Geisterreich (*mala'*). Und siehe, die Boten des Herrn der Welten bringen ihm „*Beruhigung und sorgenfreies Leben*" [K. 56:89], frohe Botschaft und Wohlgefallen von einem Herrn, der mit ihm zufrieden und nicht erzürnt über ihn ist. Sie tragen ihn mit dem Duft der Seele, mit völlig frohen Mienen und Vertrautheit von dieser vergänglichen und verführerischen Stätte zur göttlichen Stufe und zu den Paradiesesgärten als festem Hort. Für seine schwache Seele sieht er dauerndes Glück und großen, gewaltigen Besitz. Dort findet er durch seinen erbarmenden, gütigen und huldvollen Herrn — erhaben ist sein Gedenken — an Huld und Zuneigung, Willkomm, Annäherung, Gnaden und Ehrung mehr, als man beschreiben und sagen kann. Dies mehrt sich ihm jeden Tag bis in alle Ewigkeit. Wie gewaltig ist die Seligkeit, wie herrlich der Reichtum, wie glücklich ist der Mensch, wie gesegnet der Mann, der da lobwürdigen Ruhm, die Seligkeit und freudenreiche Rückkehr (zu Gott) sein eigen nennt! — Bitten wir Gott, den Gütigen, Barmherzigen, den Gepriesenen und Allerhöchsten, er möge uns wie auch euch mächtige Gnade wie reichlichste Gabe gewähren! Was bedeutet dies für den mächtigen Gott? — Er möge uns aber nicht denen beigesellen, die hieran keinen Anteil haben, es sei denn Beschreibung, Hörensagen, Wissen und nutzloses Wünschen. Er möge auch das Erlernte am Tage der Auferstehung nicht gegen uns als Klagegrund verwenden, sondern uns alle zu diesem Werke und der Beharrlichkeit hierin berufen, wie er es für gut hält und will, denn er ist der Allbarmherzige und Allgütige — und über unseren Herrn Muḥammad sowie über sein Haus sei Gottes Segen, Ehre und Gnade!

Dies ist der Aufbau des Weges zum geistlichen Leben, den mein Herr mir eingegeben hat. So wisse jetzt, was sich durch Gottes Hilfe aus dem Ganzen der sieben Anstiege ergibt: 1. Das Wissen; 2. die Bekehrung; 3. die Hindernisse; 4. die Widrigkeiten; 5. die Beweggründe; 6. die Beeinträchtigungen; 7. Lob und Dank.

Das Buch „Pfad der Gottesdiener" zum Paradies schließt mit deren Vollendung. Jetzt wollen wir nun diese Anstiege verfolgen und kurz erläutern, welche Ziele sie enthalten, wobei jeder sein besonderes Kapitel hat — so Gott, der Mächtige und Herrliche, es will. Durch seine Gnade wird mir Erfolg und Hilfe — es gibt ja keine Kraft und Macht außer in Gott dem Hohen, dem Gewaltigen.

DER ERSTE ANSTIEG

DAS WISSEN

Ich sage — und durch Gott kommt der Erfolg —, der du Lauterkeit und volle Hingabe an Gott (*ʿibāda*) suchst — zuerst muß Gott dir zum Wissen verhelfen, dies ist ja der Pol, um den sich alles dreht. Wisse, das Wissen und die Gottesverehrung (*ʿibāda*) sind zwei Stoffe, über die, wie du siehst und hörst, alle Bücher verfaßt werden, alle Lehrer unterweisen, alle Prediger mahnen und alle Denker nachsinnen, ja wegen beider wurden die Bücher offenbart und die Propheten gesandt, ja um ihretwillen wurden Himmel und Erde samt allen Kreaturen darin erschaffen.

Betrachte doch zwei Verse aus dem Buche Gottes, des Erhabenen und Mächtigen! Einer ist sein Wort, dessen Gedenken erhaben ist [K. 65:12]: „*Gott ist es, der sieben Himmel erschuf und die Erde ihnen gleich, zwischen denen der Befehl* (*amr*) *herniedersteigt, auf daß sie wissen mögen, daß Gott über jedes Ding Macht hat und daß Gott um jedes Ding weiß.*" In diesem Vers erweist sich die Würde des Wissens, zumal um die Einheit Gottes, zur Genüge. Der zweite Vers ist das Wort des erhabenen Redenden: [K. 51:56] „*Ich habe Geister* (*jinn*) *und Menschen nur darum erschaffen, auf daß sie mich verehren.*" In diesem Vers erweist sich genügend die Würde der Gottesverehrung und wie nötig es ist, daß man mit ihr beginne. Es wird also durch zwei Gebote hervorgehoben, was der Zweck der Erschaffung beider Welten ist. So geziemt es sich für den Menschen, nur damit sich zu beschäftigen, sich nur darum zu bemühen und darnach Ausschau zu halten. Wisse, außer Wissen und geistlichem Leben sind alle anderen Dinge eitel, in ihnen ist nichts als Spielerei, die zu nichts führt. Hast du dies erkannt, dann wisse, daß das Wissen das edlere und vorzüglichere von beiden ist. Daher hat der hochgebenedeite Prophet gesagt: [W. XXV. 360] „Der Wissende ragt soweit über den Gottesdiener empor, wie ich über den untersten Mann meiner Gemeinde hervorrage." Ferner „Ein Blick auf den Wissenden ist mir lieber als ein Jahr lang Gottesdienst, Fasten und Nachtwachen." Dann sagte er: „Soll ich euch nicht zum edelsten Paradiesbewohner führen?" — „Freilich", erwiderte man ihm, „Prophet Gottes!", worauf er sprach: „Es sind die Wissenden (Gelehrten) meiner Gemeinde."

Es ist dir nun klar, daß das Wissen wesentlich edler ist als der Gottesdienst, doch muß der Mensch beide haben, sonst ist sein Wissen vom Wind verwehter Staub. Das Wissen nämlich ist der Baum, und die Frucht daran ist die Gottesverehrung. Den Vorzug hat der Baum, weil er der Ursprung ist, Nutzen ergibt sich jedoch nur durch seine Frucht, weshalb denn der Mensch von beiden haben muß.

Daher sprach der gottselige Ḥasan von Baṣra: „Suchet dieses Wissen so, daß es dem geistlichen Leben nicht abträglich sei, und dieses so, daß es dem Wissen nicht schade." Steht nun fest, daß der Mensch von beiden haben muß, so ist das Wissen doch besser, wenn es vorangeht, da es Ursprung und Führer ist, weshalb der Hochgebenedeite sagte: „Wissen geht dem Tun voran, und dieses folgt ihm."

Ist also Wissen Ursprung, dem zu folgen ist, so mußt du es der Gottesverehrung vorangehen lassen, und zwar wegen zweier Dinge: Eines davon ist, daß du das geistliche Leben erlangst und sicher gehest. Erst mußt du ja den erkennen, der anzubeten ist, und dann verehrst du ihn. Wie könntest du einen verehren, von dessen Namen und Aussagen über ihn, was notwendig von ihm ausgesagt werden muß und was dabei unmöglich ist, du nichts weißt. Vielleicht glaubst du über ihn und seine Eigenschaften etwas, das der Wahrheit widerspricht — wovor Gott bewahre. Verwehter Staub wäre dann dein Gottesdienst. Über die gewaltige Gefahr, die hierin liegt, haben wir Erläuterung bei Klärung des Begriffes „übler Ausgang" gegeben, und zwar im Buch über „die Furcht" in „Wiederbelebung der Religionswissenschaften" [IV. S. 173 ff.]. Ferner mußt du wissen, welche Gesetzespflichten du gemäß dem an uns ergangenen Gebot zu erfüllen, und das, was du als Verbotenes zu unterlassen hast. Wie würdest du denn sonst gehorsam sein, ohne zu wissen worin und wie, ferner die Weise, es zu tun, und wie du die Sünde zu meiden hast, wenn du es gar nicht als Sünde erkennst und so in diese fällst? Du mußt die gesetzlich vorgeschriebenen Kultakte kennen wie Reinigkeit, Gebet, Fasten nebst deren Weisungen und Bedingungen. Vielleicht verrichtest du etwas durch Jahre und länger, wodurch deine kultische Reinheit und dein Ritualgebet ungültig werden und mit der Sunna nicht übereinstimmend sind, ohne daß du es bemerkst. Manchmal begegnet dir eine Schwierigkeit, und du findest keinen, den du befragen könntest, während du selbst es nicht gelernt hast. Sodann kreist deine Seele um die inneren Andachtsübungen, Anstrengungen des Herzens, die du kennen mußt, wie Gottvertrauen, Gottergebenheit, Sichbescheiden, Bekehrung usw., die wir — so Gott will — behandeln werden.

Dann mußt du das Verbotene kennen, das jenen widerstrebt, wie Grimm, Vermessenheit, Heuchelei und Stolz, damit du dies lässest. Es sind ja Pflichten, und Gott der Allerhöchste hat sie kundgegeben, um sie anzubefehlen, so wie er deren Gegenteil in seinem erhabenen Buche wie durch den Mund seines hochgebenedeiten Propheten untersagt hat. Der Allerhöchste hat ja gesagt: [K. 5:23] „*Vertraut auf Gott, wenn ihr gläubig seid*" und [K. 2:172] „*danket Gott, wenn ihr ihn verehret*" und [K. 16:127] „*übe Geduld, denn nur Gott kann dich geduldig lassen*" und [K. 73:8] „*weihe dich ihm*", d. h. diene ihm in Lauterkeit, und ähnlich lauten andere Verse.

Auch das Gebot über das Ritualgebet und das Fasten ist angegeben. Was geschieht dir nun, wenn du dich zu Gebet und Fasten anschickst, die von *einem* Herrn in *einem* Buche befohlen wurden, du sie aber übersiehst und gar nichts davon weißt durch das Gutachten (*fatwā*) eines, der wahnsinnig darauf ist, eilig seinen Teil zu erhalten, so daß er das Gute böse und das Böse gut werden läßt. Wer dieses Wissen gering schätzt, das Gott in seinem Buche als Licht, Weisheit und Leitung bezeichnet hat, sich aber an das hält, was er selbst weiß, der gerät ins Verbotene und fällt dem Verderben anheim. Der du Führung suchst, fürchtest du nicht, einer oder mehrerer dieser Pflichten wegen verloren zu gehen? Du gibst dich freiwilligem Gebete hin wie überpflichtigem Fasten, hast aber keinen Nutzen davon und bist in einer jener Sünden verstockt, die das Höllenfeuer nach sich ziehen. Vielleicht gibst du erlaubte Speise, Trank und Schlaf auf, um dadurch Gott nahe zu kommen, dem Erhabenen und Mächtigen, jedoch umsonst! Schlimmer als dies ist es, wenn du in den Banden der Vermessenheit bist, die eine aufreizende Sünde ist, während du sie für gute Meinung hältst, weil du den Unterschied beider nicht kennst, da sie sich in einigem ähneln.

Gleichfalls verhält es sich so mit Angst und Unwillen, die du als Bitte und Flehen ansiehst, das sich an Gott den Gepriesenen und Allerhöchsten wendet, oder du übst Augendienerei schlechthin und meinst, Gott den Gepriesenen und Allerhöchsten zu preisen oder die Leute zum Guten aufzurufen. Dabei aber beginnst du durch Erfüllen von Pflichten gegen Gott den Gepriesenen Sünden vorzubereiten und denkst an gewaltigen Lohn anstelle der Strafen. Da bildest du dir mächtig viel ein und begehst gröbliche Versäumnis. Das ist, bei Gott, abscheuliche Sünde bei denen, die ohne Wissen handeln!

Fernerhin kommt zu all diesem, daß die äußeren Werke mit inneren Bemühungen zusammenhängen, die sie verbessern oder verschlechtern, wie lautere Absicht und Augendienerei, Selbstbespiegelung, Gedenken der Gnade u. ä. Wem es nun unbekannt ist, wie diese inneren Akte auf die äußeren Handlungen sich auswirken, noch wie man sich davor in acht nimmt und das Handeln davor bewahrt, dessen äußeres Werk ist selten gültig. So versäumt man äußere wie innere Pflichterfüllung, und nichts verbleibt außer Leid und Kummer, was ja ein offenkundiger Schade ist. — Daher hat der hochgebenedeite Prophet über das Besondere am Wissen gesagt: „Ein Schlaf mit Wissen ist besser als ein Ritualgebet in Unwissenheit." Wer das Werk nämlich ohne Wissen setzt, der verdirbt mehr, als er nützt. Der hochgebenedeite Prophet sagt über das Wissen, daß die Glücklichen es genießen, während die Unseligen es verabscheuen — Gott der Gepriesene kennt dessen Sinn —, daß es eine der Nöte des Menschen ist, wenn er sich das Wissen nicht aneignet, dann aber unglücklich wird und sich nutzlos um das geistliche Leben müht, wobei ihm nichts als die Sorge bleibt — und Gott sei Zuflucht vor nutzlosem Wissen und Werk!

Vor allen übrigen Menschen haben daher die wirklich Askese übenden Gelehrten — Gott sei ihnen gnädig — sich mächtig um das Wissen bemüht. Auf dem Wissen ruht ja die Achse der Frömmigkeit wie die Grundlage der Hingabe an Gott und der Dienst vor dem Herrn der Welten. So ist die Meinung der Einsichtigen und derer, die Stärkung und Hilfe erhielten. Folglich wird dir aus dem allen klar, daß nur durch Wissen der Mensch die religiöse Pflicht erfüllen kann und man somit im geistlichen Leben ihm den Vorrang zu geben hat.

Noch eine andere Eigenschaft verlangt Voranstellung des Wissens: Nutzbringendes Wissen hat die Furcht Gottes des Allerhöchsten zur Frucht sowie die Erkenntnis seiner Würde. Gott der Allerhöchste hat ja gesagt: [K. 35:28] „*Nur die Wissenden seiner Diener fürchten Gott.*“ Der Grund dafür ist, daß nur, wer ihn wahrhaft erkennt, vor ihm echte Ehrfurcht hat und ihn wirklich verherrlicht. Doch durch das Wissen erkennt, verherrlicht und fürchtet man ihn. Aus dem Wissen erwächst als Frucht Erfüllung aller Pflichten und mit Gottes Hilfe Bewahrung vor der Sünde. In der Verehrung Gottes des Gepriesenen und Allerhöchsten hat ja der Mensch kein weiteres Ziel als diese beiden. Daher möge Gott dich anleiten, der du vor allem den Weg des Jenseits wandelst durch das Wissen. Gott sichert ja Erfolg durch seine Gnade und Erbarmen.

Vielleicht sagst du, vom hochgebenedeiten Herrn des göttlichen Gesetzes (Muḥammad) wird das Wort überliefert, Wissenssuche sei Pflicht jedes Muslim [W. XII. 10], und welches Wissen muß pflichtgemäß erstrebt werden, und bis zu welcher Grenze hat der Mensch unbedingt im geistlichen Leben zu gelangen?

Wisse: Es sind drei Wissenschaften, die man pflichtgemäß sich anzueignen hat: Wissen um den Eingottglauben, Wissen um das „Innere", womit ich das „Herz" und dessen Bemühungen meine, und das Wissen um das göttliche Gesetz (*sharī'a*). Der Umfang deines Wissens um die Grundfragen der Religion enthält soviel vom Wissen um den Eingottglauben als von jedem als Pflicht verlangt wird.

Es ist dies: Du hast einen Gott, der wissend, mächtig, wollend, selbstbewußt (lebendig), redend, sehend, hörend ist. Er ist *Einer*, der keinen Genossen hat. Von ihm ist alle Vollkommenheit auszusagen, während Mangel und Vergehen zu verneinen sind. Ferner die Beweise dafür zu kennen, daß zeitliches Entstehen bezeugt, daß er allein jedem zeitlich entstandenen Ding in der Ewigkeit vorausgeht. Weiterhin, daß Muḥammad der Hochgebenedeite sein Diener und Gesandter ist, wahrhaft in der Botschaft von Gott dem Allerhöchsten und Allheiligen und in der Botschaft von den Dingen des Jenseits, die durch seine Zunge kund ward. Ferner hat man die Fragen bezüglich der Sunnagesetze zu kennen. Doch hüte dich, in die Religon Gottes des Gepriesenen und Allerhöchsten neue Lehren einzumischen, die weder durch ein (geoffenbartes) Buch noch eine Tradition begründet sind, du wärest dann in größter Gefahr Gott gegenüber, der hochgepriesen sei.

Alle Beweise für den Eingottglauben finden sich im Buche Gottes des Gepriesenen, und unsere gottbegnadeten Scheiche haben sie in Büchern angeführt, die sie über die Grundlagen der Theologie verfaßt haben und allgemein alles, ohne dessen Kenntnis du vorm Untergang nicht sicher bist. Streben nach diesem Wissen ist unerläßliche Pflicht. Dies ist zu sagen, doch der Erfolg ist von Gott.

Fest steht die Pflicht auch von der Erkenntnis des Innern (*sirr*), das heißt zu wissen, was zu tun und was verboten ist, damit du es erreichst, Gott zu verherrlichen und ihn lauter zu verehren, nebst der (guten) Meinung und rechtem Handeln. — Dies alles bringt unser Buch, so der allmächtige herrliche Gott es will.

Die sicher pflichtgemäße Kenntnis des Gesetzes umfaßt alles, was du zu tun verpflichtet bist. Dies hast du zu kennen, um es zu erfüllen, wie die kultische Reinheit, das Ritualgebet, Ḥajj (Wallfahrt nach Mekka) und Jihād. Ist es dir genau vorgeschrieben, so hast du es zu erfüllen und unbedingt zu tun. Hier ist das Wissen umschrieben, das der Mensch unerläßlich als streng aufgegebene Pflicht zu erwerben hat.

Fragst du nun: „Bin ich verpflichtet, die Lehre vom Eingottglauben nebst den Einwänden aller ungläubigen Gruppen zu studieren und das, wozu die Autorität des Islam zwingenden Beweis erbringt, und dazu den Widerspruch aller ersonnenen Neuerungen nebst dem Gegenbeweis der Sunna?“ Wisse, dies ist Pflicht der Gesamtheit der Gemeinde (*kifāya*). Für dich ist nichts weiter vorgeschrieben als das Wissen um die Grundlagen der Religion, damit du deine Glaubensmeinung richtigstellst. Ebensowenig brauchst du die Wissenschaft über den Eingottglauben mit deren Feinheiten zu kennen, noch auf alle deren Fragen einzugehen. Ja, sollte dir ein Zweifel über die Grundlagen der Religion unterkommen, von dem du fürchtest, er sei deinem

Glauben zuwider, so hast du deinen Zweifel möglichst durch überzeugende Aussprache zu lösen. Doch hüte dich vor Augendienerei und Streitgespräch, denn dies ist eine Krankheit, gegen die es keine Arznei gibt. Hüte dich davor, da es zu nichts Gutem führt, wenn nicht Gott der Allerhöchste es in seiner Gnade und Barmherzigkeit zudeckt. Wisse auch, in jedem Lande gibt es einen Verkünder der Sunna, der die Zweifel löst und die Neuerer zurückweist, der in dieser Wissenschaft hervorragt und die Gemüter der Wahrheitssucher von den Versuchungen der unbegründeten Lehren reinigt. Für die übrigen besteht die Verpflichtung hierzu nicht. Ebenso brauchst du nicht die Feinheiten der Wissenschaft vom „Inneren" (Moral) zu kennen nebst allen Erläuterungen der Wunder des Herzens, es sei denn, soweit es deine Kulthandlungen ungültig macht. Davon mußt du Kenntnis haben, um davon abzulassen, und gleicherweise davon, was zu tun ist, wie lautere Gottesverehrung, Lobpreis, Dank, Gottvertrauen usw. Um darnach zu handeln, hast du es zu wissen, doch weiteres nicht. Ebensowenig brauchst du die Rechtskunde zu kennen, wie Verkäufe, Vermietungen, Eheschließung, Scheidung und Übertretungen, denn all dies ist Pflicht der Allgemeinheit, nicht des Einzelnen.

Du fragst nun wohl: „Kann man ohne Lehrer soviel Wissen über den Eingottglauben durch menschliches Nachdenken erlangen?"

Wisse: Der Meister eröffnet und erleichtert, und mit ihm erhält man es leichter und bequemer — und Gott der Allerhöchste begnadet nach seinem Willen seine Diener durch seine Huld, und er, der Gepriesene und Allerhöchste, wird ihr Lehrer sein. Wisse dann, daß dieser Anstieg wohl sehr steil ist, doch erlangt man dadurch, was man erstrebt und beabsichtigt. Er bringt viel Nutzen, und es ist hart, ihn zu bewältigen, wie er auch sehr gefahrvoll ist. Wieviele wichen ab davon und liefen in die Irre, wieviele betraten ihn und stürzten, und wie mancher irrt unentschlossen auf ihm umher! Wie mancher Gelehrte gab es auf, wie mancher aber bewältigte ihn in kurzer Zeit, während ein anderer siebzig Jahre lang damit zögert. Die ganze Sache liegt in der Hand Gottes des Mächtigen und Gewaltigen. Der Nutzen ergibt sich aus dem Dargelegten, weil der Mensch dessen dringend bedarf und weil das ganze geistliche Leben darauf gegründet ist. Besonders betrifft dies das Wissen über den Eingottglauben und das über die Moral.

Es wird erzählt, Gott der Allerhöchste habe David dem Gebenedeiten sich offenbart und ihm gesagt: „O David, kennst du das nutzbringende Wissen?“ Dieser sprach: „O Gott, was ist das nützliche Wissen?“, worauf Gott sagte: „Daß du meine Herrlichkeit, Majestät und meine vollkommene Macht über jedes Ding erkennst, denn dies ist es, das dich mir näherbringt.“

Von ʿAlī, dessen Antlitz Gott begnade, wird der Ausspruch berichtet: „Wie sollte es mir Freude machen, als Kleinkind gestorben ins Paradies gelangt zu sein, ohne herangewachsen, meinen Herrn erkannt zu haben, denn wer unter den Menschen Gott am besten kennt, der fürchtet ihn am stärksten und dient ihm am meisten, erteilt auch den zuverlässigsten Rat über Gott den Allerhöchsten und Gepriesenen.“ Was die Härte dieses Anstieges anlangt, so setze dich selbst in Lauterkeit ein, das Wissen zu erlangen, es muß aber Streben nach Erkenntnis, nicht nach Fabeleien sein. Es besteht große Gefahr, daß, wer Wissenschaft sucht, die Blikke der Leute auf sich lenkt, in Gesellschaft der Fürsten sitzt und mit den Gleichgestellten wetteifert und so dem Lärm zur Beute wird, daß sein Handel übel ausgeht und sein Geschäft Verlust erleidet. Es gibt einen Ausspruch des hochgebenedeiten Propheten Gottes: „Wer nach Wissen strebt, um sich vor Gelehrten zu brüsten und mit Einfältigen zu streiten oder um die Augen der Leute auf sich zu ziehen, den sendet Gott ins Höllenfeuer." [W. XXII. 8] Der gottselige Yazīd al-Bisṭāmī hat gesagt: „Dreißig Jahre habe ich mich abgemüht und nichts mir Härteres gefunden als das Wissen und dessen Gefahr." Nimm dich in acht, daß der Satan dir schöne Worte macht und sagt: „Wenn beim Wissen diese gewaltige Gefahr entsteht, so ist es besser, davon abzulassen", dann glaube dies nicht! — Vom hochgebenedeiten Propheten wird der Ausspruch überliefert: „In der Nacht meiner Himmelsreise (*miʿrāj*) kam ich über das Höllenfeuer und sah, daß die meisten seiner Insassen Arme waren." Man sagte: „O Prophet Gottes kam dies vom Besitz?" „Nein", versetzte er, „vom Wissen."

Wer dies nicht erlernt, der erlangt weder die Begriffe vom geistlichen Leben noch die gehörige Beharrlichkeit bei dessen Pflichten. Selbst wenn ein Mann Gott den Gepriesenen gleich den Engeln im Himmel verehrte, aber nicht das Wissen hätte, so käme er zu Schaden. So beginn denn das Wissen zu erwerben durch Forschen, Lehren und Unterweisen und vermeide Trägheit und Müßiggang, sonst läufst du Gefahr, irrezugehen — wovor Gott der Herrliche, Mächtige Zuflucht sei. Der Rede Sinn ist es, daß du beim Nachdenken über die Hinweise der Werke Gottes des Allmächtigen und Erhabenen durch aufmerksames Betrachten zur Erkenntnis kommst, daß wir einen allmächtigen, allwissenden, lebendigen, wollenden Gott haben, der da hört, sieht und redet, doch fern von erst erschaffenem Reden, Wissen und Wollen, frei von jeglichem Mangel und Verlust, von dem man nichts aussagen kann wie vom Erschaffenen, bei dem unmöglich ist, was bei den Geschöpfen möglich ist, der keinem Geschaffenen ähnelt und dem nichts ähnelt, den Raum und Dimensionen nicht umschließen, in dem weder Übel noch Unglück Platz finden.

Und denkst du über die Wunder des Propheten nach, den Gott nebst seinem Hause und seinen Gefährten segne, sowie über dessen Zeichen und Bekundung des Prophetentums, so erkennst du, daß er, der Gebenedeite, Gottes Bote und Bürge seiner Offenbarung ist; auch den Glauben der frommen Vorfahren (*salaf*) an das, was Gott der Allerhöchste über das Jenseits kundgetan hat, und daß er an keinem begrenzten Orte ist; daß der Koran als Wort Gottes unerschaffen ist, weder mit trennbaren Buchstaben noch mit Stimmen — wäre dem so, gehörte er zu allem Geschaffenen; ferner, daß es weder in der Körper- noch in der Geisterwelt einen Einfall oder einen Blick gibt, den Gott nicht vorausbestimmt und verfügt, gewollt und gewählt habe. Von ihm ist das Gute wie das Übel, Nutzen wie Schaden, Glaube und Unglaube. Ferner ist Gott nicht verpflichtet, etwas zu erschaffen, und belohnt er jemanden, so ist's durch seine Huld, bestraft er, so ist's durch seine Gerechtigkeit. Dann (wisse) alles, was durch den Mund des hochgebenedeiten Offenbarungsträgers über die letzten Dinge kund wurde, wie Auferstehung und Versammlung, die Pein des Grabes und das Verhör durch Munkir und Nakīr, die „Waage“ und die „Brücke“. Für die Frommen der Vorzeit (Frühzeit des Islam) sind dies die Grundlagen für ihre Glaubensmeinung, an der sie festhielten. Hierüber herrschte Übereinstimmung, bevor es zur Vielfalt der Neuerungen kam und die Leidenschaften hervorbrachen. Gott sei unsere Zuflucht davor, Neuerungen zu ersinnen im Glaubensleben und ohne Führer der Leidenschaft zu verfallen. Dann denke nach über die innere Tätigkeit des Herzens und die Verbote, die in diesem Buche behandelt werden, damit du darüber Kenntnisse erwirbst. So kennst du dann alles, was du zur Praxis nötig hast, wie die kultische Reinheit, das Ritualgebet, das Fasten usw. Damit hast du erfüllt, was Gott von dir verlangt, wodurch du ihm durch das Wissen dienst, und bist einer der Gelehrten der Gemeinde Muhammads des Hochgebenedeiten geworden, die festes Wissen haben. Hast du nämlich nach deinem Wissen gehandelt und hast begonnen, deine Rückkehr (zu Gott) zu bewerkstelligen, dann bist du zu einem wissenden, tätigen Diener Gottes des Allerhöchsten geworden, klug, nicht unwissend, kein kritikloser Nachbeter noch nachlässig. Du hast dann hohe Ehre, ein Wissen von hohem Wert nebst reichlichem Gotteslohn. So hast du denn diese Steigung bewältigt und hinter dir gelassen, hast ihr gewährt, was ihr gebührt, wie es Gott der Allerhöchste gestattet hat. Bitten wir flehentlich Gott den Gepriesenen, er möge dir und uns zum schönen und leichten Erfolg verhelfen. Er ist wahrhaft der barmherzigste Erbarmer, und keine Macht und keine Kraft gibt es außer beim hohen und gewaltigen Gott.

DER ZWEITE ANSTIEG

DIE BEKEHRUNG

Sodann, o Sucher der Hingabe an Gott, möge dir Gott Hilfe bringen durch die Bekehrung und dies wegen zweier Dinge: erstens, damit du Erfolg bei der Pflichterfüllung hast, denn die Schändlichkeit der Übeltaten vererbt den Mangel und hinterläßt das Elend. Die Fessel der Schulden hindert nämlich daran, im Dienst Gottes des Mächtigen und Gewaltigen weiterzuschreiten. Wenn die Verstocktheit in den Sünden die Herzen beherrscht, so findest du diese in Dunkel und Verhärtung, und es fehlt ihnen an Treue und Reinheit, Freude und Wohlgeschmack. Hat Gott nicht Erbarmen, so ziehen sie ihren Genossen in Unglauben und Not, und es wäre doch sonderbar, wie einer Fortschritte in der Pflichterfüllung machen könnte, solange er in Schande und Verhärtung bleibt! Wie kann der zum Dienst berufen sein, der beharrlich sich widersetzt und sich abweisend verhält, und jemand, durch Schmutz und Unreinheit befleckt, zum Herzensgebet kommen? Vom getreuen, wahrhaften, hochgebenedeiten Gottesboten wird das Wort berichtet: „Wenn der Mensch lügt, so verlassen ihn die beiden Engel wegen des üblen Geruches aus seinem Munde." Wie wäre denn auch diese Zunge geeignet, Gottes zu gedenken, des Erhabenen und Mächtigen? Sicherlich findet doch der hartnäckige Sünder kaum Erfolg, noch sind seine Kräfte leicht zur Verehrung Gottes des Allerhöchsten geneigt, und ist dies dennoch der Fall, dann ist es mit

Mühsal verbunden ohne Wohlgeschmack und Lauterkeit, und dies alles wegen der Sündenschmach, weil er die Bekehrung unterlassen hatte. Mit Recht hat jemand gesagt: „Wenn du nicht stark genug bist, dich nachts zum Gebet zu erheben und tagsüber zu fasten, dann hat dies deine Sünde getan."

Das zweite Ding ist, daß du zur Bekehrung verpflichtet bist, damit deine Hingabe an Gott Annahme finde, denn „der Gläubiger nimmt kein Geschenk an". Es ist nun einmal strenge Pflicht, für die Widersetzlichkeit Buße zu leisten und die geschädigten Gegner zufriedenzustellen. Das gesamte geistliche Leben, das du im Auge hast, ist dann ja auch ein überpflichtiges Werk. Wie sollte ein Almosen von dir verdienstlich sein, während du noch eine unbeglichene Schuld hast? Wie könntest du auf das Erlaubte, Gestattete verzichten, während du immer noch Verbotenes und Sündhaftes tust? Wie kannst du ihn anflehen und anrufen und sein Lob singen, während er erzürnt ist — Gott möge dich davor behüten! Dies ist von außen gesehen der Zustand hartnäckiger Sünder — und Gott sei um Hilfe angerufen.

Du sagst nun: „Was bedeutet wahre Bekehrung, wie bestimmt man sie, und was hat der Mensch zu tun, um aller Sünden ledig zu werden?" — Ich sage dir: Die Bekehrung ist eine Bemühung des Herzens, erlangt man sie, so ist sie nach dem Ausspruche gottbegnadeter Gelehrter das Losreißen des Herzens von der Sünde. Unser gottseliger Scheich (al-Juwaynī) hat die Bekehrung folgendermaßen bestimmt: Man läßt davon ab, sich für eine Sünde zu entscheiden, die früher begangen worden war, und zwar der Wertstufe nach, nicht der Form nach, um Gott den Allerhöchsten zu verherrlichen und ihn nicht zu erzürnen. Daher hat die Bekehrung Bedingungen.

Eine ist, die Sünde zu unterlassen, sein Herz anzutreiben und seinen Vorsatz allein dahin zu bringen, keinesfalls wieder zu sündigen. Sollte man die Sünde unterlassen, doch dabei im Sinn haben, sie vielleicht zu wiederholen, oder wenn man keinen Vorsatz faßt, sondern schwankt, dann verfällt man ihr wieder, vermeidet wohl die Sünde, ohne sich von ihr loszusagen.

Die zweite Bedingung ist, daß man sich von einer Sünde abwende, die früher begangen wurde, hat man sie nicht getan, so ist man gerechtfertigt und hat nichts zu bereuen. Es ist ja klar, daß man die Meinung vertritt, der hochgebenedeite Prophet war vom Unglauben gerechtfertigt, und die Behauptung unrichtig sei: er habe sich vom Unglauben bekehrt (*'isma*). Früher war er ja nicht ungläubig gewesen. Doch 'Umar ibn al-Khaṭṭāb, — dem Gott gnädig sei — hat sich vom Unglauben bekehrt, da er ihm vorher ergeben war.

Die dritte Bedingung ist, daß das Vorausgegangene dem Grade und der Stufe nach, nicht der (äußeren) Form nach, dem gleich war, dem man jetzt entsagt. Will ein hinfälliger, gebrechlicher Greis, der früher Unzucht und Straßenraub begangen hat, sich davon bekehren, so ist ihm zweifelsohne hierzu der Zugang nicht verschlossen, nämlich sich davon zu bekehren. Doch ist es ihm unmöglich, die Entscheidung für Unzucht und Straßenraub (innerlich) aufzugeben, er ist nur zur Stunde außerstande, jenes zu tun, ohne die (innere) Entscheidung hierfür zu unterlassen. Es wäre falsch, von ihm zu sagen, er habe diese Sünde unterlassen und vermieden, während es ihm an Kraft dazu fehlt und die Möglichkeit dazu mangelt. Er kann aber immer auch etwas begehen, das gerade so schlimm ist wie Unzucht und Straßenraub, wie lügen, falsches Zeugnis ablegen, verleumden und Übles nachreden. All dies sind Übeltaten, und wenn auch das Sündhafte dabei je nach dem Ausmaße verschieden ist, so stehen doch all diese Vergehen auf ein und derselben Stufe, wobei das Erfinden von Glaubensneuerungen noch tiefer und eine Stufe unter dieser der Unglaube steht. Es ist darum recht von ihm, von Unzucht und Straßenraub sich zu bekehren nebst den übrigen früheren Sünden, die er heute der Form nach nicht mehr tun kann.

Die vierte Bedingung ist, daß man die freiwillige (sündhafte) Entscheidung meide, allein um Gott den Erhabenen und Mächtigen zu verherrlichen sowie seinem Zorn und der peinlichen Strafe zu entgehen, nicht jedoch aus weltlichen Beweggründen oder um Lob, Ruhm und Ehrenstellen zu erstreben oder weil das Triebleben schwächer wurde, aus Armut oder dergleichen. Dies sind die Bedingungen und Grundpfeiler für die Bekehrung. Hast du sie vollkommen erlangt, so ist dies echte Bekehrung.

Die Voraussetzungen für die Bekehrung sind drei: Eine ist, sich zu erinnern, wie abscheulich die Sünden sind, die zweite, daran zu denken, wie hart die Strafen Gottes des Allmächtigen sind, ferner, welchen Schmerz sein Unwille und Zorn bringen, wogegen du nichts vermagst. Die dritte ist, deiner geringen Kraft hierfür eingedenk zu sein. Denn wer die Sonnenhitze oder die Ohrfeige eines Polizeimannes nicht erträgt, wie erträgt der das Höllenfeuer, den Stachel der Racheengel, den Stich der Schlangen, deren Hälse dick wie die der baktrischen Kamele sind, sowie von Skorpionen so groß wie Maultiere, die aus dem Feuer an der Stätte von

Zorn und Verderben geschaffen wurden? Hast du eifrig über diese Dinge nachgedacht und sie dir bei Tag und Nacht vertraut gemacht, so führt dich dies zur echten Bekehrung, wobei dir Gott durch seine Huld Erfolg verleiht.

Wenn man nun sagt: „Der hochgebenedeite Prophet sprach, daß die Reue Bekehrung sei, hat aber nichts von euren Bedingungen hierzu erwähnt. Habt ihr die Sache nicht etwas verschärft?“

Darauf erwidert man: Zuerst wisse, daß die Reue nicht in der Macht des Menschen steht. Offensichtlich befällt ihn die Reue im Herzen gegen seinen Willen. Die Bekehrung jedoch steht in seiner Macht und ist ihm befohlen. Dann wissen wir ja auch, daß es keine Bekehrung ist, wenn man seine Sünden deshalb bereut, weil das Ansehen unter den Leuten dadurch verloren ging oder Vermögensschaden entstand. Du weißt nun hiermit, daß im Prophetenwort eine Bedeutung lag, die dir dem äußeren Wortlaut nach unverständlich war. Zur echten Bekehrung führt die Reue um der Verherrlichung Gottes des Allerhöchsten willen und aus Furcht vor seiner Strafe, denn so muß der Bekehrte sich verhalten. Gedenkt er nämlich der drei Dinge, welche die Bekehrung voraussetzt, so hat er Reue, und diese treibt ihn an, freiwilligen Sünden zu entsagen, und sie bleibt in seinem Herzen weiter und führt ihn zu demütigem und bescheidenem Flehen. Da dies nun zu den Ursachen der Bekehrung wie zu den Eigenschaften des Bekehrten gehört, so hat der hochgebenedeite Prophet die Reue als Bekehrung bezeichnet. Habe hierfür volles Verständnis — so Gott der Allerhöchste es will.

Wenn du nun sagst: „Wie kann es denn um einen Menschen stehen, der gar keine Sünde, weder leichte noch schwere begangen hat? Und wie ist die Lage der hochgebenedeiten Propheten, die doch die edelsten Geschöpfe Gottes des Gepriesenen und Allerhöchsten sind? Die Gelehrten sind sich darüber uneinig, ob sie diese Stufe erreicht haben oder nicht?“

Wisse, dies ist eine Sache, die möglich und nicht ausgeschlossen ist. Ferner ist dies leicht, da Gott, wem er will, besonderes Erbarmen schenkt. Schließlich ist eine Bedingung der Bekehrung, daß er keine Sünde beabsichtigt hatte, und sollte er eine Sünde oder ein Vergehen begangen haben, so ist er durch die Huld Gottes des Allerhöchsten davon befreit, und wem Gott der Allerhöchste Hilfe spendet, für den ist dies leicht.

Falls du sagst: „Ein Hindernis der Bekehrung ist für mich, daß ich aus mir selber weiß, ich werde in die Sünde zurückfallen und nicht beständig in der Bekehrung sein, und so ist dies nutzlos“, — so wisse: Das ist Stolz, der vom Satan stammt. Woher weißt du dies? Vielleicht stirbst du als Bekehrter noch vor dem Rückfall in die Sünde. Was die Furcht vor dem Rückfall anlangt, so liegt dir Entschluß und Ehrlichkeit hierin ob, ihm aber das Vollenden. Vollendet er es nämlich, so war dies Absicht seiner Huld. Vollendet er es nicht, so bist du doch von all deinen früheren Sünden gereinigt und erlöst. Schuldig wirst du nur durch diese neu began-gene, und dies ist gewaltiger Nutzen und riesiger Gewinn! Furcht vor Rückfall möge dich also nicht an der Bekehrung hindern, denn von der Bekehrung an bist du ständig zwischen den beiden besten Dingen — und Gott verfügt über Erfolg und Leitung. Dies war zu sagen.

Wenn man die Sünde aufgibt, so wisse, daß es drei Arten von Sünden gibt:

Eine ist es, wenn man die obliegenden Kultpflichten unterläßt, die Gott gegenüber zu leisten sind, wie Ritualgebet, Fasten, Pflichtalmosen, Sühneleistung usw. Du hast nach Möglichkeit dies zu üben.

Die zweite sind die Sünden zwischen dir und Gott, wie Weintrinken, Glücksspiel, Zinsennehmen usw. Bereue sie und gewöhne dein Herz daran, ähnliches nicht wieder zu tun.

Die dritte sind die Sünden zwischen dir und den Menschen, die schwerste und härteste Art. Diese geschehen manchmal gegen das Eigentum, das Leben, die Ehre, die Familie und die Religion.

Bei Eigentumsvergehen hast du nach Möglichkeit Ersatz zu leisten, vermagst du es aus Mangel und Armut nicht, so bist du frei. Kannst du es nicht, weil der Mann abwesend oder tot ist, so spende, wenn du kannst, Almosen vom ungerechten Gut. Ist es dir nicht möglich, so hast du soviel Gutes zu tun und Gott demütig und bescheiden anzuflehen, daß er dir am Tage der Auferstehung gnädig sei.

Bei Sünden gegen das Leben (des Nächsten) besteht die Möglichkeit der Sühneleistung (direkt) oder dem gesetzlichen Vertreter (des Geschädigten) gegenüber, so daß er sich damit zufrieden gibt oder dich freispricht. Kannst du dies nicht, so flehe demütig und bescheiden zu Gott, er möge dir am Tage der Auferstehung gnädig sein.

Bei Vergehen gegen die Ehre hast du, falls du jemanden verleumdet, verflucht oder beschimpft hast, die Pflicht, dies selbst vor dem Beleidigten zuzugeben, damit du von ihm losgesprochen wirst, falls dir dies möglich ist und du nicht befürchtest, daß es noch mehr Groll erzeugt oder Zank erregt oder daß es erneuert wird, wenn man es wieder hervorholt. Befürchtest du dies, so bitte Gott den Allerhöchsten und Gepriesenen bescheiden und demütig, er möge am Tage der Auferstehung ihn deinethalben zufriedenstellen und ihm viel Gutes erweisen. Geschlechtliche Vergehen gegen die Familie (des Nächsten), falls du sie an seiner Frau, seinem Kinde oder sonst wie begangen hast, haben es an sich, daß es da keinerlei Lossprechung gibt, noch daß es bekanntgegeben wird, da es Streit und Ärger erregt, vielmehr flehe zu Gott dem Gepriesenen, er möge dir gnädig sein und dem anderen statt dessen viel Gutes erweisen. Solltest du, was selten ist, vor Streit und Ärger sicher sein, so kannst du vom Geschädigten losgesprochen werden.

Vergehen gegen die Religion, falls du sie durch Unglauben, sündhafte Neuerungen oder Irreführung begangen hast, sind die schwerste Sache. Du mußt sie selbst vor denen, gegenüber welchen du sie geäußert hast, zurücknehmen, falls dies möglich ist, dann wirst du davon losgesprochen. Andernfalls bleibt dir ernstes Flehen vor Gott dem Allerhöchsten sowie die Reue darüber, auf daß er dir gnädig sei.

Alles in allem, hast du getan, was dir möglich war, die Geschädigten zufriedenzustellen, und soweit dies unmöglich war, Gott den Gepriesenen und Allerhöchsten bescheiden und demütig angefleht sowie Almosen gespendet, damit er sie an deiner Stelle zufriedenstelle — und dies liegt jedoch im Willen Gottes des Gepriesenen am Tage der Auferstehung, und wir bitten ihn um seine große Gnade und allgemeine Güte. Erkennt er nämlich im Herzen des Menschen dessen Aufrichtigkeit, dann stellt er dessen Gegner aus seinem Gnadenschatze ohne weiteres zufrieden. Erkenne vernünftig, daß dies die Wahrheit hierüber ist, die zu sagen war.

Kennst du nun unsere Ausführungen und hast dein Herz davon befreit, dich künftig so zu entscheiden, und hast alle Sünden hinter dir gelassen, wenn dein Herz dann gerechtfertigt ist, das Vergangene erledigt und die Gegner zufriedengestellt, so werden folglich die Sünden notwendig vergeben. Zu diesem Kapitel gehört eine lange Erläuterung, die über diesen Abriß hinausgeht, siehe hierüber das „Buch der Bekehrung" in „Wiederbelebung der Religionswissenschaften", dann das Buch „der Annäherung an Gott" und als drittes das Buch „vom letzten Ziele". Darin findest du viel Nützliches nebst umfassender Erklärung. Doch das von uns hier Behandelte ist das notwendige Grundsätzliche — und Gott verleiht den Erfolg.

Erkenne ferner mit Sicherheit, daß dieser Anstieg schwer ist, sein Gegenstand wichtig und sein Verlust gewaltig. Von unserem Meister Abū Isḥāq al-Isfarā'inī dem Gottseligen, der ein gründlicher Kenner der asketischen Wissenschaften war, wird der Ausspruch berichtet: „Dreißig Jahre lang rief ich zu Gott dem Gepriesenen, er möge mir vollkommene Bekehrung gewähren. Dann war ich verwundert in meinem Inneren und sagte: ‚Lob sei Gott, da habe ich um etwas Notwendiges dreißig Jahre lang Gott angerufen, ohne es bisher zu erhalten.' Da sah ich im Traume, als ob mir jemand sagte: ‚Wunderst du dich darüber? Weißt du, worum du Gott bittest? Du bittest ja Gott den Gepriesenen, er möge dich lieben. Hast du nicht das Wort des in seiner Majestät Erhabenen gehört: [K. 2:222] „*Wahrlich, Gott liebt, die sich bekehren, und liebt, die sich gereinigt haben.*"'" Ist dies vielleicht ein geringes Bedürfen? Sieh doch diese Führer, wie sie sich abmühen und sich um das Heil ihrer Herzen befleißen, wie sie sich um die Rückkehr zu Gott sorgen!

Schiebt man aber die Bekehrung auf, so ist Schaden zu befürchten, denn der Sünde Anfang ist die Verhärtung, und ihr Ende ist Unheil und Elend, was Gott verhüte. Vergiß ja nicht den Fall des Satans sowie des Balʻam ibn Bāʻūrā'. Der Beginn war bei ihnen eine Sünde und das Ende Unglauben, so gingen beide mit anderen ewig zugrunde. Dir liegt es ob — Gott erbarm sich deiner — wach und eifrig zu sein, auf daß du vielleicht die Ader dieser Hartnäckigkeit aus deinem Herzen herausreißest und deinen Nacken von diesen Lasten befreiest. Wessen Herz hart ist, der ist vor Sünden nicht sicher, so denke über deinen Zustand nach! Einer der Frommen hat gesagt: „Das Herz ist schwarz von Sünden; ein Zeichen dafür, daß das Herz schwarz ist, ist, daß du dich vor der Sünde nicht retten kannst, noch einen Ort für die religiösen Pflichten und eine Weide für die Mahnrede hast." Halte keine Sünde für gering, du meinst sonst, du hättest dich bekehrt und bist doch hartnäckig in schweren Sünden.

Von Kahmas ibn Ḥasan wird der Ausspruch erzählt: „Ich habe eine Sünde begangen und beweine sie vierzig Jahre lang." Man fragte ihn: „Was war es, o Abū ʻAbdallāh?", worauf er sagte: „Ein Bruder in Gott hat mich besucht, dem ich einen Fisch kaufte, sodann wandte ich mich zur Wand meines Nachbarn und entnahm ihr ein Stück Lehm, womit er sich die Hand reinigte." So besprich dich mit dir selbst, bekehre dich geschwind und eile, da der Todestag verborgen ist. Die Welt ist Stolz, und Satan wie die Triebseele sind beide feindlich. Wende dich demütig zu Gott dem Gepriesenen und flehe zu ihm. Denke an den Fall unseres Stammvaters Adam des Hochgebenedeiten, den Gott mit seiner Hand schuf, ihm von seinem Geiste einhauchte und von Engeln ins Paradies tragen ließ — er hat nur eine einzige Sünde begangen und sank dadurch herab, so daß man erzählt, Gott der Allerhöchste habe ihm gesagt: „O Adam, was für ein Nachbar war ich dir?" Adam sagte: „Ein lieber Nachbar." Hierauf sprach Er zu ihm: „Geh weg aus meiner Nachbarschaft, nimm von deinem Haupte meine Ehrenkrone, denn wer wider mich frevelt, ist mein Nachbar nicht." Wie man erzählt, weinte er darauf zweihundert Jahre über seine Sünde, bis Gott seine Bekehrung annahm und seine Sünde verzieh — die einzige!

Bei einer einzigen Sünde verhält es sich so mit seinen Propheten und besten Freunden. Aber wie geht es dann den anderen bei ihren zahllosen Sünden? So fleht in Demut der Bekehrte, doch wie steht es um den hartnäckigen Übeltäter? Schön hat jemand gesagt:

„Wer sich bekehrt, fürchtet um seine Seele,
doch was hältst du von dem, der sich nicht
bekehrt?"

Falls du in Widerspruch zu deiner Bekehrung wieder in Sünde fällst, so bekehre dich eilends wiederum und sage dir: „Vielleicht sterbe ich, bevor ich wiederum sündige, diesmal und ebenso ein drittes und viertes Mal." So wie du die Sünde und den Rückfall in sie dir zur Gewohnheit gemacht hattest, so tue dies auch mit der Bekehrung und deren Wiederholung. Sei bei der Bekehrung nicht schwächer als du es in der Sünde warst. Verzweifle nicht, noch soll der Satan dich darum an der Bekehrung hindern, denn sie ist ein gutes Zeichen. Hörst du nicht das Wort des Hochgebenedeiten: „Unter euch ist am vortrefflichsten, wer sich von Übeltat bekehrt hat." Das heißt, viele waren in Sündennot und viele bekehrten sich davon, flehten demütig voll Reue zu Gott dem Mächtigen, Gewaltigen und baten um Vergebung. Denke an das Wort des Gepriesenen: [K. 4:110] „*Wer Böses tat oder sich versündigte, dann Gott um Vergebung bittet, der findet Gott als den Verzeihenden, Barmherzigen.*" — Dies war zu sagen, und von Gott ist der Erfolg.

Zum Ganzen sei gesagt: Wenn du (so) angefangen und dein Herz von allen Sünden befreit hast, so hast du es nun daran zu gewöhnen, überhaupt nie wieder in die Sünde zu fallen, soweit es Gott für dich vorgesehen hat und angesichts des Wissens Gottes des Gepriesenen und Allerhöchsten, so verwirkliche reinen Herzens deinen Entschluß, soweit es dir möglich ist, stelle deinen Gegner zufrieden und erledige die vergangenen Angelegenheiten nach deinem Können. Im folgenden wendest du dich zu Gott dem Gepriesenen und Allerhöchsten und bittest in bescheidenem und demütigen Flehen, er möge dir dies genug sein lassen.

Sodann gehe hin und wasche dich sowie deine Kleider, bete pflichtgemäß vier *rak'a* und wirf dich mit dem Angesicht auf die Erde, dort wo dich Gott allein sieht, der Gepriesene und Allerhöchste. Dann streust du Staub auf dein Haupt und drückst dein Antlitz als das Edelste an deinem Leibe in den Staub, gedenkst mit lauter Stimme jeder deiner Sünden einzeln, soweit du es vermagst, und tadelst und rügst deine sündige Seele darum. Dazu sagst du: „O Seele, nimmst du nicht die

Gelegenheit wahr? Ist es nicht Zeit für dich, dich zu bekehren. Vermagst du etwas gegen Gottes Strafe? Hast du es nötig, Gott zu mißfallen, dem Gepriesenen?" Erwähne derartiges unter vielen Tränen und erhebe dann deine Hände zum barmherzigen gepriesenen Herrn und sage: „Mein Gott, dein entlaufener Sklave kommt wieder vor deine Tür, dein aufsässiger Diener kehrt zum Frieden zurück, dein schuldiger Knecht kommt sich zu entschuldigen. Vergib mir in deiner Güte, nimm mich auf durch deine Gnade und blicke auf mich voll Erbarmen. O mein Gott, verzeih mir die früheren Sünden und mache mich rein für die Zeit, die noch bis zum Tode bleibt, denn in deiner Hand ist alles Gute, und du bist ja gegen uns mild und barmherzig." Sodann bittest du in heißem Flehen: „O du, an dem die großen Dinge aufscheinen, o du Ende der Sorge der Bekümmerten, wenn du willst und befiehlst, sagst du nur: [K. 19:35 u. a.] *‚Sei, und es wird.'* — Unsere Sünden haben uns umzingelt, du beschützest uns davor, du bist ja Schutz gegen alles Harte, ich habe auf dich vertraut für diese Stunde, wende dich mir zu, du bist ja *der Vergebende, der Barmherzige.*" [K. mehrfach] — Dann weine, demütige dich, flehe noch mehr und sprich: „O du, dich lenkt nichts ab von dem, was du hörst, denn die Menge der Fragen läßt dich nicht irre werden, dich ermüdet nicht die Menge der Drängenden! Durch dein Erbarmen, o du Allbarmherzigster, laß uns verkosten die Kühle deines Vergebens wie die Süße deiner Verzeihung. *Wahrlich, über jedes Ding hast du Macht.*" [K. 64:1 u. a.] Dann sprich den Segen über den hochgebenedeiten Propheten sowie über dessen Haus, sodann bitte für alle gläubigen Männer und Frauen um Vergebung und kehre zurück zum Gehorsam gegenüber

Gott dem Mächtigen und Gewaltigen. So wirst du dich wahrhaft bekehrt haben und frei von Sünden sein wie am Tage, da deine Mutter dich gebar. Gott der Gepriesene liebt dich, und dir steht Lohn und Vergeltung zu, und über dir waltet jener Segen und jenes Erbarmen, das niemand in seinem Ausmaß beschreiben kann. Du hast Sicherheit und Erlösung erlangt und bist gerettet vor seinem Zorn wie vor der Bedrängnis ob der Sünden und deren Unheil in dieser wie in jener Welt.

Mit Gottes des Gepriesenen und Allerhöchsten Erlaubnis hast du dann diesen Anstieg bewältigt — und Gott durch seine Huld und Gnade steht dir bei, dich zu führen.

DER DRITTE ANSTIEG

DIE HINDERNISSE

Der du nach der Hingabe an Gott strebst, es liegt dir sodann ob, die Hindernisse zu entfernen, und Gott der Allerhöchste möge dir Erfolg geben, damit dein geistliches Leben aufrichtig sei. Wir haben schon erwähnt, daß es vier Hindernisse gibt:

Eines ist die Welt und was in ihr ist. Man entfernt dies, indem man sich von ihr loslöst und in ihr abtötet. Beides braucht man wegen zweier Dinge: Das Eine ist, daß dein geistliches Leben aufrichtig sei und zunehme, denn das Begehren nach der Welt beschäftigt dich. Dein Äußeres besteht im Streben, doch dein Inneres besteht im Wollen und im Geschwätz der Triebseele, die beide dem geistlichen Leben hinderlich sind, da die Triebseele etwas anderes ist als das Herz. Beschäftigt es sich mit einer Sache, so hört es mit der anderen auf. Welt und Jenseits sind nämlich wie zwei Nebenfrauen, stellst du eine zufrieden, so erzürnst du die andere. Beide sind ja wie Ost und West, so weit du dich nach einem von beiden wendest, so weit kehrt der andere sich von dir ab.

Das äußere Tun ist so, wie wir vom Ausspruch des gottbegnadeten Abū Dardā' erzählt haben: „Ich habe versucht, Handelsgeschäft und Hingabe an Gott zu vereinigen, doch kamen sie nicht zusammen. So begann ich das geistliche Leben und ließ den Handel sein." Ebenso hören wir vom gottbegnadeten 'Umar: „Wenn beide bei einem zusammenkämen, dann wäre dies bei mir der Fall, denn Gott der Gepriesene hat mir beide, Kraft und Milde verliehen." Ist die Überlieferung demnach so, dann verwirf das Vergängliche und wähle Heil und Frieden. Das Herz als Sitz des Willens handelt so, wie vom hochgebenedeiten Propheten berichtet wird: „*Wer sein Weltgut liebt, der verwirft das Jenseits, und wer sein Jenseits liebt, der verwirft sein Weltgut.*" [W. I. 406] Er zieht dem Vergänglichen das Ewige vor. Es ist dir nun klar, ist dein äußeres Tun mit der Welt beschäftigt, dann verlangt dein Inneres nach ihr, und das wahre geistliche Leben wird dir nicht leichter. Wenn du dich in der Welt aber abtötest, dann sind dein Inneres wie dein Äußeres frei, und es fällt dir leicht, ja deine Glieder dienen dir dabei. Vom gottbegnadeten Salmān al-Fārisī stammt der Ausspruch: „Wenn der Mensch in der Welt sich abtötet, so erleuchtet er sein Herz durch Weisheit, und seine Glieder dienen ihm beim geistlichen Leben". Soweit dies.

Das zweite von beiden Dingen ist, daß dein Werk wertvoller wird und an Ansehen und Ehre zunimmt. Der Hochgebenedeite hat gesagt: „Wenn ein Mann von Wissen und abgetöteten Herzens zwei Rak'a verrichtet, so ist dies Gott dem Gepriesenen und Allerhöchsten lieber als alle Gottesdienste der Frommen bis zum Ende der Zeit und in alle Ewigkeit." Wenn das geistliche Leben hierdurch erhöht und vermehrt wird, so obliegt es dem, der darnach strebt, in der Welt sich abzutöten und sich von ihr loszulösen.

Wenn du nun fragst: „Was bedeutet Abtötung in der Welt, und worin besteht ihr Wesen?", — so wisse, daß die Abtötung nach Auffassung unserer gottseligen Gelehrten zweierlei ist: Eine steht in der Macht des Menschen, die andere nicht. — Die erstere ist dreifach:

daß man das verlierbare Weltgut aufgebe, sich gänzlich davon löse, dann daß man es nicht mehr begehre und sich dafür entscheide. — Die nicht in der Macht des Menschen stehende Abtötung aber ist die, daß das Herz des Asketen für die Sache gleichgültig ist.

Ferner ist die dem Menschen mögliche Abtötung Voraussetzung für die andere. Hat es der Mensch dahin gebracht, daß er nicht mehr das verlangt, was er an Weltgut nicht besitzt, wenn er das Seine davon trennt, in seinem Herzen davon abläßt, es zu begehren und zu wählen, und zwar um Gottes und seines gewaltigen Lohnes willen, während er dessen Elends gedenkt, dann ergibt dies jene Gleichgültigkeit gegenüber der Welt in seinem Herzen, und dies halte ich für die wahre Abtötung.

Wisse dann, das schwerste dieser drei Dinge ist die Willensabkehr im Herzen. Sieh, wie mancher hat die Welt äußerlich aufgegeben, doch strebt er innerlich darnach und streitet mit seiner Triebseele und hartem Leid. Dies geschieht alles daher! Hast du nicht das Wort des Hochgepriesenen gehört: [K. 28:83] „*Jenes ist das Haus des Jenseits, das für die errichtet wurde, die auf Erden weder Hoheit noch Verderbnis erstreben.*“ Die Verneinung des Willens ist demnach dies, wobei man das Gewünschte weder begehrt noch tut. Da ist des Gepriesenen Wort: [K. 42:20] „*Wer für das Jenseits aussät, dessen Aussaat werden wir vermehren, und wer für die Welt aussät, dem werden wir davon geben, er hat aber keinen Anteil am Jenseits*“, ebenso: [K. 17:19] „*Wer das Vergängliche will, dem werden wir, soviel er will, das Vergängliche geben*“, ferner: „*Wer das Jenseits will und sich dafür abmüht und ein Gläubiger ist, dessen Streben wird Dank finden.*“ Es ist dies alles deutlich ein Hinweis auf den Willen und daß dieser die Hauptsache ist. Wenn aber der Mensch sich befleißigt und bei den ersten beiden, nämlich Losschälung und Verzicht beharrt, so ist von Gottes des Gepriesenen Huld zu erhoffen, daß er ihm Erfolg schenke, falls er das weltliche Begehren und Wählen aus seinem Herzen entfernt, denn Er ist der Spender des Guten, der Edelmütige, mächtig und herrlich.

Ferner, wenn du die Mißgeschicke der Welt und deren Mängel überdenkst, so treibt dies dich zu Verzicht und Losschälung an und erleichtert dir dies. Unter den Leuten wurde ja viel darüber gesprochen, und jemand hat gesagt: „Ich habe die Welt verlassen, weil sie wenig Wohlstand aber soviel Sorge birgt, weil sie schnell vergeht und ihre Gefährten verächtlich sind." Mein Scheich, der gottselige Imām (Juwaynī) sagte: „Hiervon stammt der Wohlgeruch des Begehrens, denn wer die Trennung von jemandem beklagt, der möchte gern mit ihm vereint sein, und wer etwas aufgibt, weil noch andere daran teilhaben, dem wäre es lieber, er hätte es allein." Treffend hat hierüber unser gottseliger Scheich gesagt: „Wahrlich, die Welt ist Gottes des Mächtigen und Herrlichen Feind, aber du bist ihr Liebhaber. Wer jedoch den Einen liebt, haßt dessen Feind." Ferner: „Eigentlich ist sie ein schmutziges Aas, siehst du nicht, daß sie in Schmutz und Verderben, in Vergehen, Untergang und Verschwinden endet? Doch ist sie ein Aas, das wohlriechend gesalbt ist und von Schmuck bedeckt, so daß die Leichtfertigen dadurch getäuscht werden, während die Klugen sich davon enthalten."

Wenn man nun sagt: „Was bedeutet Abtötung in der Welt, ist sie Pflicht oder überpflichtig?", — so wisse, daß unserer Ansicht nach die Abtötung sich auf das Erlaubte wie das Unerlaubte bezieht. Unerlaubtem gegenüber ist sie Pflicht, Erlaubtem gegenüber aber überpflichtig. Für den Gehorsamen ist das Verbotene ein verunreinigendes Aas, an das man nicht herantritt, es sei denn, man entfernt etwas Schädliches. Die Abtötung aber in erlaubten Dingen betreffend, so ist dies, wenn man auf der Stufe der Heiligsten (*abdāl*) steht, so, daß das Erlaubte ein Aas ist, von dem man nur soviel als nötig zu sich nimmt, das Verbotene aber als Feuer gilt, von dem jemals zu genießen man es sich nicht einfallen läßt. Dies bedeutet nun die Gleichgültigkeit des Herzens, daß man der Sorge darum sich begibt, es für unrein hält und heftig verabscheut, so daß im Herzen dafür kein Wunsch und Verlangen mehr bleibt.

Solltest du nun fragen: „Wie ist es möglich, daß nach Ansicht des Menschen die Welt mit ihren Begierlichkeiten und Lüsten gleich dem Feuer oder verunreinigendem üblen Aas wird, während wir doch nun einmal diese Anlage und Natur haben?“, — so wisse: derjenige hat diese Meinung, dem besondere Gnade verliehen wurde und der das Unheil und den Schmutz der Welt kennt. Hierüber wundern sich nur die Begierigen, die für die Mängel der Welt und deren Unheil blind sind, die sich durch deren Äußeres und ihre Zierde täuschen lassen.

Hierüber werde ich dir ein Gleichnis erzählen. Wisse, es ist dies einem Mann gleich, der eine Süßspeise (*khabīṣ*, aus Datteln, Rahm und Stärke) mit deren Zutaten an Zucker usw. bereitete, dann aber etwas tödliches Gift zusetzte. Ein Mann sah dies und ein anderer nicht. Geschmückt und verziert setzte man es beiden vor. Der Mann, der das zugesetzte Gift gesehen hatte, wird sich dieses Gerichts enthalten, ja es wird ihm gar nicht einfallen, irgendwie davon zu genießen. Es wird dem Feuer gleich sein, da er ja weiß, wie schädlich es ist, ohne sich durch Äußeres und Aufputz täuschen zu lassen. Der andere aber, der das Zugesetzte nicht gesehen hat, wird durch die Verzierung und das Äußere genarrt, verlangt darnach und enthält sich dessen nicht, ja beginnt sich über seinen enthaltsamen Gefährten zu wundern und hält ihn vielleicht für töricht. So verhält es sich mit dem unerlaubten Weltgut bei einem, der recht wandelt und bei einem unwissenden Begierigen.

Wenn man nun nicht gerade Gift zusetzt, aber hineinspuckt und sich hineinschnäuzt, es dann würzt und verziert, so hält der Mann, der dies Tun wahrgenommen hat, es für unrein und meidet es. Nur im Notfall und bei dringendstem Bedürfnis kann man es ihm vorsetzen. Wer dies nun nicht gesehen hat noch weiß, was darin ist, der wird durch das Äußere getäuscht, ihn gelüstet darnach, und voll Bewunderung und Wohlgefallen stürzt er sich darauf. So steht es mit dem Erlaubten in der Welt und den beiden Gruppen, den Umsichtigen und Rechtlichen wie den Begehrlichen, Achtlosen. Obwohl beide der Natur nach mit Sehvermögen und Wissen gleich begabt sind, so ist der eine doch unwissend und der andere unruhig. Würde der Begehrliche wissen und gesehen haben, was der Enthaltsame kennt, so würde er diesem gleich darauf verzichten. Wäre aber der Enthaltsame unwissend und für dasselbe blind wie der Gierige, so würde ihm wie diesem darnach gelüsten. Du weißt nun, daß es trotz der Naturanlage auf den Tiefblick ankommt. Es ist dies ein nützlicher Grundsatz und ein klares, rechtes Wort, wer Verstand hat, gesteht es zu und handelt geziemend. Gott der Allerhöchste hilft bei der Leitung, und der Erfolg kommt durch seine Gnade.

Wenn man sagt: „Wir müssen doch ein gewisses Maß an Weltgut haben, um zu bestehen, und wie sollen wir uns in der Welt dessen enthalten?“, — so wisse, man enthält sich des Überflüssigen, das man zur Ernährung des Leibes nicht braucht. Der Zweck ist Erhaltung und Kräftigung, damit man Gott dem Gepriesenen diene und nicht der Speise, dem Trank und dem Genuß. Wenn Gott es will, so versorgt er dies durch irgendwelche Mittel, ja wenn der Allerhöchste es will, so tut er dies ohne Mittel wie bei den gebenedeiten Engelwesen. Sodann, falls er es will, so erhält er dich durch das mit deinem Streben und Verlangen Erworbene, und falls er will, durch etwas anderes, das er dir bereitet, von wo du es nicht ahntest und ohne daß du es durch dein Bemühen erlangst. So hat Gott der Allerhöchste gesagt: [K. 65:2–3] „*Wer Gott fürchtet, für den bereitet er einen Ausweg und versorgt ihn reichlich von einer Seite, da er es nicht glaubte.*“ Somit brauchst du nicht irgendwie zu sorgen und zu begehren, denn wenn diese Entsagung über deine Kraft geht und du noch verlangst und begehrst, so erwecke die Absicht, hierfür bereit zu sein und Gott zu fürchten, um Gott den Gepriesenen und Allerhöchsten ohne Begierde und Genuß zu verehren. Hast du diese Absicht, dann steht es gut um dein Wünschen und Begehren, und du hast ein wirkliches Verlangen nach dem Jenseits und nicht nach der Welt, ohne bei deiner Losschälung und Abtötung behindert zu sein. Erkenne dies als Verständiger — und der Erfolg steht bei Gott.

Das zweite Hindernis sind die Menschen. Es liegt dir sodann ob, dich von den Leuten abzusondern — Gott möge dir und uns in seinem Gehorsam Erfolg geben. Dies geschieht wegen zweier Dinge: Eines ist, daß sie dich von der Verehrung Gottes des Mächtigen und Erhabenen ablenken. So wird hierüber von jemandem folgende Erzählung berichtet: „Ich ging an einer Gruppe Leute vorüber, die einander bewarfen. Einer davon saß abseits von ihnen, und ich wollte ihn anreden. Da sagte er: ‚Ich möchte lieber Gottes gedenken als mit dir reden.‘ Ich meinte, er sei doch allein, worauf er versetzte: ‚Bei mir ist mein Herr wie meine beiden Engel.‘ Ich sagte: ‚Wer hat von diesen das schon früher getan?‘ — ‚Wem Gott verziehen hat.‘ — ‚Wo ist der Weg?‘ — Da wies er gen Himmel, stand auf, verließ mich und sprach: ‚Die meisten von deinen Leuten lenken dich ab von dir.‘“ — Somit lenken dich die Leute vom geistlichen Leben ab, ja sie hindern dich daran und stürzen dich sogar in Übel und Verderben.

So sagte der gottselige Ḥātim al-Aṣamm (der Taube): „Von diesen Leuten verlangte ich fünf Dinge, fand sie aber nicht. Ich suchte bei ihnen Erfüllung der Pflichten wie Enthaltsamkeit, sie übten dies nicht. Ich sagte: ‚Helft mir dazu, wenn ihr es schon nicht selber tut‘, doch sie taten es nicht. Ich sagte: ‚Seid einverstanden mit mir, wenn ich es übe‘, doch sie taten es nicht. Da sagte ich: ‚Hindert mich nicht daran‘, doch siehe, sie hinderten mich. Ich sagte: ‚Ladet mich nicht zu etwas ein, das Gott zuwider ist, und seid mir nicht feind, wenn ich euch nicht darin Folge leiste.‘ Sie taten es aber nicht. Da verließ ich sie und beschäftige mich besonders mit mir selbst.“ — Wisse, o Bruder im Glauben, daß dein hochgebenedeiter Prophet Muḥammad die Zeit beschrieben hat, da er allein war, und seine Schilderung wie die seiner Hausgenossen machen es deutlich, daß ihm befohlen wurde, sich abzusondern. Sicherlich kannte er, der Hochgebenedeite, am besten, was heilsam ist und war für unsere Seelen ein besserer Berater, als wir es sind.

Und findest du Zeit, so wie es beschrieben und dargelegt wurde, so befolge vor allem den Befehl des Hochgebenedeiten, nimm seinen Rat an, und zweifele nicht, daß er besser weiß, was dir zu deiner Zeit frommt. Argumentiere nicht mit trügerischen Gründen und betrüge dich niemals selber. Du gehst sonst verloren, ohne daß es Vergebung für dich gibt. Unsere Beschreibung stammt vom gottseligen ʻAbdallāh ibn ʻAmr ibn al-ʻĀs, der da sagte: „Über den hochgebenedeiten Propheten haben wir klare Kunde gebracht. Ich erwähnte die Anfechtung (des Glaubens), da sagte er: ‚Wenn ihr seht, daß die Leute ihre Verträge brechen, die Treue leicht nehmen und *so* sind' — er faltete die Finger ineinander (arabisches Symbol der Uneinigkeit). Ich fragte: ‚Was soll ich dabei tun? Gott möge mich als dein Lösegeld annehmen!' Er antwortete: ‚Bleibe in deinem Hause, beherrsche deine Zunge, behalte, was du weißt, und laß, was du leugnest. Du bist als Auserwählter berufen, so laß die Menge.'"

In einem anderen Bericht wird erzählt, der Hochgebenedeite habe gesagt: „Dies sind die Tage der Unruhe", und auf die Frage, was die Tage der Unruhe seien, sprach er: „Wenn der Mann seinem Gefährten keinen Schutz gewährt."

Der gottbegnadete Ibn Masʻūd hat in einem anderen Bericht zu al-Ḥārith ibn ʻUmayr gesagt, der Hochgebenedeite habe sich geäußert: „Wenn du am Leben bleibst, so wirst du eine Zeit erleben, reich an Rednern und arm an Gelehrten, da man viel verlangt, aber wenig gibt. Die Leidenschaft wird die Führung vor dem

Wissen haben." Auf die Frage, wann dies sein werde, sagte er: „Wenn das Ritualgebet ertötet wird, man Bestechung annimmt und die Religion um geringe Ware gegen das Weltgut verkauft wird. Rette dich, rette dich, wehe dir, rette dich!"

Meine Meinung ist, alles in diesem Berichte Erwähnte siehst du mit eigenem Auge zu deiner Zeit und unter deinen Mitmenschen, und schau auf dich selbst. Ferner sind sich alle gottbegnadeten Frommen der Frühzeit darüber einig, daß sie sich vor ihrer Zeit und ihrem Volke hüten sollten, daß sie sich zurückzogen, dies befahlen und als Empfehlung hinterließen. Dabei waren sie ohne Zweifel tiefblickender und besser beraten, und die Zeit ist nach ihnen nicht besser als früher, vielmehr schlimmer geworden. Dies Wort wurde von Yūsuf ibn Asbāṭ berichtet: „Ich hörte ath-Thawrī sagen: ‚Bei Gott, außer dem kein Gott ist, in dieser Zeit ist es erlaubt, sich abzusondern.'" Darauf sage ich, wenn es zu jener Zeit erlaubt war, so ist es in unserer Zeit nötig und Pflicht. Von Sufyān ath-Thawrī stammt auch das Wort, das er an den gottseligen 'Abbād al-Khawwāṣ geschrieben hat: „Des weiteren teile ich dir mit, daß die Gefährten des hochgebenedeiten Propheten ihre Zuflucht zu Gott nahmen, um ihn zu erkennen, soweit es auf uns gekommen ist. Und dabei besaßen sie ein Wissen, das uns fehlt. Doch wie steht es um uns, die wir dies erfassen trotz geringen Wissens, weniger Ausdauer und der Verderbnis durch die Menschen nebst wenig Helfern für das Gute sowie Verdruß mit der Welt?" Der gottbegnadete 'Umar ibn al-Khaṭṭāb hat gesagt: „In der Einsamkeit hat man Ruhe vor der Übeltat." Über solches hat man gedichtet:

„Dies ist die Zeit, vor der wir auf der Hut sind
nach dem Wort des Ka'b und Ibn Mas'ūd,
Ein Zeitalter, da man das Wahre ganz und gar ablehnt,
doch da man nicht Unrecht und Aufruhr verschmäht,
von der Zeit blind, taub und verwirrt,
da der Satan Zuneigung und Hoffnung fand.
Hält dies an, und geschieht dazu nichts anderes,
so beweint man keinen Toten, noch freut man sich über ein Kind."

Von Sufyān ibn 'Uyayna habe ich einen Ausspruch gefunden: „Ich sprach zu ath-Thawrī: ‚Empfiehl mir (etwas)', worauf er versetzte: ‚Halte weniger Bekanntschaften mit den Leuten.' Ich meinte: ‚Gott erbarme sich deiner, gibt es nicht eine Überlieferung: Habe viel Bekanntschaft mit den Leuten, denn jeder Gläubige hat eine Fürsprache.' Er sagte darauf: ‚Ich glaube doch, du hast nur bei denen Abscheuliches gesehen, die du kanntest.' Er starb dann — Gott sei ihm gnädig —, und ich schaute ihn im Traum nach seinem Tode unbezweifelbar und sagte ihm: ‚O Abū 'Abdallāh, hinterlaß mir einen Rat!', worauf er sprach: ‚Halte so wenig wie möglich Bekanntschaft mit den Menschen, denn es ist schwierig, von ihnen loszukommen.'" — Über den gleichen Sinn hat man Verse gemacht:

„Seitdem das weiße Haar auf meinem Scheitel glänzt,
habe ich immer noch diese Geschöpfe gesucht und gefunden,
die Leute lernte ich nur so kennen, daß ich sie tadelte.

Möge Gott jedem lohnen, den ich nicht kannte!
Nur da habe ich Schuld, wofür ich Härte verdiene,
wenn ich dem Freund war, der Unrecht verübt."

Er sagte noch, daß er über die Haustür geschrieben habe: Gott möge mit Heil jenem lohnen, der uns nicht kannte. Doch nicht möge er unseren Freunden vergelten, da wir nur von ihnen Übles erfuhren. Man hat dies besungen:

„Möge Gott dem wohl vergelten, der nicht der
Unsrige war,
den wir weder liebten noch kannten.
Nicht befiel uns Kummer noch Leid,
außer von Leuten, die wir liebten und kannten."

Der gottselige al-Fuḍayl sagte: „In dieser Zeit hüte deine Zunge, tu nicht kund, wo du wohnst, pflege dein Herz, nimm, was du kennst, und laß, was du nicht kennst." Ein Wort von Sufyān ath-Thawrī lautet: „Es ist jetzt die Zeit zu schweigen, daheim zu bleiben und mit dem Lebensunterhalt sich zu bescheiden, bis du stirbst." Vom gottseligen Dāwūd at-Ṭā'ī heißt es: „In der Welt halte Fasten, feiere Fastenbrechen im Jenseits und fliehe die Menschen wie den Löwen." Von Abū 'Ubayda: „Nie sah ich einen Weisen, der nicht zum Schluß seiner Rede sagte: ‚Wenn es dir lieber ist, nicht zu wissen, so bist du mit Gott eines Sinnes.'"

Das vorliegende Buch könnte die Erzählungen über dieses Thema gar nicht fassen. Wir haben darüber ein besonderes Buch verfaßt, betitelt: „Buch von den Sitten der Frommen und der Rettung von den Übeltaten".

Verweile hierbei, da siehst du das Wunderbarlichste, dem Verständigen genügt ja ein Wink — und Gott in seiner Huld hilft zum Erfolg wie bei der Führung.

Eine zweite üble Eigenschaft gibt es, die Absonderung von den Menschen nötig macht, es ist dies, daß die Leute dir die Frucht des geistlichen Lebens verderben, wenn nicht Gott der Gepriesene dich durch ein Mittel davor schützt, was von ihnen ausgeht. Es ist dies Augendienerei und Eitelkeit. Der gottselige Yaḥyā ibn Mu'ādh ar-Rāzī hat recht gesagt: „Hinsehen auf die Leute ist der Teppich der Augendienerei." Diese Asketen fürchteten für sich selber, so daß sie es vermieden, sich gegenseitig zu treffen und Besuche abzustatten. Man erzählt, daß Harim ibn Ḥayyān zu Uways al-Qaranī — beiden sei Gott gnädig — gesagt habe: „O Uways, komm zu uns zu Besuch und Zusammensein", worauf Uways erwiderte: „Mit dir bin ich schon in Verbindung wegen einer Sache, die dir dienlicher ist — es ist die verborgene Fürbitte, doch bei Besuch und Zusammentreffen findet man Heuchelei und Eitelkeit." Zu Sulaymān al-Khawwāṣ sagte man bei der Ankunft Ibrāhīm ibn Adhams: „Kommst du nicht zu ihm?", worauf er entgegnete: „Lieber als ihm möchte ich einem aufsässigen Teufel begegnen." Man mißbilligte diesen Ausspruch, doch er sagte: „Falls ich ihn treffe, so befürchte ich, daß ich mich vor ihm eitel benehme, doch treffe ich einen Teufel an, so versage ich mich ihm."

Mein Scheich der Imām (Juwaynī) kam mit einem Weisen zusammen, und nach längerem Gespräch beglückwünschten sie sich zum Schluß der Unterredung. Mein Scheich, der Imām, sagte zum Weisen: „Ich glaube nicht, daß ich in einer mir angenehmeren Gesellschaft gesessen hätte, als es diese war." Doch der Weise versetzte: „Aber ich bin in keiner Gesellschaft gesessen, vor der ich mich mehr gefürdnet hätte, als diese es war. Hattest du nicht im Sinn, mir das Schönste an Unterhaltung und von deinem Wissen zu bieten und ich desgleichen? Und da kam es doch zur Augendienerei." Da weinte mein Scheich lange und wurde ohnmächtig, und darnach sprach er folgende Verse:

„O wehe, was für ein Standort ist dies, an dem
mehr ich mich fürchte, als wenn der Herrscher
richtet?
Begehre ich gegen Gott auf, so ringe ich mit ihm,
dabei habe ich keinen, der sich erbarme!
O mein Herr, verzeihest du einem Schuldigen,
so ist dies Verschwendung, wenn er nicht bereut.
In der Nacht, da sie dunkelt, spricht er:
‚Ach, bedeckte sie doch eine Schuld vor dem Allwissenden!' "

So ist die Lage der Abgetöteten und Asketen, wenn sie einander treffen, und doch wie steht es um die Begehrlichen und Müßigen, ja erst um die Übeltäter und Unwissenden? Wisse, die Zeit ist in mächtige Verderbnis geraten und die Menschen in großen Schaden, weil sie sich von der Verehrung Gottes ablenken, so daß du kaum davon etwas erlangst, und dann verderben sie es dir noch, was du erreicht hast, so daß dir beinah nichts davon unversehrt bleibt. Daher mußt du von den Menschen dich zurückziehen und allein leben — und unsere Zuflucht vor der Zeit und ihren Leuten ist bei Gott — und er, der Allerhöchste, ist der Hüter durch seine Huld und sein Erbarmen.

Wenn man sagt, „was bedeutet es, von den Leuten sich zu scheiden und allein zu sein? So erkläre uns die Klassen der Leute dabei und deren nötige Grenze“, — so wisse — Gott erbarme sich deiner und unser — daß die Leute in dieser Hinsicht wie zwei Männer sind: Da ist ein Mann, den die Leute nicht brauchen, weder wegen Wissenschaft, noch um eine Sache erklärt zu bekommen. Für diesen Mann ist es am besten, sich zurückzuziehen von den Leuten und nur dann sich mit ihnen abzugeben, wenn es sich um den Freitagsgottesdienst, Gemeindeversammlung, um ein Fest, die Wallfahrt oder um eine Sitzung wegen der Sunna-Wissenschaft handelt oder wegen einer notwendigen Angelegenheit des Lebensunterhaltes. Sonst soll er sich verbergen und in seiner Verborgenheit bleiben, unbekannt und niemand' kennend. Wenn es dieser Mann aber vorzieht, so scheidet er von den Menschen, und gibt sich in nichts mit ihnen ab, sei es etwas Religiöses oder Weltliches, weder in einer Gemeindeversammlung noch am Freitag oder dergleichen, weil er darin nichts sieht, das zu seinem Nutzen oder zum Freisein dient. Es gibt für ihn nämlich nur zwei Möglichkeiten: Entweder er geht an einen Ort, wo er von diesen Pflichten (Gemeindegottesdienst) befreit ist, wie Bergesgipfel und Tiefen der Täler. Vielleicht ist dies einer der Gründe, welche Gott hingegebene Menschen zu diesen menschenfernen Orten gerufen haben. Oder aber er ist wahrhaft davon überzeugt, daß der Schaden, der ihm beim Umgang mit den Menschen wegen dieser Pflichten entsteht, größer ist als die Aufgabe derselben. In Mekka — Gott behüte es — habe ich einen als Eremiten lebenden gelehrten Scheich gesehen, der nicht in die Moschee des Heiligtums zu den Gemeindegottesdiensten ging, trotz der Nähe und seiner Gesundheit. Ich besuchte ihn öfters und redete mit ihm darüber. Da bemerkte er etwas über den Dispens, über den wir gesprochen hatten. Es war das, daß das Verdienst nicht an die Sünden heranreiche und deren üble Folgen, falls er hinaus in die Moschee ginge und mit Leuten zusammenkomme. Ich sagte: „Kurz, der Entschuldigte verdient keinen Tadel, und Gott der Allerhöchste kennt die Entschuldigung besser, da er das Innere der Herzen kennt."

Der rechte Weg aber ist der erstere, nämlich, daß man mit den Leuten am Freitagsgebet, Gemeindeversammlungen und verschiedenerlei guten Werken teilnehme, außer diesen aber sich von ihnen fernhält.

Zieht man den zweiten Weg vor, so daß man gänzlich von den Leuten abgesondert sei, so ist das Mittel hierfür, daß man an Orte auswandere, wo diese (gemeinschaftlichen) Pflichten nicht mehr gelten.

Der dritte Weg ist dann der, daß man mit den Leuten am gleichen Ort ist, doch ohne zum Freitagsgebet und zur Gemeindeversammlung zu erscheinen, da man sich hiervon als dispensiert betrachtet wegen Sünden(gefahr) und Straffolgen. Hierbei bedarf es Tiefsinnes und außergewöhnlicher Hindernisse, wobei die Gefahr des Irrtumes besteht, so daß die beiden ersteren Wege sicherer und geschätzter sind — und Gott in seiner Huld hilft zur rechten Leitung.

Der zweite Mann nun ist jener, den das Volk als Vorbild des Wissens im religiösen Leben nötig hat, damit er ihm das Wahre darlege, den falschen Neuerer zurückweise oder es zum Guten aufrufe durch Wort, Tat usw. Er kann nicht wie jener andere sich von den Leuten absondern, vielmehr setzt er sich unter sie als Berater des Volkes Gottes des Allerhöchsten, als Hüter der Religion Gottes des Allerhöchsten und um die göttlichen Gebote zu erklären. Vom hochgebenedeiten Propheten wurde uns das Wort überliefert: „Wenn die falschen Neuerungen auftreten und der Wissende (dazu) schweigt, so sei Gottes Fluch über ihn!“ Dies ist dann der Fall, wenn er (der Gelehrte) unter ihnen ist, doch aus ihrer Mitte weggeht, denn da ist die Absonderung doch nicht erlaubt. Man erzählt, der gottselige Meister Abū Bakr al-Fūrak wollte um des geistlichen Lebens willen allein fern von den Menschen sein. Während er so auf einem Berge weilte, siehe, da hörte er eine Stimme rufen: „O Abū Bakr, du gehörst doch zu den Zeugen Gottes — und hast Gottes Verehrer verlassen!“ Da kehrte er zurück und verkehrte aus diesem Grunde mit den Leuten. — Ma'mūm ibn Aḥmad, der Gottselige, erwähnte vor mir, daß der gottselige Meister Abū Isḥāq (ibn Adham) zu den Asketen auf dem Libanongebirge gesagt habe: „Ihr Grasesser, ihr habt die Gemeinde des hochgebenedeiten Muḥammad in den Händen der falschen Neuerer gelassen und beschäftigt euch hier mit Grasessen!“, worauf sie erwiderten: „Für den Umgang mit den Menschen sind wir nicht kräftig genug.“ Hat dir Gott nun Kraft gegeben, so verpflichtet dich dies. Da verfaßte er sein Buch „Zusammenfassung des Offenbaren und des Verborgenen.“

Die Gottbegnadeten hatten bei der Fülle ihres Wissens viel tätig zu sein und besaßen Tiefblick für den Wandel auf dem Jenseitsweg. Wisse, solch ein Mann, den die Leute auf dem Wege zur Tür der Religion benötigen, bedarf beim Umgang mit dem Volke dringend zweier wichtiger Dinge: Das erste ist: große Geduld, viel Milde, freundliches Blicken und ständige Anrufung Gottes.

Das zweite ist, bei diesem Gedanken von ihnen fern zu sein, wenn er auch leiblich bei ihnen ist, daß er mit ihnen rede, wenn sie ihn ansprechen, um ihre Achtung und Dank zu bezeigen. Falls sie schweigen und sich von ihm wegwenden, dann möge er diese Gelegenheit nutzen. Sind sie beim Wahren und Guten, so hilft er ihnen, geraten sie in Unernstes und Übles, dann widerspricht er ihnen und meidet sie, ja weist sie ab und tadelt sie, wenn er sie annehmen will. Dann kümmert er sich um sie, wie es ihnen zusteht, um ihre Besuche und Vorsprachen, und erledigt nach Möglichkeit die ihm vorgebrachten Angelegenheiten. Er fordert weder Honorare, noch bittet er darum, auch zeigt er (bei deren Ausbleiben) kein Befremden. Wenn er kann, gibt er freundlich und ist zurückhaltend im Nehmen, wenn man etwas gibt. Unbill ihrerseits erträgt er, zeigt ihnen frohe Miene und gibt sich äußerlich höflich. Dabei verbirgt er aber seine eigenen Dinge, erträgt sie selbst und gibt sich im Innersten seines Herzens damit ab. Bei alledem richtet er den Blick besonders auf seine Seele und läßt sie an lauterer Gottesverehrung teilnehmen. So hat der gottbegnadete ʿUmar ibn al-Khaṭṭāb gesagt: „Wenn ich in der Nacht schlafe, so verliere ich meine Seele, und wenn ich am Tage schlafe, so verliere ich meine Untertanen. Wie sollte ich also zwischen beiden schlafen?“ Hierüber fallen mir folgende Gedichtverse ein:

„Wünschest du die Leitung der Vorsteher (Imāme),
so gewöhne dich daran, daß dir Widriges begegnet,
in würdevoller Haltung bei jedem Mißgeschick
und mit einem Herzen geduldig scheinend,
während es innerlich widersteht.

Deine Zunge sei wohl verwahrt und dein Blick senke sich,
und dein Inneres sei verborgen, Gott dem Herrn wohlbekannt.
Unbemerkt gedenke Gottes bei verschlossner Tür.
Es lächle dein Mund, mag auch dein Inneres hungern,
und sei dein Herz verwundet und flau dein Markt.
Wenn du auch offen tadelst, sei deine Güte doch vergraben,
und magst du täglich Kummer schlucken,
bereitet vom Schicksal und den Brüdern, so sei dein Herz doch willig.
Dein Tag sei Arbeit für die Menschen ohne Anerkennung,
und deine Nacht ein Sehnen, dem die Glückssterne schwanden.
Und nimm zum Mittel diese Nacht da vor dir
für den Tag den düstern, da es an Mitteln gebricht."

Ja, er sei bei den Menschen selbst, doch wie fern soll das Herz von ihnen sein! Bei meinem Leben, das ist etwas Hartes und ein beschwerliches Leben. Unser gottseliger Scheich hat in seinem Testament darüber gesagt: „Mein Sohn, lebe mit deinen Zeitgenossen, doch nimm sie dir nicht zum Muster." Ferner: „Wie schwer ist es, mit den Lebenden zu leben, da man die Toten sich zum Vorbild nimmt." Von Ibn Mas'ūd dem Gottbegnadeten wird der Ausspruch berichtet: „Verkehre mit den Leuten und trenne dich von ihnen, doch rede nicht mit ihnen über dein religiöses Leben." Dies ist eine Bemerkung, die überzeugt. Sodann sage ich: Wenn Aufstände übereinander wogen, die Dinge durcheinander gehen, die Menschen der Religion den Rücken kehren, ohne sich um einen Gläubigen zu kümmern noch um einen Vertrag, wenn sie keinen Gelehrten mehr aufsuchen noch auf einen Lehrer achten, wenn ihnen die Sache der Religion überhaupt keine Sorge macht, und wenn du siehst, daß die Anfechtung die große Masse erfaßt und unter den Auserwählten umherschleicht, dann ist es dem Gelehrten erlaubt, sich zurückzuziehen, einsam zu sein und die Wissenschaft zu vergraben. Ich fürchte dabei, daß das, was wir aufzählten, diese unsere unglückselige Zeit sei. Gott ist es, auf den wir uns verlassen und den wir zu Hilfe rufen. Dies versteht man also unter „Abgeschiedenheit und Alleinsein", von den Menschen getrennt zu sein. Verstehe es wohl, denn man kann sich dabei sehr irren und schwer schädigen — und der Erfolg ist durch Gott.

Sollte man nun sagen: „Hat nicht der hochgebenedeite Prophet gesagt: ‚Ihr müßt in der Gemeinschaft sein, denn die Hand Gottes des Allerhöchsten ruht auf der Gemeinschaft [W. I. 371], und wahrlich der Satan ist für den Menschen ein Wolf, der das Absonderliche, frei Umherlaufende, das Abseitsgehende, das Einzelne packt.' Ferner: ‚Der Satan ist mit dem Einzelnen, doch ferner denen, die zu zweit gehen'?" — so wisse, daß aber auch überliefert wurde: „Bleib zuhaus und halte dich an die Vertrauten, laß die Sache der Menge gehen." Zu schlimmer Zeit hat er befohlen, sich abzusondern und allein zu sein. Der Hochgebenedeite widerspricht sich in seiner Rede nicht, man muß nur beide Überlieferungen zusammenstellen durch Gottes Macht und Hilfe.

Ferner sage ich: Das Wort des Hochgebenedeiten: „Ihr müßt in der Gemeinschaft sein", enthält drei Gesichtspunkte: Der erste bedeutet Religion und Satzung. „Die Gemeinde wird in keiner Irrlehre übereinstimmen“ [W. I. 367]. Die Übereinstimmung (*ijmāʿ*) und die Satzung auseinanderzureißen, heißt dem widersprechen, worüber die Gesamtgemeinde sich einig ist, und somit ist es falsch und irrig, von ihr abzuweichen. Damit hat es aber nichts zu tun, wenn man sich von ihr zum Heil in seinem religiösen Leben zurückzieht.

Der zweite ist: „Ihr müßt in der Gemeinschaft sein“, heißt: Bleibt ihren Versammlungen (am Freitag) und Zusammenkünften nicht fern, denn in ihnen liegt die Kraft der Religion und der vollkommene Islam sowie der Zorn der Ungläubigen und Irrlehrer, und dies enthält Segnungen und Gnade seitens Gottes, der herrlich und erhaben ist durch sein Erbarmen. Daher ist es unsere Meinung, daß der Alleinlebende die Pflicht hat, zum guten Werk sich zu den Leuten bei den allgemeinen Zusammenkünften zu gesellen, doch in anderen Dingen sich der Gesellschaft und dem Gedränge zu enthalten, weil darin verschiedenes Unheil liegt.

Der dritte Gesichtspunkt ist, daß dies für einen im religiösen Leben schwachen Mann zu ruhiger Zeit gilt. Wer jedoch tiefer blickt und stark ist in der Sache Gottes, des Allerhöchsten, der sieht die Zeit der Unruhe, vor der der Hochgebenedeite gewarnt und geheißen hat, sich dabei zurückzuziehen. Es ist vorzüglicher, sich abzusondern, wegen der Verderbnis und des Unheiles, die dann entstehen, wenn man sich darunter mischt. Man sollte sich nicht von der islamischen Gemeinschaft und dem Allgemeinwohl fernhalten, und wer sich gänzlich zurückziehen will, der schlage seinen Sitz auf einem Berggipfel oder inmitten der Einöde auf, wegen des Nutzen, den er dabei für sein religiöses Leben sieht. Ferner sage ich, ich habe nur einen solchen Mann im Auge, dem Gott der Erhabene und Herrliche es ermöglicht, überall in den Versammlungen und dem Gemeindeleben des Islam zugegen zu sein. Er soll dabei sein, damit ihm der Anteil dabei nicht entgehe, da die Islamgemeinden ja von Gott dem Allerhöchsten stammen, auch wenn die Menschen anders und schlechter werden. So haben wir ja vom Verhältnis der vollkommen Heiligen (*abdāl*) gehört, die überall (unsichtbar) den Gemeinschaften des Islam beiwohnen, die auf der Erde, wo sie wollen, umherwandern, und daß die Erde nach ihnen hungert. Sie rufen Segen herab und sind mit mancherlei wohltätiger Wunderkraft begabt. Sie sind zu beglückwünschen wegen des Erlangten. Gott möge den mit Ausdauer begaben, der es versäumt, auf die Rettung seiner Seele zu schauen, und helfen möge er dem, der wie wir strebt, doch noch nicht zum Ziel gelangt ist! Meinen Zustand zu beschreiben kamen mir folgende Verse in den Sinn:

„Zum Ziel gelangten, die da strebten,
und Vereinigung ward ihnen zuteil,
und es fanden die Liebenden zu den Geliebten,
doch wir hängen weiter in Verwirrung
an der Grenze von Vereintsein und Meiden.
Nahe hofften wir den Fernen zu sein,
doch ist dies selbst den Herzen versagt!
Gib uns von dir den Trank, der vertreibt
den Kummer, und zum rechten Wege führt,
o Arzt für das Gebrechen, du Salbe für die Wunde,
der mich von den Krankheiten befreit!
Ich weiß nicht mein Gebrechen zu behandeln
oder womit ich bestehen soll am Tag der
Abrechnung!“

Doch fassen wir jetzt die Zügel des Herzens und wenden wir uns wieder unserem Gegenstande zu, der Abgeschiedenheit, da wir zu Anfang des Kapitels davon abgekommen waren.

Wenn man uns sagt: „Der hochgebenedeite Prophet hat sich geäußert: ‚Das Mönchtum meiner Gemeinde heißt, an den Gebetsstätten zu sitzen, wobei es verboten ist, sich abzusondern'." — Wisse, wie schon gesagt, gilt dies für eine ruhige Zeit. Auch soll man in der Moschee sitzen, ohne sich unter die Leute zu mischen und mit ihnen zu verkehren. Leiblich möge man mit ihnen zusammen sein, doch im Geiste getrennt von ihnen. Dies bedeutet nämlich Sichabsondern und allein zu sein, so wie wir es dargelegt haben. Verstehe dies wohl, und Gott erbarme sich deiner. Ibrāhim ibn Adham hat gesagt: „Sei allein gesammelt und vertraut mit deinem Herrn, doch den Menschen fremd."

Wenn man sagt: „Was ist deine Meinung über die Schulen der Gelehrten (Theologen) des Jenseits und über die Klöster der Sufis, die den Weg des Jenseits wandeln, sowie über den Aufenthalt in diesen?", — so wisse, dies ist der ideale Weg für die Männer der Wissenschaft und der (theologischen) Forschung, weil sich dort beide Gedanken und deren Vorteil vereinigen. Einesteils sondert man sich von den Leuten ab und meidet deren Gesellschaft sowie den Verkehr mit ihnen und den Wettbewerb in deren Geschäften. Andererseits beteiligt man sich an ihren Zusammenkünften und Gemeinschaften sowie an vielen islamischen Kultübungen, und dies dient sehr zum Heil der Zurückgezogenen wie für die Menge der Gläubigen, ganz abgesehen vom Beispiel, Segen und Rat für die Leute. Der Aufenthalt dort ist der richtigste Weg, der beste Zustand und das sicherste Mittel. Daher haben viel Weise (*'ārif*) sich unter das Volk gemischt, um den Dienern Gottes des Allerhöchsten in Dingen der Religion zu nützen, auch weil es dann weniger Unrecht gibt und die Leute ihre guten Sitten wahrnehmen, um sie nachzuahmen. Eindringlicher als die Rede ist nämlich die Sprache der Anschauung. Darum ist dies in religiösen Dingen die beste Anordnung sowie die weiseste Ansicht für Wissenschaft und geistliches Leben.

Wenn man nun sagt: „Was ist denn die Stellung des Anfängers (Novizen) zu denen, die sich üben und eifrig streben, soll er mit ihnen Gesellschaft pflegen oder sich von ihnen absondern?", — so wisse, wenn diese fest bei ihren ersten Gepflogenheiten und der von ihren Vorvätern überkommenen Lebensweise bleiben, dann sind sie die hervorragendsten Brüder in Gott dem Erhabenen und Herrlichen, Gefährten und Helfer bei der Verehrung Gottes des Allerhöchsten, und du darfst dich dann von ihnen weder trennen noch absondern. Sie gleichen jenen Asketen vom Libanon und anderen, von denen du gehört hast, daß sie gemeinschaftlich leben, einander helfen, Gutes zu tun und die Frömmigkeit zu pflegen, und in Wahrheit und Ausdauer wetteifern. — Falls sie jedoch ihren Lebenswandel aufgeben, den von den frommen Altvordern ererbten Weg meiden, so ist ein solcher „Sucher" und „Asket" wie die übrigen Menschen zu beurteilen. Man bleibe in seiner Zelle und hüte seine Zunge, beteilige sich an deren guten Werken, doch enthalte sich ihrer anderen Dinge und Unheiligem. So soll der Novize abgesondert von den „Abgesonderten" und allein bei den „Alleinlebenden" sein.

Sagst du nun: „Und wenn der Eifrige und Strebsame es vorzieht, von jenen weg anderswohin zu ziehen, an einen Ort, den er sich selbst ausersehen hat, und das Unheil meidet, in das er bei dem Verkehr mit ihnen geraten ist, was ist dann?“, — so wisse: daß jene Schulen und Klöster feste Burgen sind, in denen die Eifrigen vor Wegelagerern und Dieben sich bergen. Die Welt draußen ist wie die Wüste, in der die teuflischen Reiter scharenweise herumstreifen, die plündern und fangen. Wie ist nun seine Lage, wenn er in die Wüste hinauszieht und der Feind von allen Seiten ihm antun kann, was er will? Dieser Schwache hat also in der Burg zu bleiben, der starke und scharfsichtige Mann jedoch, über den die Feinde nichts vermögen, für den Burg und Wüste gleich sind, hat keine Furcht zu haben, hinauszuziehen. Auf jeden Fall ist es aber sicherer, in der Burg zu bleiben, denn er ist ja nicht sicher vor Überraschungen, und vor Komplotten der Bösewichter ist er ja nicht gefeit. Da es nun einmal um diese wichtige Sache so steht, ist es jedenfalls besser, wenn der nach dem Guten Strebende bei Gottesfreunden ist und die Mühsal der Gemeinschaft geduldig erträgt. Für den Starken, der zur Festigkeit herangereift ist, besteht jedoch kein Hindernis, sich von ihnen abzusondern. Erkenne all dies und bedenke es, du hast Gewinn davon und gehst sicher, wenn Gott der Allerhöchste es will.

Fragt man mich um meine Meinung über Besuche bei den Brüdern in Gott dem Erhabenen und Herrlichen, und die Verbindung mit den Gefährten durch Zusammenkunft und Unterredung, — so wisse, daß Besuch der Brüder in Gott dem Erhabenen und Herrlichen zu den Kostbarkeiten des geistlichen Lebens gehört. Hierin ist Gott der Erhabene und Herrliche nahe, und das Herz hat mannigfachen Nutzen und Heilsames davon. Es sind aber zwei Bedingungen dabei: Erstens sollst du nicht oft und zuviel hinausgehen. Der hochgebenedeite Prophet hat zum gottbegnadeten Abū Hurayra gesagt: „Besuchst du selten, so nimmt die Liebe zu." Zweitens sollst du auch das Recht des anderen bewahren, daß er sich von Augendienerei und Eitelkeit enthalte, ebenso der Prahlerei, leichtfertigem Geschwätz, Verleumdung usw., du und deine Brüder ihr verfallt ja wieder ins Unheil. Man erzählt, daß die beiden gottseligen al-Fuḍayl und Sufyān sich unterhielten und dann weinten. Da sprach Sufyān: „O Abū 'Alī, ich hoffe, wir haben keine uns liebere Sitzung gehalten, als diese war." Al-Fuḍayl erwiderte hierauf: „An keiner Sitzung habe ich teilgenommen, die mir mehr Furcht einflößt als diese." Auf die Frage: „O Abū 'Alī, wie kommt das?", versetzte er: „Du wolltest das schönste Gespräch bieten und unterhieltest mich damit. Und so wollte auch ich das beste Gespräch bieten, das ich vermag, und habe dich damit unterhalten, so haben wir beide, du und ich geprahlt." Da weinte auch Sufyān. Wenn du den Brüdern Gesellschaft leistest und sie aufsuchst, so muß dies mit bestimmter Absicht, Behutsamkeit und freundlichem Blick geschehen. Dies lenkt dich auch dann nicht ab, wenn du dich von den Menschen zurückgezogen hast und allein bist, und so entsteht weder dir noch deinen Brüdern neuer Schaden und Unheil, sondern viel Heilsames und großer Nutzen — und Gott verleiht den Erfolg.

Fragst du nun: „Warum meide ich die Leute und bleibe allein, und wodurch wird dies erleichtert?", — so wisse, es sind drei Dinge, die dir das erleichtern. Du brauchst viel Zeit für das geistliche Leben, denn dabei gibt es Beschäftigung. Ferner ist es ein Zeichen der Armut, wenn man sich unter die Leute mischt, wenn du bei dir selbst beobachtest, daß du ohne Not zusiehst, Leute zu treffen und sie anzuhören, so wisse, daß dies Neugierde ist, zu der dich Müßiggang und Eitelkeit treiben. Hierüber hat jemand recht schön gesagt:

„Wahrlich die Muße hat mich zu deinem Heil
geführt,
doch manchmal hat der Müßige eitel gehandelt."

Hast du dich aber dem geistlichen Leben wirklich ergeben, so findest du, wie schön das Herzensgebet ist, machst dich mit dem Buche Gottes des Gepriesenen vertraut, lenkst dich von den Leuten ab und mißtraust ihrem Gerede. Es wird berichtet, daß der gebenedeite Mūsā, da er vom Herzensgebet zurückkehrte, den Leuten mißtraute und seine Finger in die Ohren steckte, um deren Reden nicht zu hören, das er damals wie Eselsgeschrei verabscheute. Höre auf das Wort unseres gottseligen Scheichs:

„Gott genügt dir als Gefährte,
so lasse die Menschen beiseite,
bezeuge aufrichtige Liebe,
wenn du wohl unter ihnen weilend abwesend bist.
Nimm wie du willst das Herz der Menschen,
du findest, sie sind Skorpione."

Das zweite ist, die Besitzgier gänzlich aufzugeben, dann wird diese Sache leicht. Von wem du keinen Vorteil willst, von dem hast du keinen Schaden zu befürchten, und es ist dann gleich, ob man etwas hat oder nicht. Drittens betrachte auch der Leute Unglücksfälle und gedenke derer oft in deinem Herzen. Machst du dir diese drei Grundsätze zur Pflicht, so drängen sie dich weg von der Menschengesellschaft hin zur Türe Gottes des Allerhöchsten, um für seinen Dienst allein zu sein, sie machen dir dies lieb und halten dich bei seiner Türe fest — und von Gott ist Erfolg.

Das dritte Hindernis ist der Satan. O mein Bruder, es liegt dir sodann ob, ihn zu bekämpfen und niederzuzwingen, und dies wegen zweier Eigenschaften:

Erstens ist er offenkundig ein irreführender Feind, der keinesfalls wünscht, dich in Frieden zu lassen und zu schonen, sondern erst zufrieden ist, wenn du völlig untergehst. Es gibt demnach keinen Grund, sich vor einem solchen Feind sicher zu fühlen und seiner nicht zu achten. Denke über zwei Verse aus dem Buche Gottes des Allerhöchsten nach. Der erste lautet: [K. 36:60] „*O ihr Söhne Adams, ich habe euch auferlegt, nicht dem Satan zu dienen, wahrlich er ist euch ein offenbarer Feind.*" Der andere heißt: [K. 35:6] „*Wahrlich, der Satan ist euch feind, so betrachtet ihn als Feind.*" Dies ist letzte und äußerste Warnung.

Die zweite Eigenschaft ist, daß er schon von Natur aus gegen dich Feindschaft hegt und ständig bereit ist, dich zu bekriegen. Zu den Tageszeiten wie zu den Nachtstunden schießt er seine Pfeile auf dich ab, während du dessen unachtsam bist. Wie steht es also? Sodann handelt es sich bei dir noch um eine andere wichtige Sache: Du bist ja mit der Verehrung Gottes des Allerhöchsten beschäftigt sowie damit, das Volk zur Pforte Gottes des Gepriesenen zu rufen in Wort und Tat, und dies ist wider Satans Werk, sein Streben, seinen Willen und sein Gewerbe gerichtet. Du bist einer, der sich erhebt, seine Lenden gürtet, um den Teufel zu reizen, zu überlisten und ihm zu trotzen. So gürtet er sich denn, um dich auch zu bekriegen, zu befeinden und zu täuschen, damit dein Werk verderbe — was Gott verhüte —, so daß er dich geradezu vernichte. Siehe, von deiner Seite aus ist er nicht mehr sicher. Seine böse Absicht ist, die zu verderben, die ihn nicht reizen noch ihm trotzen, sondern sich ihm anfreunden und ihm zustimmen, wie Glaubenslose, Irrgläubige und solche, die in manchen Dingen ihrer Begierde folgen. Und so zielt er zuerst auf den, der bereit ist, ihn zornig zu machen und es wagt, ihm zu trotzen. Also hegt er allgemein gegen die übrigen Menschen Feindschaft, eine besondere aber gegen dich, der sich des geistlichen Lebens und der Wissenschaft befleißigt. Deine Sache ist ihm wahrlich von Belang, und er hat Helfer gegen dich, die am schärfsten wider dich sind, nämlich deine Triebseele und Leidenschaft. Er besitzt Mittel, Zugänge und Türen, an die du nicht denkst. Yaḥyā ibn Mu'ādh ar-Rāzī hat recht gesagt: „Der Satan hat Zeit, während du beschäftigt bist, er sieht dich, während du ihn nicht siehst, du vergißt ihn, doch er dich nicht, und hat Helfer gegen dich, die von dir stammen." Du mußt ihn also bekämpfen und niederringen, sonst bist du vor Untergang und Verderben nicht sicher.

Wenn du nun sagst: „Womit soll ich den Satan bekämpfen, bezwingen und vertreiben?", — so wisse: diejenigen, die mit diesem Werk und dieser Frage sich beschäftigen, kennen zwei Wege: Der erste ist, daß einige der Meinung waren, das einzige Mittel, den Satan zu vertreiben, sei Gott den Gepriesenen um Hilfe zu rufen. Der Satan ist nämlich ein Hund, dem Gott der Gepriesene über dich Macht gegeben hat. Wenn du ihn nun bekämpfst und dir damit zu schaffen machst, ermüdest du und verlierst deine Zeit, und vielleicht packt er dich, versetzt dich in Schrecken und verwundet dich, so daß es besser ist, dich an den Herrn des Hundes zu wenden.

Eine zweite Meinung haben andere, deren Weg heißt, sich zu plagen, aufzustehen, ihn zu vertreiben und Widerstand zu leisten.

Ich sage, man geht recht, wenn man beides vereinigt, so daß du beide Weisen verbindest. Zuerst rufst du Gott gegen seine Bosheit um Hilfe an, wie uns befohlen wurde, da er doch gegen dessen Grimm genügt. Erkennen wir dies dann, so sind wir überzeugt, daß es eine Prüfung Gottes des Allerhöchsten ist, um unser Bemühen und unsere Stärke für die Sache des Gepriesenen und Allerhöchsten zu sehen, wie unsere Ausdauer, so wie er über uns die Ungläubigen herrschen ließ, obwohl er mächtig ist und gegen deren Bosheit genügt, damit wir Anteil am Glaubenskrieg haben, durchhalten und uns läutern. Der Allerhöchste hat ja gesagt [K. 3:140]: „*Und Gott kennt die Gläubigen wohl und macht Glaubenszeugen aus ihnen.*“ Ferner [K. 3:142]: „*Glaubtet ihr, ins Paradies einzugehen und daß Gott nicht diejenigen von euch kennt, die für ihn kämpften, und daß er die kennt, welche ausharren.*“ — Dies ist das gleiche.

Der Kampf wider den Satan und seine Unterjochung besteht nach dem Wort unserer gottbegnadeten Gelehrten in drei Dingen: Erstens mußt du seine Tücken und Schliche kennen lernen, dann wagt er sich nicht an dich heran, wie der Räuber flieht, da er weiß, daß der Hausherr ihn schon bemerkt hat. Zweitens sollst du sein Ansinnen verachten und nicht dein

Herz daran hängen. Er ist ja wie der bellende Hund, kommst du ihm nahe, dann verlangt er nach dir und bedrängt dich, entfernst du dich, so schweigt er. Das dritte ist, ständig mit Zunge und Herz Gottes des Gepriesenen zu gedenken. Der Hochgebenedeite hat gesagt: „Wahrlich, Gottes zu gedenken, bedeutet für den Satan dasselbe wie der ‚Bissen Adams‘."

Sagst du nun: „Wie erkenne ich seine Listen, und worin besteht die Art und Weise, diese zu erkennen?", — so wisse, er flüstert dir ein, und das ist gleich den Pfeilen, die er abschießt. Dies wird dir klar, wenn du weißt, was für verschiedene Gedanken auftreten. Zweitens hat er Schliche, Netzen gleich, die er auslegt, und dies wird dir deutlich, wenn du die Tücken kennst, wie sie beschaffen sind nebst deren Art und Weise.

Unsere gottbegnadeten Gelehrten haben darüber gehandelt, welch verschiedenartige Einfälle es gibt, die wir schon in unserem Buche „Verkleidung des Teufels" (*Talbīs Iblīs*) besprochen haben. Unser vorliegendes Buch verträgt keine Weitschweifigkeit, doch — so Gott der Allerhöchste es will — werden wir dir von allen eine Grundregel bieten, die dir genügt, wenn du sie festhältst.

Über die Herkunft der Einfälle wisse, daß Gott der Allerhöchste für das Herz des Adamssohnes einen Engel beauftragt hat, der ihn zum Guten ruft. Man nennt ihn „Eingeber" (Inspirator) und seinen Anruf „Eingebung" (Inspiration). Diesem gegenüber hat er auch einem Teufel Macht gegeben, der den Menschen zum Bösen ruft, und diesen nennt man „Einflüsterer" und seinen Anruf „Einflüsterung". Der Eingeber ruft den Menschen nur zum Guten, der Einflüsterer nur zum Bösen, wie die meisten unserer Gelehrten es meinen.

Von unserem gottseligen Scheich wird das Wort berichtet: „Zuweilen ruft der Teufel zum Guten und hat dabei das Böse im Sinne. Er redet dem Menschen ein, noch mehr Gutes zu tun, und hindert ihn aber daran, oder er ruft ihn zu etwas Gutem, um ihn in eine schwere Sünde hineinzuziehen, und so wird ein gutes Werk durch jenes andere Böse, wie Selbsucht usw. etwas Minderwertiges." Diese beiden Aufrufer stehen an deinem Herzen und werben, und der Mensch hört, wie sein Herz dies wahrnimmt. So wird vom Hochgebenedeiten der Ausspruch überliefert: „Wird einem Menschen ein Kind geboren, so gibt ihm Gott der Gepriesene sowohl einen Engel wie einen Teufel als Begleiter. Der Teufel sitzt am linken Ohr des Herzens und der Engel am rechten, und beide umwerben ihn." Ein Ausspruch des gebenedeiten Gottesboten heißt: „Der Teufel wie der Engel besuchen den Menschen", d. h. sie steigen rufend zu ihm herab, nicht örtlich, sondern durch Reden, er kehrt bei ihm ein, wenn er zu ihm herabkommt.

Ferner hat der Allerhöchste im Aufbau des Menschen eine natürliche Anlage eingefügt, die den Begierden zugeneigt ist und nach Genuß verlangt, sei er gut oder schlecht. Es ist dies die Leidenschaft der Triebseele, die zum Unheil hinführt. Es gibt also drei Werber.

Wisse nun nach dieser Einleitung, daß die auftretenden Gedanken Eindrücke sind, die im Herzen des Menschen zum Tun und Lassen neu hervorgebracht werden, ihn dazu veranlassen und einladen. Man spricht von „Einfällen" (Wallungen), weil sie ähnlich den von Windstößen usw. stammenden Aufwallungen sind. (Wortspiel: *khawāṭir* und *khaṭra*) All ihr Auftreten stammt in Wirklichkeit von Gott dem Gepriesenen und Allerhöchsten, doch sind sie vierfach: Dazu gehört das von Gott dem Allerhöchsten im Herzen des Menschen ursprünglich Geschaffene, man nennt es „Gemüt" (*khāṭir*) schlechthin. Eine Art wird entsprechend der Anlage des Menschen geschaffen, „Begierlichkeit der Triebseele" genannt, und gehört ihr (der Anlage) zu. Eine andere Art wird als Frucht des Anrufes des „Eingebers" geschaffen, „Eingebung" (Inspiration) genannt, und gehört diesem zu. Eine dritte Art wird als Folge des Anrufes des Satans hervorgerufen, „Einflüsterung" genannt. Sie wird als ihm gehörig betrachtet, weil sie vom Satan stammende Einfälle birgt. In Wirklichkeit treten sie bei dessen Anruf ins Dasein, wobei er (Satan) „Mittelursache" ist, sie ihm aber zugehören. Dies sind die vier Arten von Einfällen.

Nach dieser Einteilung wisse: Der von Gott dem Allerhöchsten stammende Einfall ist manchmal ein guter, den man ehrfurchtsvoll und als verpflichtend dem „*offenkundigen Beweis*" [K. 6:149] gegenüber aufnimmt, doch manchmal ist er böse, da er als Erprobung die Prüfung härter macht. Der vom eingebenden (Engel) stammende Einfall ist nur ein guter, da er ja ausschließlich als Berater und Leiter gesandt worden ist. Der vom Satan stammende Einfall ist nur ein böser und manchmal gut aus List und Täuschung. Der aus der Begierde der Triebseele stammende Einfall ist böse, und da an ihm nichts Gutes ist, so ist er abzulehnen und zu meiden. Es ist mir auch von den Altvordern überliefert worden, daß die Begierde der Triebseele manchmal zum Guten einlade, wobei die Absicht so böse ist wie der Satan. Dies sind ihre Gattungen.

Sodann wisse, du mußt unbedingt drei Unterscheidungen kennen, und hierin liegt der Zweck. Die erste ist der Unterschied zwischen guten und bösen Einfällen allgemein. Die zweite ist beim bösen Einfall, ob dieser der Anlage entstammt im Unterschied zum teuflischen oder dem aus Begierlichkeit, denn jeder hat einen andersgearteten Beweggrund. Die dritte ist der Unterschied beim guten Einfall, ob dieser anlagehaft, vom eingebenden (Engel), vom Satan oder aus der Begierlichkeit sei, damit du dem von Gott dem Allerhöchsten oder vom Engel stammenden folgest und dich dessen enthältst, was nach dem darüber Gesagten vom Satan oder der Begierlichkeit herrührt.

Die erste Art ist folgende: Unsere gottbegnadeten Weisen sagen: Willst du wissen, wie sich der gute vom bösen Einfall unterscheidet, so wäge sie auf einer der vier Waagen, auf daß die Sache dir klar werde. Zum ersten stellst du die Sache, die dir eingefallen ist, dem göttlichen Gesetz gegenüber, und stimmt sie damit überein, so ist sie gut. Ist sie ihm entgegengesetzt oder bedeutet sie eine Laxheit oder einen Zweifel, so ist sie böse. Falls du hierdurch keine Klarheit erlangt hast, dann vergleiche sie mit vorbildlichem Benehmen. Wenn man durch dieses Tun die Frommen nachahmt, so ist es gut, steht es im Gegensatz zu deren Tun, so ist es böse. Versagt auch dieses, so bringe es vor die Triebseele und Begierde und sieh, ob die erstere davor natürlichen Abscheu hat, das heißt nicht aus Furcht oder Bedrohung; in diesem Falle ist es gut. Ist es aber etwas, wozu die Triebseele nach Natur und Anlage geneigt ist, so ist es böse. Siehe, die böse Neigung (die das Böse gebietende Triebseele, *an-nafs al-ammāra*, K. 12:53) ist ursprünglich nicht zum Guten geneigt. Wenn du mit einer dieser Waagen genau beobachtest, so wird sich der gute Einfall vom bösen klar abheben — und Gott der Allerhöchste hilft in seiner Gnade bei der Führung, denn er ist edelmütig und freigebig.

Die zweite Art ist folgende: Unsere Gelehrten sagen: „Wenn du bei einem bösen Einfall unterscheiden willst, ob er vom Satan oder von der Begierde der Triebseele herrühre oder ob er von Gott dem Allerhöchsten seinen Ursprung habe, so betrachte ihn von drei Seiten: Erstens, findest du ihn entschlossen, aus einer Lage abgeleitet, so ist er von Gott dem Allerhöchsten oder aus der Begierde der Triebseele, doch findest du ihn unentschlossen, aufgeregt, so ist er vom Satan." Ein gottseliger Frommer sagt: „Die Begierde der Triebseele ist wie der Panther, kämpft er, so geht er nicht weg, falls er nicht deutlich gedemütigt und bezwungen wird. Oder sie ist wie der khārigitische Sektierer, der aus Religiosität kämpft, er weicht kaum zurück, bis er fällt. Der Satan ist wie der Wolf, verjagst du ihn von einer Seite, so kommt er von einer anderen herein."

Zweitens, wenn du findest, daß der Einfall die Folge einer begangenen Sünde ist, so stammt er von Gott dem Allerhöchsten zu deiner Beschämung und Strafe durch die Schande jener Sünde. Sprach doch Gott der Allerhöchste: [K. 83:14] „*Keineswegs ist es so, sondern ihren Herzen hat sich eingeprägt, was sie verdient haben.*" Mein Scheich, der gottselige Imām sagte: „Die Sünden lassen so das Herz verhärten. Der Anfang ist ein Gedanke, und dann führt es zur Härte und Verstockung." Falls dieser Einfall nun als Beginn kommt, nicht als Folge einer deiner Sünden, so wisse, er ist vom Satan. Meist ist es so, daß es nämlich anfängt mit Anruf zur Sünde und auf jeden Fall die Verführung erstrebt.

Drittens, wenn du findest, daß durch Gedenken Gottes des Gepriesenen (Stoßgebet) es weder schwächer noch geringer wird noch endet, so entstammt es der Begierde der Triebseele. Merkst du aber, daß es abgeschwächt und vermindert wird, so stammt es vom Satan, wie es in der Erläuterung des Gotteswortes heißt: „*vom Bösen des Einflüsterers, des Satans*" [K. 114:4] erwähnt wird. Wahrlich, der Satan hockt auf dem Menschenherzen, weicht zurück beim Gedenken Gottes des Allerhöchsten und flüstert ein, wenn man sich dessen nicht versieht.

Die dritte Art ist folgende: Willst du wissen, ob der gute Einfall von Gott oder vom Engel stammt, so sieh dir dies von drei Seiten an: Erstens, denke nach: Ist er entschlossen und kräftig, so ist er von Gott dem Allerhöchsten. Ist er unschlüssig, so entstammt er einem Engel, denn dieser ist ein Berater, der mit dir in jede Richtung und Gegend geht, dir jeden Ratschlag gibt, deine Einwilligung und deinen Wunsch zum Guten erbittet.

Zweitens, falls der Einfall Folge deines Bemühens und guten Werkes ist, dann ist er von Gott dem Allerhöchsten, der ja gesagt hat: [K. 29:69] „*Die sich um uns abgemüht haben, die werden wir unsere Wege führen*", und: [K. 47:17] „*Die aber, die sich leiten lassen, führt er noch weiter.*" Ist er ein erster Gedanke, dann stammt er meist vom Engel.

Drittens, wenn der Einfall die Grundsätze und inneren Werke betrifft, so ist er von Gott dem Gepriesenen, betrifft er angewandte Lehren (*fiqh*) und äußere Werke, so stammt er zumeist vom Engel, denn nach Ansicht der meisten Gelehrten ist es dem Engel unmöglich, des Menschen Innere zu erkennen. Der gute Einfall, der vom Satan ist, um zum Bösen zu führen, rührt von diesem her. Schon unser gottseliger Scheich sagte: „Siehst du dich selbst bei jenem Tun, das dir in den Sinn kam, mit Eifer ohne Furcht, mit Eile ohne Weile, mit Sicherheit ohne Angst, blind gegenüber den Folgen, ohne Umsicht, so wisse, daß dies vom Teufel ist, und enthalte dich dessen. Findest du aber im Unterschied hierzu, daß du furchtsam, ohne Eifer, zögernd ohne Eile, behutsam ohne Sicherheit bist und scharf die Folgen siehst, so wisse, es stammt von Gott dem Gepriesenen oder vom Engel." Ich habe gesagt: es sei Eifer, wenn das Tun dem Menschen leicht ist, er sich nicht vorsieht und nicht der Vergeltung gedenkt, die ihn dazu antreibt. Das Zögern jedoch ist nur in bestimmten, bekannten Lagen zu loben. Vom hochgebenedeiten Propheten wird das Wort berichtet: „Die Eile ist vom Satan, wobei fünf Fälle ausgenommen sind: Verheiratung einer Jungfrau bei erlangter Reife, Verrichtung einer religiösen Handlung, wenn sie Pflicht ist, die Herrichtung eines Leichnams nach dem Verscheiden, die Bewirtung eines Gastes, wenn er einkehrt, und die Abkehr von der Sünde, wenn man sie begangen hat." Wenn man vollkommen, gebührend und wahrhaft behutsam ist, so hilft dies dazu, daß (das Werk) von Gott dem Allerhöchsten angenommen wird. Die Folge beachte man, wenn man genau daraufhin sieht und sich überzeugt, daß dabei rechte Leitung und Gutes ist sowie die Wahrscheinlichkeit, daß es dazu dient, die Vergebung im Jenseits zu sehen und zu erhoffen, so wisse, daß es zum Erfolg führt. Dies sind die drei Unterarten der Gattung der Einfälle, die du kennen mußt. Beachte sie und richte nach Kräften den Blick darauf, denn dies gehört zu den subtilen Wissenschaften und edlen Geheimnissen auf diesem Gebiete, und Gott verleiht Erfolg durch seine Huld.

Die Gattung der Listen und Täuschungen seitens Satans ist so in ihrem Verlauf und ihrer Form, daß sich siebenerlei Weisen der Tücken des Satans zeigen, wenn der Mensch seine Pflichten erfüllt. Die erste ist, daß er sie ihm verneint. Mit Gottes des Allerhöchsten Schutz weist er ihn zurück und sagt: „Ich brauch dies sehr notwendig, siehe, ich muß mich auf dem Wege von dieser vergänglichen Welt zum nie endenden Jenseits mit Wegzehrung versehen." Sodann drängt er ihn zum Aufschub der Pflicht. Mit Gottes des Allerhöchsten Gnade weist er ihn mit den Worten ab: „Mein Endschicksal liegt nicht in meiner Hand. Würde ich das heute aufgegebene Werk auf morgen verschieben, wann sollte ich dann das morgige ausführen, denn jeden Tag ist etwas zu verrichten." — Dann will er, der Mensch solle eilfertig sein, und sagt ihm: „Eile, eile, damit du frei bist für dies oder jenes." Mit Gottes des Allerhöchsten Gnade weist er ihn mit den Worten ab: „Wenig Geschäftigkeit führt zum guten Ende, doch viel zum Verlust." — Sodann will er, er möge sein Werk vollführen, um sich den Menschen zu zeigen. Mit Gottes des Allerhöchsten Gnade weist er ihn zurück und sagt: „Was habe ich mit gleißnerischem Werk vor den Menschen zu tun? Genügt mir nicht, daß Gott der Allerhöchste es sieht?" Dann versucht er ihn in Selbstgefälligkeit zu stürzen und sagt ihm: „Wie großartig, wie wachsam, wie tugendhaft bist du!" Schützt ihn Gott, so weist er ihn mit den Worten ab: „Hierfür gebührt Gott dem Allerhöchsten, nicht mir der Dank, denn er ist es, der mir besondere Erfolgshilfe gewährte und meinem Werk durch seine Huld hohen Wert verlieh. Wäre nicht seine Huld, was würde der Wert dieses Werkes neben der Gnade Gottes des Allerhöchsten bedeuten gegen mich, der wider ihn gesündigt hat?" — Dann bringt er seine sechste Art, die stärkste an, der nur der Wachsame standhält. Er sagt nämlich: „Bemühe dich im Geheimen, denn Gott der Allerhöchste wird es für dich schon offenbar machen, denn jeden Arbeiter schmückt sein Werk." Er bezweckt dabei eine Art der Augendienerei. Wenn Gott ihn schützt, weist er ihn mit den Worten ab: „O Verfluchter! Bisher kamst du, mir irgendwie mein Werk zu verderben, doch nun kommst du mit dem Ansinnen, es zu verbessern, um es zunichte zu machen. Ich bin Diener Gottes des Allerhöchsten, und er ist mein Herr, der offenbar macht und geheimhält, was er will. Nach seinem Willen erhöht er mich und macht mich gering, und dies steht bei ihm. Was kümmert es mich, ob er es den Leuten kund mache oder nicht, denn sie vermögen nichts." — Sodann kommt er mit der siebenten Weise und sagt: „Du brauchst doch dies nicht zu tun, da du ohnehin schon als Glückseliger erschaffen wurdest, so schadet es dir nichts, falls du es unterläßt, nun — und bist du als Unglückseliger erschaffen, dann nützt es dir nicht." Mit Gottes Hilfe weist er ihn mit den Worten ab: „Ich bin nur ein Diener, und dieser hat dem Befehl zu gehorchen, weil er Diener ist, während der Herr besser weiß, was er befiehlt, er befiehlt, wie er will, und handelt nach seinem Ermessen. So nützt mir denn das Werk, wie immer ich auch sei. Wäre ich nun glücklich, so brauchte ich das Werk, den Lohn zu erhöhen, und wäre ich verdammt, so hätte ich es nötig, um mich nicht tadeln zu müssen, während Gott der Allerhöchste mich nicht auf jeden Fall belohnt für das gute Werk, noch kann es mir schaden. Würde ich jedoch ins Höllenfeuer geführt, so wäre es mir lieber, ich betrete es als Gehorsamer, denn als Sünder. Doch wie sollte dies auch sein? Sein Wort und seine Verheißung sind wahrhaftig und zuverlässig. Er hat für die guten Werke den Lohn verheißen, und wen Gott der Allerhöchste gläubig und pflichtgetreu antrifft, den läßt er überhaupt das Höllenfeuer nicht betreten, er geht ins Paradies ein, nicht weil er durch sein Werk das Paradies verdient, sondern weil Gott der Allerhöchste, der Getreue und Heilige es verheißen hat. Und in diesem Sinne hat Gott der Allerhöchste über die Seligen Kunde gegeben. Siehe, sie sagen: *‚Preis sei Gott, dessen Verheißung wir Glauben schenkten'.*" [K. 39:74] — So sei denn wachsam, Gott erbarme sich deiner, denn die Sache ist so, wie du sie siehst und hörst. Bemiß alle Stimmungen und Taten darnach, ruf Gott den Allerhöchsten um Hilfe an und nimm deine Zuflucht zu ihm, da die Sache in seiner Hand liegt und der Erfolg von ihm kommt — und es gibt keine Macht und keine Kraft außer bei Gott dem Hohen, dem Gewaltigen.

Das vierte Hindernis ist die Triebseele (als Sitz der Begierlichkeit). Dann liegt es dir ob, der du nach dem geistlichen Leben strebst, Gott schütze dich und uns — auf der Hut zu sein vor dieser bösen Begierlichkeit. Sie nämlich ist der schädlichste Feind, und sie ist die schwerste Prüfung, ihre Behandlung ist das schwierigste Ding, als Krankheit ist sie am schwersten zu heilen, und die Arznei dagegen ist die verwickeltste. Dies liegt in zwei Dingen begründet:

Erstens ist sie ein Feind, der von innen kommt. Kommt der Räuber aus dem Innern des Hauses, dann ist dessen List darin mächtig und der Schaden gewaltig, und mit Recht hat jemand gesagt:

„Meine Begierde ruft mich zu dem, was mir schadet,
es mehren sich meine Schmerzen und Gebrechen.

Wie vermag ich Listen zu gebrauchen gegen meinen Feind,
wenn mein Feind zwischen meinen Rippen sitzt?“

Das zweite ist, daß es ein beliebter Feind ist und der Mensch blind gegen die Fehler seines Lieblings, kaum daß er auf dessen Makel blickt. Ein Dichter sagt:

„Beim Geliebten und Bruder sahst du keinen Fehler,
bist du wohlgeneigt, dann nicht ein Stück davon bei ihm,
das wohlgefällige Auge sieht jeden Fehler nur schwach,
das abgeneigte jedoch hebt solches hervor.“

Folglich billigt der Mensch bei seiner Begierlichkeit alles Schlechte und kann kaum dabei einen Fehler erkennen, während sie ihn befeindet und schadet und ihn fast in Schande und Verderben stürzt, ohne daß er es spürt, falls nicht Gott der Allerhöchste ihn in seiner Huld bewahrt und voll Erbarmen ihm wider jene hilft.

Sodann sage ich: Betrachte, o Mensch, einen Punkt, der überzeugt, und du findest, daß alle Anfechtung, Schändlichkeit, Gemeinheit, Verderben und Unheil in der Schöpfung Gottes des Allerhöchsten vom Beginn bis zum Auferstehungstage seinen Ursprung in dieser Begierlichkeit hat, sei es durch sie allein oder durch ihre Beihilfe, Beteiligung und Unterstützung.

Der erste, der sich Gott dem Allerhöchsten widersetzte, war der Satan. Es war vorher bestimmt worden, daß die Begierlichkeit der Triebseele, deren Stolz und Neid die Ursache dafür war, daß er in das Meer des Irrtums geworfen auf ewige Zeiten versank, nachdem er achtzigtausend Jahre Gott gedient hatte. Siehe, es gab damals weder Welt noch Menschen oder Satan, sondern die Triebseele mit ihrem Stolz und Neid war es, die ihm solches antat.

Dann ist es die Sünde der gebenedeiten Adam und Eva (Ḥawā), in welche die Begierlichkeit beide stürzte und sie ihr Leben hindurch anreizte, bis sie sich durch Satans Rede täuschen ließen. Somit ist auch dies durch Hilfe und Mitwirkung der Triebseele geschehen, so daß sie hierdurch aus der Vertrautheit Gottes des Allerhöchsten und dem festen Wohnplatz des Paradieses herunter in diese armselige, unwirtliche, dem Untergang geweihte Welt stürzten und sie von jenem Tage ihr und ihrer Kinder Schicksal für immer sich zuzogen.

Da ist das Gericht über Kain und Abel (Qābīl, Hābīl), wobei Neid und Habgier die Ursache waren. Ferner hören wir über die beiden Dämonen Hārūt und Mārūt, deren Schicksal ebenfalls durch Begierlichkeit verursacht war. Und so geht es weiter bis zum Tag der Auferstehung, und du findest in der Schöpfung keine Anfechtung, Schändlichkeit, Irrgang und Aufsässigkeit, sie entstammte denn der Triebseele und deren Gier. Sonst wäre die Schöpfung heil und gut. Da nun ein so schädlicher Feind vorhanden ist, ist es des Verständigen Pflicht, sich darum zu kümmern — und Gott der Allmächtige hilft zu rechter Leitung, und durch seine Huld ist der Erfolg.

Sagst du nun: „Welchen Kunstgriff haben wir gegen diesen Feind, welche Maßnahme gibt es dabei? Erkläre uns dies“, — so wisse: Wie wir vorher erwähnten, ist diese Sache eine schwierige und harte. Siehe, es ist unmöglich, die Triebseele gänzlich zu bezwingen, so wie die übrigen Feinde, sie ist ja Reittier und Werkzeug. Man erzählt, ein Beduine habe jemandem einen Segenswunsch mit den Worten zugerufen: „Gott demütige den, der dir feind ist, außer deiner Begierlichkeit!" Weil ihre Schädlichkeit so stark ist, kann man sie nicht gänzlich übersehen. Somit brauchst du einen Weg zwischen beiden. Du bändigst und stärkst sie, soweit du beharrlich jedes gute Werk tust, und du schwächst und hemmst sie, doch nicht lange Zeit. So hast du dich viel mit ihr anzustrengen und scharf zu blicken. Ferner hatten wir betreffs ihrer schon gesagt, daß sie durch den Zaum der Gottesfurcht und Frömmigkeit zu zügeln ist, damit du beide Vorteile zugleich erringest.

Wenn du sagst: „Dies ist wahrlich ein eigensinniges, unbequemes und störrisches Tier, das sich nicht gänzlich zügeln läßt! Durch welchen Kunstgriff können wir nun ihrer Herr werden?", — so wisse: Du sagst hierin die Wahrheit, und der Kunstgriff heißt, sie demütigen, bis sie sich dem Zaume fügt. Unsere gottbegnadeten Gelehrten meinen, daß drei Dinge die Triebseele demütigen und deren Gier brechen: Das erste ist Hemmung der Begierden, denn das störrische Tier wird sanft, wenn es ihm an Futter fehlt. Das zweite ist, ihnen die Last der gottesdienstlichen Verpflichtungen aufzuerlegen, denn der Esel wird sanft und gefügig, wenn ihm bei vermehrter Last das Futter verkürzt wird. Das dritte ist, Gott demütig um Hilfe anzuflehen, auf daß er dir helfe, denn sonst gibt es keinen Retter. Hörst du nicht, wie der gebenedeite Yūsuf (Josef) gesagt hat: [K. 12:53] „*Wenn mein Herr sich nicht erbarmt, so giert die Seele nach dem Bösen.*" Pflegst du eifrig diese drei Dinge, dann unterwirft sich dir die ungebärdige Triebseele mit Gottes des Erhabenen und Gewaltigen Erlaubnis, dann gelangst du schnell dazu, sie zu beherrschen, zu zügeln und vor ihrer Schädlichkeit bewahrt zu sein.

Wenn du nun sagst: „Erkläre uns jetzt, was die Gottesfurcht (*taqwā*) ist, damit wir sie erkennen und uns von allem Verdächtigen enthalten!", — so wisse: Erstens ist die Gottesfurcht ein herrlicher Schatz, erlangst du ihn, welch edles Kleinod und köstlichen Reichtum findest du darin, wieviel Gutes und wertvolle Gabe, großen Erfolg, gewaltigen Vorteil und riesigen Besitz! Es ist gerade, als wären die Güter der Welt wie des Jenseits in dieser einen Tugend vereinigt worden, die da ist die Gottesfurcht.

Betrachte, was der Koran über sie sagt, wie mannigfaches Gut dabei ist, wieviel Verheißung, Lohn und Vergeltung und welche Glückseligkeit ihr zugegeben wird. Von ihrer Gesamtheit zähle ich dir zwölf Eigenschaften auf: erstens Lob und Preis. Gott der Allerhöchste hat gesagt: [K. 3:186] „*Wenn ihr aushaltet und Gottesfurcht habt, so gehört dies zu den Dingen, die Entschlossenheit brauchen*". Die zweite ist Bewahrung und Wachsamkeit vor den Feinden. Gott der Allerhöchste sprach: [K. 3:120] „*Wenn ihr aushaltet und Gottesfurcht habt, so schaden euch ihre Ränke keinesfalls.*" Die dritte ist Stärkung und Hilfe. Gott der Allerhöchste sprach: [K. 16:128] „*Wahrlich Gott ist mit denen, die Gottesfurcht haben und Wohltaten spenden.*" Die vierte ist Rettung aus der Not und Lebensunterhalt durch erlaubte Güter. Gott der Allerhöchste sprach: [K. 65:2–3] „*Wer gottesfürchtig ist, dem bereitet Gott einen Ausweg und Lebensunterhalt, von wo aus er es nicht erwartet.*" Die fünfte ist Gedeih des Werkes. Gott der Allerhöchste sprach: [K. 33:70–71] „*O ihr Gläubigen, seid gottesfürchtig und redet wohlüberlegte Worte. Er wird euer Werk gedeihen lassen.*" Die sechste ist Vergebung der Sünden. Gott der Allerhöchste sprach: [K. 33:71] „*Er wird euch eure Sünden vergeben.*"

Die siebente ist die Liebe Gottes. Er der Allerhöchste sprach: [K. 9:4] „*Wahrlich, Gott liebt die Gottesfürchtigen.*“ Die achte ist die Annahme durch Gott. Er der Allerhöchste sprach: [K. 5:27] „*Gott nimmt nur die Opfer der Gottesfürchtigen an.*“ Die neunte ist Erhöhung und Ehre. Gott der Allerhöchste sprach: [K. 49:13] „*Der bei Gott am meisten Geehrte ist der Gottesfürchtige unter euch.*“ Die zehnte ist die frohe Kunde beim Sterben. Gott der Allerhöchste sprach: [K. 10:63–64] „*Denen, die da glauben und gottesfürchtig sind, kommt frohe Kunde im Leben dieser wie jener Welt.*“ Die elfte ist die Rettung vor dem Höllenfeuer. Gott der Allerhöchste sprach: [K. 19:72] „*Sodann erretten wir die, die gottesfürchtig waren*“, sowie: [K. 19:72] „*Weit davon (vom Feuer) aber bleibt der Fromme.*“ Die zwölfte ist das ewige Verweilen im Paradies. Gott der Allerhöchste sprach: [K. 3:133] „*Es wurde für die Gottesfürchtigen bereitet.*“ Dies ist die Erklärung all des Guten und Glückes an beiden Stätten im Schatten der Gottesfurcht. Vergiß also, o Mensch, nicht, daß du Anteil daran hast.

Drei Grundsätze sind es, die besonders auf diese Seite des geistlichen Lebens Bezug nehmen; einer ist die Stärkung und Festigung zuerst, und zwar für die Gottesfürchtigen nach dem Worte Gottes des Allerhöchsten: [K. 2:194] „*Wahrlich, Gott ist mit den Gottesfürchtigen.*“ Der zweite ist, daß das Werk gedeiht und das Mangelnde ergänzt wird, und zwar für die Gottesfürchtigen nach dem Worte Gottes des Allerhöchsten: [K. 33:71] „*Er wird euch euer Werk gedeihen lassen.*“ Der dritte ist, daß das Werk Annahme findet, und zwar das der Gottesfürchtigen nach dem Gotteswort: [K. 5:27] „*Gott nimmt nur die Opfer der Gottesfürchtigen an.*“ Das geistliche Leben kreist um diese drei Dinge. Zuerst ist da der Erfolg, damit du es wirkst, dann Gedeihen des Werkes trotz des Mangels, damit dieser ergänzt wird, und sodann, daß es, wenn ausgeführt, Annahme finde. Um diese drei Dinge bitten die Gottesdiener demütig mit den Worten: „O unser Herr, verleih uns Erfolg in dem dir geleisteten guten Werk, ergänze, was uns mangelt, und nimm es von uns an.“ Gott der Allerhöchste hat dies für die Gottesfurcht verheißen und damit den Gottesfürchtigen erhöht, ob dieser darum bittet oder nicht. So liegt es dir ob, diese Gottesfurcht zu üben, wenn du die Verehrung Gottes des Gepriesenen im Sinne hast, ja wenn du das Glück dieser wie jener Welt erstrebst. Mit Recht hat jemand darüber gesagt: „Dem, der da Gott fürchtet, fließt der Gewinn im Handel zu“. Ein anderer hat folgenden Vers geschrieben:

„Dem Manne folgen ins Grab nach —
die Gottesfurcht wie das fromme Werk“.

Ein anderer sagt:

„Der ist übel daran, der da Gott erkannt
und dem diese Erkenntnis nicht genügt.
Was tut der Mensch mit dem Ruhme des Reichtums,
da doch aller Ruhm ist Ruhm für den
Gottesfürchtigen?
Nicht schadet dem Pflichtgetreuen, was er erlangte,
als er Gott gehorchte — und was fand er?“

Jemand hat auf ein Grab geschrieben:

„Keine Wegzehrung gibt es außer der Gottesfurcht,
so nimm von ihr oder laß sie.“

Betrachte ferner folgenden Grundsatz: Nimm an, du hättest ein ganzes Leben lang dich im geistlichen Leben abgemüht, bis du das Erstrebte erlangtest — hängt nicht alles davon ab, ob es Gott annimmt? Du weißt ja, daß Gott der Allerhöchste gesagt hat: [K. 5:27] „*Nur von den Gottesfürchtigen nimmt Gott Opfer an.*" Von der gottbegnadeten ʿĀ'isha wird das Wort berichtet: „Außer an der Gottesfurcht hat der hochgebenedeite Prophet an nichts in der Welt oder an jemandem Gefallen gefunden." Mir erzählte man von Āmir ibn ʿAbd Qays, dieser habe beim Sterben geweint, obwohl er Tag und Nacht tausend *rakʿa* verrichtet hatte. Dann habe er sich zu seiner Lagerstätte begeben und gesagt: „O Zuflucht vor allem Bösen, bei Gott, nicht einen Augenblick hast du Gott gefallen", und weinte einen Tag lang. Als man ihn nach dem Grund seines Weinens fragte, erwähnte er das Gotteswort: „*Gott nimmt nur das Opfer der Gottesfürchtigen an.*" — Ebeno gibt es von Qatāda den Ausspruch: „In der Torah steht geschrieben: ‚O Adamssohn, fürchte Gott und schlafe, wo du willst.'"

Dann betrachte einen anderen Punkt, den Hauptgrundsatz. Von einem Frommen wird erzählt, er habe seinen Scheich gebeten, ihm einen guten Rat zu geben. „Ich gebe ihn dir, wie es Gott der Herr der Welten an die Ersten und Letzten durch sein Wort getan hat: [K. 4:131] *Denjenigen, die vor euch die Schrift erhielten, haben wir es anempfohlen, und seid ihr darauf bedacht, Gott zu fürchten.*" Da sagte ich: „Weiß Gott der Allerhöchste nicht besser als jeder andere, was dem Menschen frommt? Rät er nicht besser, ist er nicht barmherziger und nachsichtiger als jeder andere?" Gäbe es in der Welt eine Tugend, die dem Menschen nützlicher wäre, mehr Gutes vereinigte, größeren Lohn brächte, herrlicher in der Anbetung, gewaltiger an Ansehen, vorzüglicher in der Stellung und schließlich erfolgverheißender wäre als diese Tugend der Gottesfurcht, so hätte Gott der Allerhöchste diese seinen Dienern befohlen und seinen Auserwählten angeraten aus seiner vollkommenen Weisheit und der Fülle seines Erbarmens. Da er nun diese eine Tugend anempfohlen hat und die ersten wie die letzten seiner Diener darin übereinstimmen ließ und auf diese sich beschränkte, so weißt du, daß sie das letzte Ziel ist und es außer ihr nichts Begehrenswertes gibt und daß er, der Hohe und Erhabene, durch Anempfehlung einzig dieser Tugend allen Rat, Leitung, Erweckung, Erziehung, Belehrung und Unterweisung zusammengefaßt hat, wie es seiner Weisheit und Barmherzigkeit zukommt. Du erkennst, daß diese Tugend, die Gottesfurcht, die Güter der Welt wie des Jenseits vereinigt und für alle Aufgaben genügt, die zu den höchsten Stufen des geistlichen Lebens führen, und es hat jemand schön gesagt:

> „Ja, allein die Gottesfurcht ist Erhöhung und Ehre,
> doch deine Liebe zur Welt nur Niedrigkeit und Mangel.
> Nichts mangelt einem gottesfürchtigen Menschen,
> fürchtet er Gott wahrhaft, ob er Weber sei oder Bader.“

Dies ist der höchste Grundsatz, und wer auf das Licht schaut, rechtgeleitet wurde, darnach handelte und sich bescheidet, für den genügt sie.

Wenn du nun sagst: „Da der Wert dieser Tugend so hervorragend und ihre Stellung so erhaben ist, hat man es sehr nötig, sie zu kennen. So braucht man also eine ausführliche Darlegung hierüber", — so wisse: Es ist so, und man hat sie in ihrem Wert hervorzuheben und sie zu suchen, und spüre, wie notwendig ihre Kenntnis ist. Du weißt aber auch, daß alles Große und Wichtige, wenn man es heranholen will, vielen Suchens, großer Mühe, hohen Strebens und starken Eifers bedarf. Es folgt daher, da diese Tugend so gewaltig und groß ist, daß es ein großes Tun und eine mächtige Angelegenheit ist, nach ihr eifrig zu suchen, das dabei Nötige zu beachten und zu sorgen, daß man sie erlange. Die edlen Eigenschaften entsprechen (ertragenen) Mißgeschicken und die Genüsse den (aufgewendeten) Bemühungen. Gott der Allerhöchste hat gesagt: [K. 29:69] *„Die sich für uns abmühten, führen wir unsere Wege, und Gott ist mit den Rechthandelnden.*" Er ist ja der Nachsichtige, der alles Schwere leicht machen kann. Höre auf die Erläuterung dieser Tugend, sei aufmerksam und suche, sie ernstlich zu verstehen, damit du sie erkennst. Sodann sei bereit, sie zu üben, und bitte Gott den Hohen und Erhabenen um Hilfe, damit du dein Möglichstes tust, denn darauf kommt das Ganze an — und Gott ist der Helfer zum Erfolg und bei der Leitung durch seine Huld.

Wir sagen, zuerst preise Gott durch dein Glaubensleben, worin dich Gott segne und deine Überzeugung davon vermehre, daß die Gottesfurcht nach Ansicht unserer gottseligen Scheiche Loslösung des Herzens von einer Sünde ist, die dir früher zugestoßen ist, bis du soviel Stärke erlangst, daß du beschließt, sie zu unterlassen zum Schutz für dich vor Zuwiderhandlungen. So war die Meinung unseres gottseligen Scheiches.

Das Wort *taqwā* (Gottesfurcht) hat seine sprachliche Wurzel in *al-w-q-y* mit dem ersten Konsonanten „*w*" wie im Verbalnomen *wiqāya* (Schutz). Man spricht

(Perfekt) *waqā*, (Aorist) *yaqī*, *wiqāya* und *wuqūy*. Dabei ist das „*w*“ zu „*t*“ geworden wie in *al-wiklān* und *al-tiklān* usw., und man spricht: *taqwā*.

Wenn also ein Mensch durch Entschlußkraft es erreicht hat, die Sünde zu meiden und sich vor ihr zu hüten und das Herz hieran gewöhnt ist, dann nennt man ihn *muttaqiy*, „Gottesfürchtiger“, und diese Loslösung, Entschluß und Gewöhnung heißt *taqwā*, „Gottesfurcht“.

Im Koran wird das Wort *taqwā* für drei Dinge gebraucht: Erstens bedeutet es Furcht und Ehrfurcht. Gott der Allerhöchste sprach: [K. 2:41] „*Wer mich fürchtet*“ und [K. 2:281] „*Fürchtet einen Tag, an dem ihr zu Gott zurückkehret*“. Zweitens besagt es Erfüllung von Kultpflicht und Gottesdienst. Gott der Allerhöchste sprach: [K. 3:102] „*O ihr, die ihr glaubt, fürchtet Gott in wahrer Gottesfurcht*“. Der gottbegnadete Ibn ʿAbbās hat gesagt: „Gehorchet Gott wahrhaft“, und ein Eifriger (Glaubenskämpfer) sprach: „Er ist es, dem man gehorcht und nicht zuwiderhandelt, dessen man gedenkt und ihn nicht vergißt, dem man dankt und nicht lästert.“ Die dritte Bedeutung ist „Loslösung des Herzens von den Sünden“, und dies ist der eigentliche Sinn von *at-taqwā* (Gottesfurcht). Bekannt ist doch das Gotteswort des Allerhöchsten: [K. 24:52] „*Und die Gott und seinem Gesandten gehorchen, Gott fürchten und ihm ehrfürchtig dienen, das sind die Sieger.*“ Da erwähnt er Furcht und Gehorsam sowie die Gottesfurcht (*taqwā*). So erkennst du, daß das Wesen der Gottesfurcht etwas neben Gehorsam und Furcht bedeutet, nämlich die Loslösung des Herzens vom Erwähnten. Die Gottseligen sagten ferner, die Gottesfurcht habe drei Stationen: Die Loslösung von der Mehrgötterei, von erfundener Neuerung und von weiteren Sünden. Gott der Gepriesene und

Allerhöchste hat sie in einem Koranvers wie folgt erwähnt: [K. 5:93] „*Die da glauben und Gutes tun, haben keine Sünde wegen des (früher) Verkosteten, wenn sie nur jetzt gottesfürchtig sind und Gutes tuen und auch weiterhin gottesfürchtig sind und Gutes tuen.*" So ist die erste Gottesfurcht Loslösung von der Mehrgötterei und an deren Statt der Glaube an Einen Gott. Die zweite ist die Loslösung von den erfundenen Neuerungen, wobei man erklärt, sich zu den Lehren der Sunna und der Gemeinde zu bekennen. Die dritte ist, sich von den übrigen Sünden zu lösen, wobei es kein Bekenntnis gibt, sondern an deren Statt Wohltun, Erfüllung der Kultpflicht und dabei Beharrlichkeit. Der Koranvers hat die drei Stationen zusammengefaßt, die des Glaubens, der Sunna und der getreuen Pflichterfüllung. Nach Meinung der gottseligen Gelehrten solle man die Gottesfurcht so darlegen. Ich sage, ich habe herausgefunden, daß Gottesfurcht „Enthaltung vom überflüssigen Erlaubten" bedeutet. Dies wurde nämlich in dem bekannten Bericht vom hochgebenedeiten Propheten erzählt: „Die Gottesfürchtigen werden so genannt, weil sie das unterlassen, was nicht schon an sich böse ist, um sich vorm Bösen zu hüten." Ich möchte gern die Meinung unserer gottseligen Gelehrten mit dem vom hochgebenedeiten Propheten Überkommenen vereinigen, damit dies eine zusammenfassende Begriffsbestimmung und eine hinreichende Wesenserklärung ergibt. So meine ich: Gottesfurcht ist Enthaltung von allem, wodurch Schaden für dein religiöses Leben zu befürchten ist.

Du siehst doch, daß man vom Fieberkranken sagt, er nehme sich in acht, wenn er sich all dessen enthält, was seinem Leib an Speise, Trank oder Obst schaden könne. Es sind ferner zwei Dinge, die als dem religiösen Leben abträglich zu befürchten sind, das sind die schlechthin verbotenen und sündhaften und dann die zwar erlaubten, doch überflüssigen Dinge. Gibt man sich mit diesen ab und hängt daran, so zieht es den, der es tut, zum Verbotenen und sicher Sündhaften hin. Dies geschieht durch die Triebseele und deren Tyrannei wie durch den Aufruhr der Begierde und deren Widersetzlichkeit. Wer in seinem religiösen Leben vor Schaden sicher sein will, möge die Gefahr meiden und sich vorsichtig vom überflüssigen Erlaubten fernhalten, denn nach dem Ausspruch des Hochgebenedeiten lockt dies zum klar Verbotenen hin, falls man nicht das nicht an sich Böse unterläßt aus Vorsicht vor dem an sich Bösen. Man gibt ja überflüssig Erlaubtes auf, um ja nicht ins Verbotene zu geraten. So ist die Gottesfurcht vollständige nichts auslassende Enthaltung von allem, was dem religiösen Leben schadet, von der Sünde wie vom Überflüssigen. Dies ist ins Einzelne gehende Erläuterung.

Wenn wir sie nun als Gegenstand der Gesetzeswissenschaft (Theologie) definieren, so sagen wir: Zusammenfassende Begriffsbestimmung der Gottesfurcht ist „Loslösung des Herzens vom Bösen, dessengleichen du noch nicht getan mit dem kräftigen Vorsatz, es zu unterlassen, damit dies ein Schutzwall zwischen dir und jeglichem Bösen sei."

Das Böse ist von zweierlei Art: Da ist das eigentlich Böse, das Gott durch Untersagung als Verbotenes erklärt hat, wie die offenkundigen Sünden. Dann gibt es das Böse im uneigentlichen Sinne, das zur Disziplinierung untersagt worden ist. Es sind dies das wohl Erlaubte aber Überflüssige und die gestatteten Dinge, die man sich aber aus Gier aneignet. Die erstgenannte

Gottesfurcht ist Pflicht, unterläßt man sie, so zieht dies Höllenstrafe nach sich. Die zweite Gottesfurcht ist ein Gut und Wohlverhalten, bei Unterlassung erfordert sie (beim Weltgericht, *qiyāma*) bange Erwartung (des Urteils), Abrechnung, Kundmachung und Tadel. Wer die erstere übt, ist auf der untersten Stufe der Gottesfurcht, die da Standort der beharrlich Pflichtgetreuen ist. Auf der höchsten Stufe der Gottesfurcht ist, wer die zweite hat als Standort derer, die auch das Erlaubte unterlassen. Hat der Mensch beide vereinigt, nämlich Enthaltung von aller Sünde und vom Überflüssigen, dann besitzt er das vollkommene Wesen der Gottesfurcht, beobachtet sie gebührend und verbindet alles Gute damit. Es ist dies die vollkommene Behutsamkeit (*wara'*) als Grundlage des religiösen Lebens. Sie ist der Standort des Wohlverhaltens vor der Tür Gottes des Allerhöchsten. Dies ist die Bedeutung und umfassende Erklärung der Gottesfurcht. Begreife sie verständig, so Gott der Allerhöchste es will.

Sagst du nun: „Erkläre uns ausführlich jetzt das Wesen der Triebseele (*nafs*) und was man dabei anwendet, denn daher muß man ja wissen, wie man sie zügeln soll, und zwar mit Hilfe dessen, was du ausführlich über das Wesen der Gottesfurcht als Begriffsbestimmung gegeben hast", — so sage ich: Ja, die ausführliche Erklärung über diese Triebseele ist dies, daß du mit festem Entschluß daran gehst, sie von jeder Sünde abzuhalten und sie vor allem Überflüssigen zu bewahren. Tust du dies, so bist du einer, der Gott den Allerhöchsten fürchtet, und zwar durch dein Auge, dein Ohr, Zunge, Herz, Bauch und Geschlechtsleben sowie alle deine Glieder, und hast sie durch den Zaum der Gottesfurcht gezügelt. Dieses Kapitel haben wir bereits des langen erklärt und in unserem Buch „Wiederbelebung der Religionswissenschaften" darauf hingewiesen [s. *Iḥyā'* Ind. 237]. Über das hier Notwendige sei gesagt: Wer Gottesfurcht üben will, der muß die „fünf Glieder" (Körperteile) in acht nehmen, weil sie die Ursprünge sind, nämlich: Auge, Ohr, Zunge, Herz und Bauch. Man hat zu suchen, sie vor allem zu behüten, wovon man eine Schädigung des religiösen Lebens befürchtet, so vor Widersetzlichkeit, verbotenem Überflüssigem und Übermaß im Erlaubten. Ist es gelungen, diese Glieder zu hüten, dann kann man hoffen, daß sie für den übrigen Körper genügen, und dann wird man in der Gottesfurcht gefestigt sein, die den ganzen Leib für Gott den Allerhöchsten in sich faßt. Fünf Abschnitte sind über diese Glieder zu bringen, und besonders ist darzulegen, was für jedes einzelne verboten ist, soweit es diesem Buche zukommt.

Das Auge

Sodann — Gott möge dir und uns Erfolg verleihen — liegt es dir ob, das Auge zu behüten, da es alle Anfechtung und Unglück bewirkt. Drei ausreichende Grundsätze führe ich hierüber an: Einer ist das Wort Gottes des Gepriesenen: [K. 24:30] „*Sprich zu Gläubigen, sie mögen ihre Blicke senken und ihre Scham hüten, das ist schicklicher für sie, und Gott weiß um ihr Tun.*" Wisse, ich habe diesen Vers überdacht, und siehe, er enthält trotz seiner Kürze drei wertvolle Bedeutungen: Zurechtweisung, Befehl und Androhung. Die Zurechtweisung liegt im Wort des Allerhöchsten: „*Sprich zu den Gläubigen, sie mögen ihre Blicke senken.*" Der Mensch muß dem Befehl seines Herzens Folge leisten und sich demgemäß gesittet benehmen, da sonst sein Verhalten getadelt und abgewiesen wird und er nicht in der Gesellschaft erscheinen darf. Verstehe diesen Punkt wohl und denke über seinen Inhalt nach, da er manches enthält.

Der Aufruf besteht in den Worten „*das ist schicklicher für sie*“, worin sich zwei Bedeutungen zeigen (Gott weiß es besser!). Die erste ist: „es ist reiner“ für eure Herzen, denn *zakāh* ist die kultische oder moralische Reinheit (Adjektiv: *zakiy*, Steigerung: *azkā*, Substantiv: *zakāh*) und *tazkiya* heißt „kultisch reinigen“. Die zweite ist „es läßt ihr Gutes wachsen und zunehmen“, denn eigentlich ist *zakāh* „das Wachsen“. Es wird dazu aufgerufen, durch Senken des Blickes das Herz zu reinigen, zur Erfüllung der Pflichten und das Gute zu mehren. Dies heißt, wenn du den Blick nicht senkst und ihm die Zügel lockerst, so sieht er, was ihn nichts angeht, und es kommt vor, daß dein Auge auf Verbotenes fällt. Tust du es absichtlich, so ist es schwere Sünde, vielleicht hängt das Herz sich daran, und du gehst zugrunde, wenn Gott der Allerhöchste nicht Erbarmen hat. Man hat erzählt, daß der Mensch, um etwas anzusehen, sein Herz verderbe, so wie die Haut beim Gerben verdorben wird, ohne jemals dabei Nutzen zu haben. Sei es auch etwas Gestattetes, so beschäftigt sich vielleicht dein Herz damit, wodurch dann Einflüsterungen und Einfälle kommen. Manchmal wirst du nicht fertig damit und beschäftigst dein Herz weiterhin abgelenkt vom Guten, doch siehst du es nicht an, dann bleibst du in Frieden. Über diesen Gedanken wird von ʿĪsā (Jesus) dem Gebenedeiten das Wort berichtet: „Hütet euren Blick, denn er sät die Begierde ins Herz und er genügt, den Menschen zu versuchen.“ — Dhū n-Nūn sagte: „Wie gut ist es, wenn der Lüsterne seine Blicke senkt.“ Schön hat jemand gesagt:

„Sendest du deinen Blick aus als Späher für dein Herz,
so wird eines Tages das Gesehene dich ermüden.
Da siehst du das, dessen du als Ganzes nicht Herr wirst
noch einen Teil davon erträgst."

Soweit du also den Blick senkst, dein Auge zu hüten, so fällt er auf nichts, das dich anginge und kümmern müßte, und du hast dann ein reines Inneres, ein freies Herz, Ruhe vor vielen Einflüsterungen und eine Seele, die, wider Unglück gefeit, an Gutem zunimmt. Betrachte aufmerksam diesen Punkt, und Gott der Erhabene und Gewaltige hilft durch seine Huld und Gnade.

Die Androhung aber liegt im Gottesworte: „*Wahrlich, Gott weiß um ihr Tun*" sowie [K. 40:19] „*Er kennt das verräterische Auge und was das Innere verbirgt*". Wer die Erhabenheit seines Herrn fürchtet, dem genügt dies zur Warnung. Dies ist ein Grundsatz aus dem Buche Gottes des Gewaltigen und Erhabenen.

Der zweite Grundsatz ist, wie uns vom hochgebenedeiten Propheten Gottes das Wort berichtet wurde: „Wahrlich der Blick auf die Schönheiten der Frau ist ein vergifteter Pfeil des Teufels". Wer davon absteht, den läßt Gott der Allerhöchste den Geschmack eines geistlichen Lebens verkosten, das ihn ergötzt. Er findet da, daß die Schönheit des gesitteten Lebens und die Lust am Herzensgebet der Gottesdiener reichlich ist. Er erlebt dies, wenn er es kennt und durch sein Tun verwirklicht, da er es vermied, etwas anzuschauen, das ihn nichts angeht, und so findet er Genuß am geistlichen Leben, Reiz an der Pflichterfüllung und ein Herzensglück, das er früher nicht gefunden hatte.

Der dritte Grundsatz ist, auf jedes seiner Glieder zu schauen, wozu es taugt und ihm hilft. Demgemäß behütest und bewahrst du den Fuß, daß er in den Gärten und Schlössern des Paradieses wandle, und die Hand, um den Kelch des Trankes und die Früchte zu erreichen [K. 56:11 bis 20]. Ebenso ist es mit den übrigen Gliedern und dem Auge, auf daß es hinblicke auf den gepriesenen Herrn der Welten. In beiden Welten ist ja keine Gnadengabe herrlicher und größer, noch gibt es eine würdigere Sache, die man erwartet und erhofft als diese (*visio beatifica*), so daß sie gehütet, bewahrt, hochgeschätzt und gewürdigt werde. Wenn du diese drei Grundsätze gut erwägst, so genügt dir das in diesem Abschnitt Gebotene — und Gott ist Helfer zum Erfolg, mein Anteil und mein bester Anwalt.

Das Ohr

Du mußt dein Gehör vor schlechter und überflüssiger Rede hüten und dies wegen zweier Dinge: Erstens weil man sagt: „Der Zuhörer ist Genosse des Redenden", worüber jemand gedichtet hat:

„Wähle die Mitte der Straßen — kehr um
vom unsicheren Rande
und hüte dein Ohr, Übles zu vernehmen,
so wie du deine Zunge hütest, es auszusprechen,
denn hörst du dem Redenden zu,
so bist du des Redenden Genosse, beachte dies!"

Zweitens regt dies in den Herzen die Einfälle und Einflüsterungen an, und dann tritt Erregung am Körper auf, so daß für das geistliche Leben nichts bleibt.

Ferner wisse, die Rede, die in das Menschenherz und ins Gehör dringt, gleicht der Speise, die in sein Inneres dringt und von der Nutzen und Schaden, Ernährung und Gift stammt, ja die Rede, die man schluckt, ist viel wirksamer als die Speise. Die Speise verschwindet ja im Magen, im Schlaf usw., und ihre Spur bleibt eine Zeitlang, dann vergeht sie, und es gibt eine Arznei, ihre Wirkung aus dem Menschenleib verschwinden zu lassen. Die Rede aber, die in das Herz gedrungen ist, bleibt vielleicht sein Lebtag bei ihm, ohne daß er sie vergißt. Ist sie böse, so belästigt und verdirbt sie ihn weiter, und durch sie werden im Herzen Einfälle und Einflüsterungen hervorgerufen, denen man sich widersetzen und von deren Erinnerung man das Herz ablenken muß, indem man vor deren Unheil bei Gott Zuflucht sucht. Man ist ja nicht sicher davor, von ihr ins Mißgeschick gebracht zu werden, denn sie reizt, bis man schließlich deshalb in gewaltiges Unglück gerät. Hättest du dein Gehör vor dem bewahrt, das dich nichts angeht, so würdest du Ruhe vor dieser Plage haben. Der Verständige achtet hierauf — doch durch Gott ist der Erfolg.

Die Zunge

Ferner mußt du die Zunge hüten, sie festhalten und bezwingen, denn sie ist das störrischste und aufsässigste Glied und bringt am meisten Verderb und Feindschaft. In einer Überlieferung von Sufyān ibn ʿAbdallāh heißt es: „Ich sprach: ‚O Gesandter Gottes, was befürchtest du am meisten für mich?‘ Da faßte der Hochgebenedeite selbst seine Zunge und sprach: ‚Diese.‘“ — Von Yūnus ibn ʿUbayd Allāh: „Ich fand, daß meine Natur die Mühe des Fastens hei der starken Hitze in Basra ertrug, doch nicht aushielt, ein Wort zu unterlassen, das sie nichts angeht." So hast du dich also sehr in acht zu nehmen, viel Mühe aufzuwenden und fünf Grundsätze zu beherzigen:

Erstens heißt es gemäß der Überlieferung des gottbegnadeten Abū Sa'īd al-Khadarī: „Wenn ein Mensch entsteht, so eilen alle seine Glieder zur Zunge und sagen ihr: ‚Wir beschwören dich bei Gott, gerade zu sein, bist du dies, so sind wir es, doch bist du krumm, so sind wir es auch!'" Ich sage, das bedeutet (und Gott weiß es besser), daß das, was die Zunge sagt, die Glieder des Menschen zu Erfolg oder zum Versagen beeinflußt. Dies wird durch die Überlieferung von Mālik ibn Dīnār gestützt, der sagte: „Siehst du in deinem Herzen Verhärtung, Schwäche an deinem Leibe und Mangel an deinem Unterhalt, so wisse, daß du über etwas geredet hast, das dich nichts angeht."

Zweitens, nimm deine Zeit in acht, denn das meiste, das der Mensch außer dem Gedenken Gottes spricht, ist mindestens nutzlos, wodurch Zeit verloren geht. Man erzählt, daß Ḥasan ibn Abī Sinān an einem Zimmer vorüber ging, das neu gebaut worden war. Er sprach: „Seit wann ist das gebaut worden?" Doch dann wandte er sich zu sich selber „O meine Seele, du törichte, du fragst nach etwas, das dich nichts angeht." Dann bestrafte er sich durch ein Jahr Fasten. Ich sage: „Selig sind, die um ihre Seelen sich sorgen — doch wehe den Achtlosen, die alle Scham abstreifen und die Zügel lockern. Gott sei um Hilfe angerufen, und schön hat jemand gesagt:

„Zwei Rak'a im Dunkel der Nacht verrichtet, sei dir Gewinn,
wenn du Muße hast und Ruhe,

doch was dich bekümmert durch eitles Geschwätz,
das ersetze durch Gotteslob.
Ist Schweigen not, so ist dies besser als Sprechen,
selbst wenn du die Redekunst beherrschest."

Der dritte Grundsatz ist dann: Halte die guten Werke geheim, denn wer seine Zunge nicht hütet und viel redet, gerät unbedingt ins Verleumden der Leute, so wie man sagt: „Wer viel schreit, fällt oft". Wenn man andere verleumdet, so ist dies, als stelle man ein Katapult auf, das seine „Wohltaten" nach Ost und West, nach rechts und links abschießt. Von al-Ḥasan wird das Wort überliefert: „O Abū Sa'īd, N. N. hat dich verleumdet." Da sandte dieser dem Betreffenden ein Tablett mit frischen Datteln und sagte dazu: „Du hast mir deine Wohltaten gewährt, nun möchte ich dich belohnen." Die Verleumdung wird bei Ibn al-Mubārak erwähnt, der sagte: „Hätte ich jemand' verleumdet, so hätte ich meine Mutter verleumdet, denn sie ist meiner Wohltaten würdiger." Man erzählte, er sei bei Ḥātim dem Tauben (*al-aṣamm*) vorbeigekommen in der Nacht, da dieser sich zum Gebete erhob, während seine Frau ihn auszankte. Er aber sprach: „Einige Leute haben vergangene Nacht ihre rituellen Gebete verrichtet und mich am Morgen verleumdet, so werden am Tage der Auferstehung deren Gebete auf meiner Waage liegen."

Der vierte Grundsatz ist — Sicherheit vor dem Unheil der Welt, nach dem Ausspruch Sufyāns: „Sprich mit deiner Zunge nicht, was deine Zähne zerbricht." — Ein anderer sagte: „Laß deine Zunge nicht plaudern, sonst verdirbt sie dir deine Sache". Man zitiert die Verse:

„Hüte die Zunge, sprich nicht, sonst hast du
Unglück,
das Unglück hat das Reden zum Vertrauten."

Vom gottseligen Ibn al-Mubārak:

„Auf, hüte deine Zunge, wahrlich die Zunge,
ist schnell dabei, den Mann zu töten.
Und wahrlich, die Zunge weist auf das Innere,
und zeigt den Leuten, welchen Verstand er hat."

Vom gottseligen Ibn Abī al-Muṭī':

„Des Mannes Zunge ist ein Löwe im Hinterhalt,
läßt er ihn los, so fällt er ihn an.
Drum hüte sie vor übler Rede durch den Zaum des
Schweigens,
sie ist dir dann Schutz vor Unheil."

Im Sprichwort heißt es: Der Wanderer ist Herr eines Wortes, das ihm sagt: „Hüte mich!" — Gott bitten wir um Erfolg durch sein Erbarmen.

Der fünfte Grundsatz ist: Denke an das Unheil im Jenseits und dessen Folgen und erinnere dich an einen Punkt: Gewiß führst du entweder verpönte und unerlaubte Rede oder sprichst etwas wohl Erlaubtes aber Überflüssiges, das dich nichts angeht, dann ist für das Verpönte und Verbotene die Strafe Gottes des Allerhöchsten zu gewärtigen, gegen die du nichts vermagst. Vom hochgebenedeiten Gesandten Gottes hat man uns das Wort überliefert: „In der Nacht meiner Himmelsreise (*mi'rāj*) sah ich im Höllenfeuer eine Gruppe, die Aas verspeiste. Da sagte ich: ‚O Gabriel, wer sind diese?' Er sprach: ‚Das sind die, welche das Fleisch der Menschen essen!'" Ferner sprach der Hochgebenedeite zu Muʿādh: „Hüte deine Zunge vor denen, die den Koran auswendig können, wie vor den Studierenden der Wissenschaft. Zerreißt nicht die Leute, sonst zerreißen dich die Höllenhunde." Von Abū Qulāba: „Wahrlich, durch Verleumdung wird das Herz von der rechten Leitung ins Verderben gebracht." So bitten wir Gott den Allerhöchsten, uns in seiner Huld davor zu behüten. Dies handelte vom Verbotenen.

Das Erlaubte aber enthält vier Dinge: Wenn die vornehmen Schriftgelehrten sich mit Ungutem und Nutzlosem befassen, da ziemt es dem Manne, sich beider zu schämen, ohne sie zu kränken. Gott der Allerhöchste sprach: [K. 50:18] „*Vor den beiden Frageengeln wird er kein Wort sprechen können, es ist bei ihm ein Wächter beschäftigt* (*aufzuzeichnen*)." — Das zweite ist, wenn man Gott dem Allerhöchsten und Gepriesenen einen Brief sendet, der Spielerei und Albernheit enthält. Der Mensch soll sich davor in acht nehmen und Gott den Mächtigen und Erhabenen fürchten. Man erzählt, es hätte jemand einem Mann zugesehen, der Unsittliches redete, und gesagt: „O du da! Du diktierst einen Brief an deinen Herrn, so sieh, was du diktierst." — Das dritte ist: Am Tage der Auferstehung wird es vor dem allbeherrschenden König vorgelesen, vor aller Welt unter Nöten und Schrecken — durstig, nackt und hungrig, ausgeschlossen vom Paradies, ferngehalten von der Seligkeit! — Das vierte ist Tadel und Herabsetzung wegen des von dir Gesagten, wobei es keine Ausflüchte gibt, nebst Beschämung vor dem Herrn der Glorie. Man sagt: Nimm dich in acht vor dem Überflüssigen, denn die Abrechnung dauert lange. Mit diesen Grundsätzen möge es genug sein für den, der die Predigt befolgt. Wir haben weiteres in dem Buche „Innerer Sinn der religiösen Handlungen“ dargelegt. Was es enthält, ist überzeugend, und sieh dies an, du findest Heilung.

Das Herz

Dann mußt du das Herz hüten, bessern, es gut beobachten und Fleiß aufwenden, denn von allen Gliedern ist es am stärksten gefährdet, am empfindlichsten, am feinsten, am schmerzlichsten zu bessern, und es hat die schwierigste Lage. Merke dir hierüber fünf ausreichende Grundsätze:

Der erste Grundsatz ist das Wort des Allerhöchsten [K. 40:19] „*Was das Innere verbirgt, das kündet das verräterische Auge.*“ Ferner: [K. 3:119] „*Er weiß um das Innerste des Herzens.*“ Wie oft und wiederholt wird es im Koran erwähnt, und dem Weisen und Erfahrenen genügt es als Warnung und Drohung für die Erwählten unter den Gottesdienern, denn es ist eine ernste, gefährliche Sache, mit dem Kenner des Innern zu unterhandeln, und denke darüber nach, wie er dein Herz kennt.

Der zweite Grundsatz ist das Wort des hochgebenedeiten Propheten Gottes: „Wahrlich, Gott der Allerhöchste sieht nicht auf eure äußeren Gestalten, noch auf eure Gesichtszüge, er sieht nur auf eure Herzen.“ Demnach ist das Herz der Ort, auf den der Herr der Welten schaut. Wie sonderbar ist doch jemand, der auf sein Gesicht Mühe verwendet, auf das die Leute schauen. So wäscht und säubert er es von Schmutz und Unreinem und ziert es, soweit er kann, damit kein Mensch daran einen Makel wahrnehme. Doch um sein Herz kümmert er sich nicht, auf das der Herr der Welt den

Blick richtet, daß er es säubere, schmücke und duftend mache, damit der hocherhabene Herr daran weder Unreines und Häßliches, noch Schwäche und Makel wahrnehme, sondern er läßt es durch Schändlichkeiten, Unreinheit und Untugenden verkommen. Würden die Leute einen solchen bemerken, so würden sie ihn meiden und vertreiben — und zu Gott ruft man um Hilfe.

Der dritte Grundsatz ist: Das Herz ist der Herrscher und das Haupt, dem man folgt, und somit sind alle Glieder dessen Untertanen. Ist der Führer wohlauf, dann ist es auch das Gefolge. Ist der König rechtschaffen, dann sind es auch die Untertanen. Dies erhellt aus der Überlieferung des hochgebenedeiten Propheten: „Im Körper ist ein Klümpchen, ist dieses wohlauf, dann ist es der ganze Leib." Ist dies nicht das Herz? Liegt das Wohl aller bei ihm, so hat man sich pflichtgemäß um dieses zu kümmern.

Der vierte Grundsatz ist: Das Herz ist Schatzkammer jedes dem Menschen teuren Kleinodes und jedes ernsten Gedankens. Erstens ist da die Vernunft, deren Ziel die Erkenntnis Gottes des Allerhöchsten ist, welche die Seligkeit beider Welten bewirkt. Sodann ist da die Umsicht, die Vorrang und Ansehen bei Gott dem Erhabenen und Mächtigen schafft, ferner die „reine Absicht" bei den guten Werken, von denen die ewige Vergeltung abhängt. Dann ist da mancherlei Wissen und Weisheit, die die Ehre des Menschen sind, nebst den übrigen edlen Tugenden und löblichen Eigenschaften, durch die sich die Gottesmänner auszeichnen, wie wir es im Buche „Innerer Sinn der religiöen Handlungen" erläutert haben. Es gebührt einer Schatzkammer wie dieser, daß sie vor Unsauberkeiten und Unreinem bewahrt sei, ebenso daß man sie vor Dieben und Wegelagerern bewache und behüte. Man halte sie auch in Ehren und zeige Wertschätzung durch verschiedene Ehrfurchtsbezeigung, damit weder Unreines den köstlichen Kleinodien anhafte noch — was Gott verhüte — ein Feind sich ihrer bemächtige.

Der fünfte Grundsatz ist: Bedenke ich die Stellung des Herzens, so finde ich fünf Dinge, die kein anderes Glied des Menschen besitzt. Der Feind zielt darauf ab, geht darauf los und folgt ihm auf dem Fuße, denn der Satan hockt auf dem Herzen des Menschen. Es ist so Ort der Eingebung (des Engels) wie der Einflüsterung, der Engel wie der Teufel klopfen ständig mit ihren Einladungen an.

Das zweite ist, daß für das Herz mehr zu tun ist, da Vernunft und Leidenschaft beide in ihm wohnen. So ist es Kampfplatz beider Heere, und da gibt es ständig zwischen beiden Krieg, Kampf und Streit. Daher muß die Gefahrenstelle bewacht, befestigt und nicht vernachlässigt werden.

Das dritte ist, daß es mehr angefochten wird, denn die Einfälle sind für dasselbe wie Pfeile, die dauernd darauf fallen und wie der Regen, der ohne Unterlaß daraufströmt, Tag und Nacht ohne auszusetzen, während du es nicht verhindern kannst, um dich zu schützen. Es verhält sich nicht so wie die Augen zwischen den Lidern, die du schließen kannst, um Ruhe zu haben, oder wenn du an einem einsamen Ort bist oder in dunkler Nacht, wobei deren Sehkraft genügt, oder wie die Zunge hinter den Vorhängen von Lippen und Zähnen, die du hindern und zur Ruhe bringen kannst. Das Herz aber ist Ziel der Einfälle, die du weder verhindern noch dich vor ihnen schützen kannst und die nie von dir ablassen. Die Natur ist sodann geschwind dabei, ihnen zu folgen, und dies kraftvoll zu vermeiden, ist eine schwere Sache und harte Mühe.

Das vierte ist die schwierige Behandlung, es ist dir ja verborgen, und du spürst kaum, wenn Unreines und Befleckendes irgendwie hineinschleichen. Du mußt dar-über genau nachforschen, dich lange bemühen, scharfblickend sein und viel Übung haben.

Das fünfte ist, daß die Unreinheiten sehr schnell und der Umsturz recht nahe sind. Man sagt: Das Herz fällt schneller um als ein Topf zum Sieden kommt, daher der Vers: „Man nennt es ‚Herz' nur, weil es so unbeständig ist" (Wortspiel: *qalb-taqallab*). Und das Sprichwort sagt verschiedenes über den Menschen. Kommt das Herz zu Fall — was Gott verhüte — so ist dies der schwerste Sturz, härtester und schwierigster Fall, da sich dann Verhärtung und Neigung zu etwas anderem als Gott einstellt und schließlich im Unglauben endet — Gott bewahre uns davor! Hörst du nicht das Wort des Allerhöchsten: [K. 38:74] „*Nur der Teufel war hochmütig und ungläubig.*" Es war der Stolz in seinem Herzen, und dies führte ihn zu Weigerung und Unglauben in seinen Worten. Hörst du nicht das Wort des Allerhöchsten: [K. 7:176] „*Doch er wandte sich zur Erde und folgte seiner Begierde.*" In seinem Herzen neigte er sich zur Begierde und folgte ihr, und dies führte ihn dazu, selbst heillos zu sündigen. Hörst du nicht das Wort des Allerhöchsten: [K. 6:110] „*Wir werden ihre Herzen und Blicke (vom Wahren) ablenken, so wie sie schon das erste Mal nicht geglaubt hatten, und lassen sie in ihrem Unglauben herumirren.*" Darum, o Mensch, fürchteten die auserwählten Diener Gottes des Allerhöchsten für ihre Herzen, weinten um sie und wandten alle Sorgfalt dafür auf. Hierüber hat

Gott der Gepriesene gesagt: [K. 24:37] *„Denn sie fürchten den Tag, da die Herzen und Augen unruhig schwanken."* Möge Gott uns und euch verleihen, daß wir uns dies zum Beispiel nehmen, vorsichtig an Gefahrenstellen seien und durch gutes Beobachten erfolgreich unsere Herzen bessern — er ist ja der Allbarmherzige.

Wenn man uns sagt: „Diese Sache mit dem Herzen ist sehr wichtig. So tu uns kund, welche Ideen es bessern, wie auch die Unglücksfälle, die ihm zustoßen und es verderben, so daß wir vielleicht bei der Bemühung um dieses Werk erfolgreich seien", so antwortet man: Wisse, die Darstellung im einzelnen wäre länger, als dieses Buch es verträgt. Die mit dem Jenseits vertrauten Gelehrten haben sich bemüht, es zu erklären, und haben nur über diesen Punkt geschrieben. Sie haben etwa siebzig löbliche Tugenden aufgezählt, die man hierfür nötig hat, nebst deren Gegensätzen. Ferner gibt es in deren Einzeldarstellungen pflichtgemäße und verbotene Handlungen, Bemühungen usw. Bei meinem Leben, wem sein religiöses Leben Sorge macht und wer aus dem Schlafe der Gleichgültigkeit erwacht ist und auf seine Seele achtet, dem wird es nicht zuviel sein, dies zu studieren und sich damit abzugeben — wenn ihn Gott der Allerhöchste erfolgreich sein läßt.

Hierüber haben wir eine Abhandlung im Buche „Erläuterungen der Wunder des Herzens" [Teil 3. 1. Buch der Wiederbelebung. Ind. § 85 ff.] in „Wiederbelebung der Religionswissenschaften" gebracht und im Buch „Innerer Sinn der religiösen Handlungen" einzeln erklärt und ihre Behandlung beschrieben. Dies ist ein selbstständiges Buch von beträchtlichem Nutzen, aus dem nur die tüchtigen, in den Wissenschaften bewanderten Gelehrten Gewinn schöpfen. Aus dem Inhalt dieses Buches hier sollen sowohl der Anfänger wie der Vollendete, der Starke wie der Schwache Nutzen haben. Wir haben die Grundsätze im Auge, die man zur Behandlung des Herzens bringen muß, deren Bedürfnis fühlbar und für das geistliche Leben unentbehrlich ist.

So fanden wir vier Dinge, die schlüpfriger Boden für die Gottesdiener und Verderbnis für die Eifrigen sind. Es sind dies die Anfechtungen wider die Herzen und die Mißgeschicke der Seelen, die hinderlich, verderblich, entstellend und vernichtend sind, sowie vier andere als Gegensatz zu ihnen, wie regelmäßiger Gottesdienst, Festigkeit der Gottesdiener und Herzensreinheit. Der unheilbringenden Dinge sind vier: Vermessenheit, Übereilung, Neid und Hochmut, während die vier Tugenden folgende sind: Einschränkung der Vermessenheit, Bedächtigkeit in den Angelegenheiten, gütige Ermahnung der Leute, Bescheidenheit und Demut. Dies sind die Grundsätze für Heil und Verderben der Herzen und der Punkt, um den es sich dreht. Du hast dich zu bemühen, dich vor diesen Unheilbringenden zu hüten, diese Tugenden dir anzueignen, hast Vorräte zu sammeln und das Ziel zu erreichen, wenn Gott der Allerhöchste es will. Über diese Unheilsdinge werde ich dich kurz und genügend belehren.

Die Vermessenheit lange Zeit zu hegen, hindert an allem Guten und zieht zu allem Bösen und aller Anfechtung hin. Sie ist die unheilbare Krankheit, welche die Leute in allerlei Unglück stürzt. Wisse, wenn du lange Vermessenheit hegst, so begegnen dir dadurch vier Dinge: erstens Unterlassung des Gottesdienstes und Lässigkeit dabei. Du sagst: „Ich werde es tun, die Tage sind ja noch vor mir, und das versäume ich nicht." Der gottselige Dā'ūd at-Tā'ī hat recht, wenn er sagt: „Wer die Androhung fürchtet, dem wird das Ferne nah, und wer Vermessenheit hegt, dem verdirbt das Werk." Der gottselige Yaḥyā ibn Mu'ādh sagt: „Die Vermessenheit trennt von allem Guten, die Habgier verhindert alles Wahre, die Geduld führt immer zum Sieg, und die niedere Natur ruft zu allem Bösen."

Das zweite ist Unterlassen und Aufschub der Bekehrung. Du sagst: „Ich werde mich schon bekehren, die Tage sind lang, ich bin noch jung, mein Lebensalter ist gering, und die Bekehrung liegt vor mir, ich kann sie ausführen, wenn ich will." Vielleicht aber mordet ihn der Tod in seiner Verstocktheit, und das Schicksal rafft ihn hinweg, ehe er sein Tun gebessert hat.

Das dritte ist die Raffgier, und wenn man sich eher mit den Dingen der Welt als denen des Jenseits befaßt. Du sagst: „Ich fürchte die Armut im Alter, vielleicht bin ich dann zu schwach zum Verdienen, so muß ich etwas Überschüssiges haben, um für Krankheit, Gebrechlichkeit und Armut zu sparen." Dieses und dergleichen erregt in dir den Wunsch nach irdischen Gütern, die Gier darnach und die Sorge um Lebensunterhalt. Du sagst: „Was soll ich essen, was soll ich trinken, womit soll ich mich heuer sommers und winters kleiden, da ich doch nichts habe? Vielleicht werde ich sehr alt, und im Greisenalter wächst das Bedürfnis, so muß ich Vorrat haben und von den Leuten unabhängig sein." Dies und ähnliches ruft das Verlangen hervor nach weltlichem Gut und dem Gelüsten darnach, sowie es anzusammeln und das Besessene zu verteidigen. Das Geringste dabei ist noch, daß es das Herz in Anspruch nimmt und dich dein Leben und deine Zeit verlieren läßt und wert- und nutzlos deine Sorge und Kümmernis vermehrt. Vom gottbegnadeten Abū Dharr wird das Wort berichtet: „Die Sorge um einen Tag hat mich umgebracht, den ich nicht einhole." Auf die Frage, wie dies zugehe, versetzte er: „Wenn der Todestag meiner Vermessenheit zuvorkommt."

Das vierte ist die Verhärtung des Herzens; um das Jenseits zu vergessen, erhoffst du nämlich langes Leben, so denkst du weder an Tod noch Grab. So sprach ʿAlī ibn Abī Ṭālib — Gott ehre sein Antlitz: „Zweierlei fürchte ich bei euch am meisten, daß ihr lange Vermessenheit hegt und der Begierde folgt." Wahrhaftig, ist man lange vermessen, so vergißt man das Jenseits, während es vom Rechten ablenkt, ist man gegen die Begierde nachgiebig. So wird dann dein Hauptanliegen das Gespräch mit der Welt, die Erwerbsmittel zum Unterhalt und der Verkehr mit den Leuten usw. sein, wodurch sich dein Herz verhärtet. Die Zartheit des Herzens aber und dessen Lauterkeit bestehen durch Gedenken des Todes, des Grabes, des Lohnes, der Strafe und der Dinge des Jenseits. Wenn aber nichts davon vorhanden ist, woher soll dann dein Herz Zartheit und Reinheit haben? Gott der Allerhöchste sprach: [K. 57:16] „*Lange wurde ihnen Frist gegeben, da verhärteten sich ihre Herzen.*" Hält also deine Vermessenheit lange Zeit an, so verringert sich deine Pflichttreue, du verspätest die Bekehrung, sündigst häufiger, während die Begierde heftiger und dein Herz härter wird und du dich immer weniger um die Tatfolgen kümmerst, so daß du — Gott verhüte es — deinem Ende zugehst, wenn Gott der Allerhöchste sich nicht erbarmt. Was ist wohl schlimmer als dies, und welches Unglück übertrifft dies? Dies hat seinen Grund in der Vermessenheit. Schränkst du sie aber ein, gewöhnst deine Seele an den Tod und denkst daran, wie es deinen Verwandten und Brüdern erging, die der Tod unversehens niedergeworfen hat, und daß es dir ähnlich ergehen wird, dann sagst du: „Hüte dich, meine stolze Seele, und bedenke, was der gottselige ʻAwf ibn ʻAbdallāh gesagt hat: ‚Wieviele haben einen Tag als künftig angesehen, der nicht eintrat, und ein Morgen erwartet, das sie nicht erlebten.'"

Wenn ihr doch das Ende und seinen Ausgang sehen würdet, so widerte Vermessenheit und ihr Stolz euch an! Hörtest du nicht das Wort ʻĪsā ibn Maryams (Jesu, des Sohns Mariens), des Gebenedeiten: „Das Weltleben währet drei Tage, das Gestern ist dahin, etwas hast du in der Hand und vom Morgen weißt du nicht, ob du es erlebst. So nutze den Tag, den du erlebst." Sodann das Wort des gottbegnadeten Abū Dharr al-Ghifārī: „Das Weltleben dauert drei Stunden, eine ist vergangen, in einer lebst du, und in einer weißt du nicht, ob du sie erlebst. So hast du wirklich nur eine Stunde, doch der Tod kommt stündlich." Sodann das Wort unseres gottseligen Scheichs: „Das Weltleben dauert drei Atemzüge. Einer verging, in ihm hast du dein Werk vollbracht, in dem einen bist du, und von einem weißt du nicht, ob du ihn erlebst." Wieviele atmen, und vor dem nächsten Atemzuge kommt der Tod zu ihnen. Du hast wirklich nur einen Atemzug, weder eine Stunde noch einen Tag. Beeile dich in diesem Atemzuge mit dem guten Werk, ehe er verfliegt, sowie zur Bekehrung, vielleicht stirbst du im nächsten Atemzug, und sei nicht besorgt um den Unterhalt, vielleicht lebst du nicht mehr und bedarfst seiner nicht. Deine Zeit wirst du verloren haben, und die Sorge war überflüssig, und vielleicht sorgt man sich um einen Tag, eine einzige Stunde und einen Atemzug. Denkst du nicht an das Wort des Hochgebenedeiten zu Usāma: „Wundert ihr euch nicht über Usāma, der da unverdrossen für einen Monat einkauft?" Wahrlich, es ist sehr vermessen, bei Gott, nie habe ich meinen Fuß niedergesetzt und geglaubt, ihn wieder zu erheben, noch habe ich einen Bissen geschluckt, ohne zu meinen, es packt mich der Tod! Und bei Gott, in dessen Hand mein Leben ist: „*Wahrlich, was euch angedroht wird, das kommt — wie machtlos seid ihr dagegen!*" [K. 6:134]. Wenn du, o Mann, diese Gedanken beherzigst und dies häufig mit Eifer übst, so wird deine Vermessenheit mit Gottes des Allerhöchsten Erlaubnis geringer werden, und dann siehst du, wie du selbst eilig gute Werke vollbringst und die Bekehrung beschleunigst, wie die Sünde von dir abfällt und du der Welt und dem Verlangen darnach entsagst. Dann werden deine Abrechnung und Vergeltung leichter, und dein Herz versenkt sich in das Gedenken des Jenseits und seiner Schrecknisse. Nur von einem Atemzug zum andern kommst du dahin und sorgst dich darum von einem zum andern. Dann hört deine Verstocktheit auf, und Zartsinn, Reinheit zeigen sich an dir. Dabei erfaßt dich die Furcht Gottes des Allerhöchsten wie die Angst vor ihm, und dein geistliches Leben wird recht, wie sich auch die Hoffnung verstärkt, daß du vorbereitet bist für seine Vergeltung und dein Jenseitsziel erreichst. Dies alles beruht nächst der Gnade auf dieser Tugend, nämlich den Zügeln leichtfertiger Vermessenheit.

Man erzählt vom gottseligen Zarāra ibn Awfī, im Traume sei ihm (als wäre es) nach seinem Tode gesagt worden: „Welches deiner vollbrachten Werke hat dich am weitesten gebracht?" Da habe er erwidert: „Weil ich mit Gottes Fügung einverstanden war und die Vermessenheit gezügelt habe." So denke über dich nach, mein Bruder, und bemühe dich um diesen großen Grundsatz, denn er ist am wichtigsten und stärksten, um Herz und Seele zu nutzen — doch Gott in seiner Huld und seinem Erbarmen ist Helfer zum Erfolg.

Der Neid aber verdirbt die guten Werke und verursacht Sünden. Er ist eine unheilbare Krankheit, von der viele Gelehrte und Koranleser befallen sind, ganz abgesehen von der großen Masse und den Ungebildeten, so daß diese sie vernichtet und ins Höllenfeuer führt. Hörst du nicht das Wort des hochgebenedeiten Propheten: „Wegen sechs Dingen kommen sechs ins Höllenfeuer: die Araber (Beduinen) durch Stammeseifersucht, die Fürsten durch Gewalttat, die Kaufleute durch Falschheit, die Bauern durch Unwissenheit und die Gelehrten durch Neid." Wenn also ein Unwesen so abscheulich ist, daß es Gelehrte ins Höllenfeuer bringt, so hat man sich recht davor zu hüten.

Wisse, der Neid führt zu fünf Dingen: Erstens verdirbt er die guten Werke. Der hochgebenedeite Prophet Gottes hat gesagt: „Der Neid frißt die Guttaten wie das Feuer das Brennholz."

Das zweite sind die Übeltaten und Sünden, so wie der gottselige Wahb ibn Munabbih gesagt hat: „Der Neider hat drei Anzeichen, er schmeichelt, wenn der andere anwesend ist, verleumdet ihn in Abwesenheit und schimpft über das Unglück, wenn es eintrifft." Dazu sage ich: Gott hat uns befohlen, vor dem Neider zu ihm Zuflucht zu nehmen nach seines, des Gepriesenen Wort: [K. 113:5] „*... vor dem Übel des Neiders, da er neidet.*" Gleiches hat er ja vor dem Übel des Zauberers und Satans geboten [K. 113 und 114]. Siehe, wieviel Übel und Anfechtung dies auf sich hat, so daß er es Teufel und Zauberer gleichsetzt und Gott der Weltenherr Hilfe und Zuflucht ist.

Das dritte sind nutzloses Bemühen und Sorgen, da Verfehlung und Sünde dabei sind. So sprach der gottselige Ibn as-Sammāk: „Nie sah ich einen Gewalttäter, der seinem Opfer ähnlicher wäre, als der Neider es ist." Vom Neide geht stete Begierlichkeit aus, leidenschaftliches Sinnen und notwendig Kummer.

Das vierte ist Blindheit des Herzens, so daß es kaum eine Satzung Gottes des Gewaltigen und Erhabenen versteht. Der gottselige Sufyān ath-Thawrī sprach: „Schweigst du lange, so besitzest du Frömmigkeit und wirst nicht nach der Welt gieren. Bist du zurückhaltend und redest nicht Übles nach, so bist du vor Gerede der Leute sicher, bist du nicht neidisch, so verstehst du schnell."

Das fünfte sind Mangel und Enttäuschung, man erlangt kaum, was man will, noch siegt man über einen Feind, so wie der hochgebenedeite Ḥātim der Taube (*al-aṣamm*) gesagt hat: „Der Grollende hat keine Religion, wer Übles nachredet, ist kein Diener Gottes, der Verleumder ist treulos und der Neider sieglos." Wie kann meiner Meinung nach der Neider zum Ziel kommen, da dies ja im Untergang für ihn besteht, wovor Gott seine gläubigen Diener behüte. Wie kann er seine Feinde besiegen, die doch glaubensvoll Gott verehren? Wie schön hat der gottselige Abū Ya'qūb gesagt: „O mein Gott, tröste uns durch all die Gnaden und lieblichen Empfindungen, die du deinen Verehrern schenkst!" Es ist nämlich eine Krankheit, die dir deine pflichtgemäßen Übungen ungültig macht, die Abgötterei vermehrt nebst deiner Sünde, dich am Seelenfrieden hindert sowie am Sieg über deine Feinde und an der Erlangung des Zieles. Welche Krankheit bedarf mehr der Arznei? So mußt du dich darum behandeln

— und Gott der Allerhöchste ist durch seine Huld und Gnade Helfer zum Erfolg.

Die Übereilung aber und Vorwärtsstreben im Guten ist die Untugend, die dahin führt, daß man in Sünden fällt, denn von ihr gehen vier Übel aus:

Das erste ist, daß der Mensch eine Stufe im Guten und Festigkeit anstrebt und sich übereilt, sie zu erlangen — doch zur Unzeit. Entweder ermüdet er und verzweifelt, gibt sein Bemühen auf und verzichtet auf jene Stufe, oder aber er übertreibt den Eifer, erschöpft sich und kommt von jener Stufe ab. So schwankt er hin und her zwischen Übertreibung und Versagen, beides Frucht der Übereilung. Vom hochgebenedeiten Propheten wird das Wort überliefert: „Diese unsere Religion ist fest, und man dringt durch Sanftheit in sie ein, denn der Eilfertige durchquert kein Land, noch spart er Kraft.“ Es geht das Sprichwort um: „Du kommst an, wenn du dich nicht beeilst.“ — Ebenso sagt jemand:

„Manchmal erlangt der Bedächtige, was er braucht,
und manchmal gleitet der Eilige aus.“

Das zweite ist: Wenn der Mensch etwas nötig hat, so betet er viel und bittet Gott den Allerhöchsten darum. Findet er dann, er möchte die Erhörung beschleunigen, bevor deren Zeit gekommen ist, und erlangt sie dann nicht, so setzt er aus, wird dessen überdrüssig, gibt das Bittgebet auf und verliert, was er braucht nebst dem Ziel.

Das dritte ist, daß vielleicht ein Mensch ihm Unrecht tut und ihn ärgert, so daß er beginnt, ihm zu fluchen, und ein Muslim dabei zugrunde geht. Da überschreitet er vielleicht die Grenze und fällt in Sünde und Verderben. Gott der Allerhöchste hat gesagt: [K. 17:11] „*Der Mensch bittet um das Böse, so wie er um das Gute bittet, denn der Mensch ist übereilig.*“

Das vierte ist: Wurzel und Kraft des geistlichen Lebens ist der Bedacht (*wara'* — Tutiorismus, Ängstlichkeit), und Ursprung des Bedachtes ist, daß man verständig über alles nachdenkt und alles untersucht, was Speise, Trank, Kleidung, Wort und Tat angeht. Falls nun der Mann bei allen Dingen unbedacht, unklug, ohne sich zu vergewissern handelt, so erlangt er dadurch nicht die nötige Einsicht und den Blick für die Dinge. Er ist geschwind zu jeder Rede und kommt ausgleitend zu Falle, er macht sich schnell an jede Speise und fällt ins Unerlaubte und Verdächtige, und so ist es bei jeder Sache. So entgeht ihm die Frömmigkeit, und was mag Gutes an einem geistlichen Leben ohne Bedacht sein? So ist er ständig von den Stufen des Guten abgeschnitten, ermangelt des Nötigen und wird den Muslimen wie sich zum Verderben. Ferner besteht die Gefahr, daß der Bedacht verloren geht, der doch das Grundvermögen ist, und so hat der Mensch diese Untugend zum Verschwinden zu bringen und seine Seele zu bessern — und Gott durch seine Gnade und Huld ist Helfer zum Erfolg.

Der Stolz aber ist eine Verderben bringende Untugend schlechthin. Hast du nicht das Wort Gottes des Allerhöchsten gehört: [K. 2:34] „*Er* (*der Satan*) *weigerte sich, zeigte Stolz und war ungläubig.*“ Dieses Laster ist nicht desselben Grades wie die übrigen, die vom Werke ablenken und teilweise Schaden anrichten. Der Stolz ist vielmehr grundsätzlich der Religion und dem Glauben schädlich. Erstarkt er und gewinnt die Überhand, so vermögen wir dies nicht zu bessern — wovor Gott behüte!

Sodann sind es wenigstens vier Dinge, die er beim Stolzen hervorruft: Zum ersten geht die Wahrheit verloren, und das Herz wird blind gegenüber Gottes des Allerhöchsten Zeichen und Satzungen. Gott der Allerhöchste hat gesagt: [K. 7:146] *„Ich werde alle fernhalten von meinen Zeichen, die sich auf Erden stolz und ungerecht betragen"*, ebenso: [K. 40:35] *„So versiegelt Gott jedes hochmütige und aufrührerische Herz."*

Zum zweiten ist da Gottes des Allerhöchsten Abscheu und Widerwillen nach seinem Wort: [K. 16:23] *„Wahrlich, die Hochmütigen liebt er nicht!"* Von Mūsā dem Gebenedeiten wird das Wort berichtet: „O mein Herr, welches deiner Geschöpfe ist dir am meisten verhaßt?" Da sprach Er: „Der stolzen Herzens, grober Zunge, schamlosen Auges, geiziger Hand und bösen Charakters ist."

Zum dritten ist da Beschämung und Strafe in dieser und jener Welt. Der gottselige Ḥātim sagte: „Vermeide, daß der Tod dich bei drei Dingen packt: Stolz, Begierde und Eitelkeit." Den Stolzen führt Gott der Allerhöchste nicht aus der Welt, ohne ihn vor den Geringsten seiner Leute und Diener herabzusetzen, den Geizigen nicht, ohne ihn nach einem Stück Brot oder Trunk verlangen zu lassen, das er nicht schlukken kann, den Eitlen nicht, ohne ihn in seinem Urin und Unrat sich wälzen zu lassen." Man hat gesagt, wer grundlos stolz war, den läßt Gott der Allerhöchste mit Recht Erniedrigung zuteil werden.

Zum vierten ist dann das Höllenfeuer und die Qual im Jenseits nach der (nicht-koranischen) Überlieferung des Wortes Gottes des Allerhöchsten: „Der Stolz ist mein Gewand und die Größe meine Hülle, und wer mir eines von beiden streitig macht, den führe ich ins Höllenfeuer." Das bedeutet, Stolz und Größe sind mir vorbehaltene Eigenschaften, die keinem anderen gebühren, wie Gewand und Hülle dem Menschen zueigen sind, woran kein anderer Anteil hat. Es ist dies also ein Laster, das dich versäumen läßt, den Sinn der Zeichen und Satzungen Gottes zu verstehen, so daß es die Wurzel von alledem ist und dir Abscheu und Zorn Gottes sowie Beschämung in der Welt und das Feuer im Jenseits zuzieht. Für den Verständigen schickt es sich nicht, seine Seele zu vernachlässigen, er hat sie vielmehr zu bessern, indem er das Laster mit Sorgfalt und Vorsicht zum Verschwinden bringt und davor zu Gott seine Zuflucht nimmt — und er der Herrliche und Erhabene ist in seiner Huld Helfer zu Schutz und Erfolg.

Sagst du nun: „Wenn diese unseligen Eigenschaften so wichtig sind und man sich vor ihnen hüten muß, so brauchen wir ja allein die Erkenntnis von deren Wesen. Darum erläutere uns dies, auf daß wir wissen, wie man sich davor zu bewahren hat" — so wisse: Über jede einzelne wäre viel zu sagen, und wir haben darüber genügend im Buche „Wiederbelebung" und in dem des „Inneren Sinnes" gehandelt. Hier bringen wir das unbedingt Nötige, dessen man nicht entraten kann. Dies ist unsere Meinung, und durch Gott ist der Erfolg.

Nach Ansicht der meisten unserer gottseligen Gelehrten ist die Vermessenheit der Wille zu einem Leben für eine Zeit längerer Dauer kraft eigener Entscheidung. Dagegen ist es Einschränkung der Vermessenheit, wenn man die eigene Entscheidung hierüber aufgibt, so daß du es von der Anheimstellung (*istithnā'*

— die Formel *inshā'a 'llāh*, „so Gott will" gebrauchen) abhängig machst gemäß dem Willen Gottes im Gedanken oder mit der Bedingung, daß es sittlich gut sei im Willen. Falls du von deinem Leben denkst: Ich werde nach dem Atemzug einen zweiten erleben oder nach der Stunde noch eine oder einen zweiten Tag und dies kraft eigener Entscheidung, so bist du vermessen, und dies ist sündhaft. Es ist nämlich ein Urteil über das Verborgene. Wenn du dies nun vom Willen und Wissen Gottes abhängig machst, so sagst du: Ich werde leben, so Gott will, oder wenn Gott es weiß, daß ich leben werde, dann bist du von vermessener Entscheidung frei, und man sagt von dir, du hast die Vermessenheit aufgegeben. Ebenso ist es, wenn du entschieden noch länger leben willst, dann bist du vermessen. Falls du deinen Willen davon abhängig machst, daß es sittlich gut sei, so bist du von vermessener Entscheidung frei, und man sagt von dir, du hast die vermessene Entscheidung eingeschränkt, weil du dich der Entscheidung darüber enthalten hast. Du hast also Entscheidung und Willen, länger zu leben, in Gedanken aufgegeben, wobei „Denken" als Denken im Herzen gemeint ist (ohne daß die Zunge es ausspricht). Das heißt, du hast dich daran gewöhnt und das Herz darin befestigt. Verstehe dies wohl als Verständiger — so Gott der Erhabene und Mächtige es will.

Die Vermessenheit ist zweifach: im allgemeinen und im besonderen. Die erste will das Leben zwecks Anhäufung und Besitz weltlichen Gutes, was einfach Sünde ist, und deren Gegensatz ist Einschränkung der Vermessenheit. Gott der Allerhöchste hat gesagt: [K. 15:3] „*Laß sie nur essen und sich erfreuen, und die eitle Hoffnung möge sie ergötzen, sie werden es schon erfahren.*" Die zweite ist, wenn du leben willst, um ein gutes Werk zu vollenden, das aber mit Gefahr verbunden ist und wobei man nicht sicher ist, ob es sittlich gut ist. Es könnte ja sein, daß es ein bestimmtes gutes Werk gibt, bei dem der Mensch, hat er es vollbracht, ohne sittliche Güte dasteht, da er hierdurch in Selbstbespiegelung und Unlauterkeit verfällt, und das sollte man dann nicht beginnen. Folglich darf der Mensch, wenn er das rituelle Gebet, das Fasten usw. beginnt, nicht meinen, er werde dies vollenden, da dies ja verborgen ist. Er soll auch nicht die entschiedene Absicht dazu haben, denn es könnte für ihn sittlich wertlos sein. Vielmehr hat er es Gott anheimzustellen (durch obige Formel), um dem Vorwurf der Vermessenheit zu entgehen, oder es davon abhängig zu machen, daß es für ihn sittlich gut sei. Gott der Allerhöchste hat zu seinem hochgebenedeiten Propheten gesagt: [K. 18:23–24] „*Sage nicht von irgend etwas, ich werde dies morgen tun, es sei denn, so Gott will.*"

Nach Meinung der Gelehrten ist das Gegenstück zu dieser Vermessenheit die löbliche Absicht. Sie meinen, es könne dies verschieden erklärt werden, weil derjenige, der eine löbliche Absicht setzt, die Vermessenheit vermeidet. Dies ist der Begriff von der Vermessenheit und der löblichen Absicht. Das Bedürfnis darnach war spürbar, sie zu erkennen, da das ja die eigentliche Wurzel ist. Die Gottseligen haben sie vollständig so umschrieben: Die rechte löbliche Absicht ist der Wille, ein Werk zu unternehmen, wobei man vor den übrigen Handlungen zum Beginn kraft eigener Entscheidung den Willen hat, es zu vollbringen, indem man es Gott überläßt und anheimstellt.

Sagt man: „Warum ist es erlaubt, zu Beginn selbst zu entscheiden, und warum ist es Pflicht, die Vollendung

Gott zu überlassen und ihm anheimzustellen?" — so ist zu erwidern, weil bei Beginn noch keine Gefahr besteht. Siehe, beim Beginn ist es noch nicht von längerer Dauer bei dir, und die Gefahr steht erst fest, wenn es vollbracht wird. Es gibt zwei Gefahren, die im Verlauf der Zeit erst sich einstellen. Da ist die Gefahr beim Zustandekommen, da du ja nicht weißt, ob du es zuwege bringst oder nicht. Dann besteht die Gefahr, daß es sittlich schlecht wird, denn du weißt nicht, ob darin sittlich Gutes liegt oder nicht. Folglich ist es Pflicht, wegen der Gefahr, es nicht vollenden zu können, es Gott zu überlassen (*tafwīḍ*), und wegen der Gefahr, es könne verderben, es Gott anheimzustellen (*istithnā'*). Hat der Wille diese Bedingungen erfüllt, so ist damit die löbliche Absicht gesetzt, und sie kann nicht mehr als Vermessenheit und Unlauterkeit bezeichnet werden. Bedenke dies oft, und dies ist die Sache.

Wisse, es ist eine Burg wider die Vermessenheit, wenn man an den Tod denkt, doch eine doppelte Befestigung ist es, an einen unvermuteten Tod zu denken, der überrumpelt, während man stolz und nachlässig ist. Merke dir dies alles und eigne es dir mit Erfolg an, denn man spürt, daß es notwendig ist, und vergeude keine Zeit mit dem Gerede und den Späßen der Leute — doch Gott führt durch seine Gnade zum Erfolg.

Der Neid aber ist der Wunsch, es mögen die Gnadengaben Gottes des Allerhöchsten an deinem Bruder dem Muslim nebst dessen sittlicher Güte verschwinden. Wenn du nicht wünschen solltest, sie mögen verschwinden, so wünschest du für dich das gleiche, und dies ist ein (neidloser) Wunsch. Dies besagt das Wort des Hochgebenedeiten: „Ich beneide nur wegen zweier Dinge". Es wird also ausgesagt, daß nur hierin der Wunsch bestehe. Man bezeichnet den Wunsch als Neid in weiterem Sinne, weil beide einander nahe kommen. Fehlt hierbei das sittlich Gute und du hast den Wunsch, der andere möge es verlieren, so ist dies Eifersucht. Darin besteht der Unterschied beider Eigenschaften. Der Gegensatz zum Neid aber ist das aufrichtige Verhalten (der Wunsch), daß dein Bruder der Muslim behalte, was Gott der Allerhöchste ihm an sittlichem Gut gnädig gewährt hat.

Sagt man nun: „Wie sollen wir wissen, ob es sich um Gutes oder Böses handelt, so daß wir eine neidische oder aufrichte Haltung haben?" — so wisse: Manchmal ist es uns höchstwahrscheinlich, was dem Wissen gleichkommt. Bist du im Zweifel, so darfst du nur wollen, eine Gnade solle an einem Muslim verschwinden oder solle bleiben, wenn dies Gott überlassen wird und unter der Voraussetzung eines sittlich Guten. Man kann dich dann nicht neidisch nennen, und du hast Nutzen durch aufrichtiges Verhalten. Wenn man daran denkt, welche Hilfeleistung Gott der Allerhöchste Muslimen gegenüber zur Pflicht gemacht, so ist dies ein Schutzwall wider den Neid. Ein doppelter Schutzwall ist es, wenn man sich daran erinnert, wie hoch Gott der Allerhöchste die Rechte des Gläubigen stellt, wie er dessen Rang erhöht hat und welch gewaltige Gnaden er bei Gott im Jenseits hat, ferner welch mächtigen Gewinn du in der Welt durch Hilfeleistung, Unterstützung, Gemeindeversammlungen und Freitagsgottesdienste hast. Dazu kommt, welche Fürsprache wir vom anderen erhoffen nebst dem Übrigen, das zum Wohlverhalten jedem Muslim gegenüber treibt und dich abhält, ihm die Gnade zu neiden, die ihm Gott der Allerhöchste schenkte — und Gott der Gepriesene hilft gnädig zum Erfolg.

Die Übereilung ist die im Herzen festverwurzelte Untugend, die dazu drängt, an eine Angelegenheit beim ersten Einfall ohne Zögern und Erkundigung heranzutreten und sie schleunigst dem Einfall folgend ihn ins Werk setzt. Dessen Gegenteil ist dann die Bedächtigkeit, die im Herzen festverwurzelte Tugend, die zu Vorsicht und Überlegung in den Dingen führt sowie zu Bedachtsamkeit bei deren Verfolgung und beim Tun. Das Gegenteil der Erkundigung ist die Planlosigkeit, worüber unser gottseliger Scheich sagt: „Das Zögern und die Bedächtigkeit unterscheiden sich dadurch, daß man das erstere übe, bevor man die Sache unternimmt, damit klar sei, daß sie recht ist, die letztere habe man darnach, damit sie alle Teile der Handlung einwandfrei mache." Weitere Voraussetzungen der Bedächtigkeit sind, daß man bei den Angelegenheiten die verschiedenen Gefahren bedenke, die dem Menschen begegnen, nebst dem mannigfachen erschreckenden Unheil, das sie bergen, ferner, daß man die Sicherheit bedenke, die im Überlegen und der Sorgepflicht liegt, sowie die Reue und den Vorwurf, die in der Planlosigkeit und Übereilung liegen. Dies und ähnliches führt zur Bedächtigkeit und zum Zögern bei den Dingen und verhindert, daß man planlos und übereilt handle. Und Gott der Allerhöchste hilft zum Schutz durch sein Erbarmen.

Über den Stolz aber wisse: Er ist ein Einfall zur Selbstüberhebung und -verherrlichung, und man ist stolz, wenn man ihm folgt. Demut ist es, wenn man die eigene Niedrigkeit denkt und sich gering schätzt, und man ist demütig, wenn man dem folgt, wobei beides allgemein und besonders sein kann. Demut allgemein ist es, wenn man sich mit geringer Kleidung, Wohnung und Reittier begnügt. Der Stolz als Gegensatz ist es, gerade darin hervorzuragen. Demut im besonderen ist es, wenn man geübt ist, von hoch und nieder das Gebührende hinzunehmen, und wenn man sich darüber erhebt, so ist dies der Gegensatz dazu, der Stolz, eine schwere und gewaltige Sünde. Ein Schutzwall allgemeiner Demut ist es, wenn du deiner Herkunft wie deines Endes gedenkst und in welchem Übel und Unrat du liegst. Es hat jemand gesagt: „Das erste von dir ist ein widerlicher (Samen)tropfen, das letzte ein unreines Aas. Zwischen beiden (kultischen Unreinheiten) stehst du und trägst Unrat mit dir herum." Man bewahrt die Demut besonders, wenn man an die Strafe jemandes denkt, der ständig vom Rechten zum Eitlen abbiegt. Für den Umsichtigen ist dies als Zusammenfassung genügend — und Gott schenkt dabei Erfolg und Hilfe.

Von den leiblichen Genüssen und der Hut davor

Der du nach dem geistlichen Leben strebst, hast auch deinen Bauch zu hüten und zu bessern. Für den Eifrigen ist dies nämlich der am schwersten zu bessernde Körperteil, er erfordert am meisten Mühe und Arbeit und bringt stärksten Schaden und Folgeerscheinung. Er ist ja Quelle und Urhort, von wo Kraft und Schwäche, Zucht und Zügellosigkeit usw. auf die Glieder überströmen. Folglich hast du ihn erstens vor dem Verbotenen und Verdächtigen und zweitens vor Erlaubtem aber Überflüssigem zu hüten. Zweier Dinge wegen mußt du dich des (sittlich und kultisch) Verbotenen und des Zweifelhaften enthalten:

Erstens, um sich vorm Höllenfeuer zu bewahren; Gott der Allerhöchste hat gesagt: [K. 4:10] „*Die da die Güter der Waisen unrechtmäßig essen, die essen sich Feuer in den Leib und gelangen zum Höllenbrand.*“ Der hochgebenedeite Prophet sprach: „Besser ist Feuer als Fleisch, das Unrechtmäßigem entstammt.“

Zweitens: Wer das Verbotene und Zweifelhafte zu sich nimmt, der ist zu verbannen, er stimmt nicht mit der Gottesverehrung überein, so daß also nur der Reine, Geläuterte zum Dienste Gottes des Allerhöchsten taugt. Ich bin der Meinung: Hat nicht Gott der Allerhöchste dem Unreinen verboten, sein Haus zu betreten und dem Befleckten, sein Buch zu berühren? Der Erhabenste sprach: [K. 4:43] „*Nicht als Unreine — es sei denn auf der Reise — bis ihr euch gewaschen habt* (*betet*)“, und ferner: [K. 56:79] „*Nur die Gereinigten sollen es* (*das Buch*) *berühren.*“ Nun sind Unreinheit und Befleckung wohl Geduldetes, wie steht es aber um den, der in den Schmutz des Verbotenen, in die Befleckung durch das Unrechte und Zweifelhafte versunken ist? Wann wird er zum Dienst Gottes des Erhabenen und zum Gedenken des Edlen, Gepriesenen berufen? Beides wird doch nimmer der Fall sein! Der gottselige Yaḥyā ibn Muʿādh ar-Rāzī hat gesagt: „Das pflichtgemäße Werk ist in den Schatzkammern Gottes des Allerhöchsten aufbewahrt, und der Schlüssel hierzu ist das Bittgebet, und dessen Zähne sind das Erlaubte. Ohne Zähne des Schlüssels kann man die Tür der Schatzkammer nicht öffnen, und wie soll man zur darin bewahrten Pflichterfüllung gelangen, wenn die Tür nicht geöffnet ist?“

Das dritte ist: Wer das Verbotene und Zweifelhafte ißt, der ist ausgeschlossen vom guten Werk. Hat er Gelegenheit, ein solches zu verrichten, so wird es zurückgewiesen und nicht von ihm angenommen, so daß er folglich davon nur Sorge, Mühe und Zeitaufwand hat. Der Hochgebenedeite hat gesagt: „Wie mancher, der nachts zum Gebet sich erhebt, hat nur das Wachen davon, wie mancher, der da fastet, hat nur Hunger und Durst!“ Ebenso stammt vom gottbegnadeten Ibn al-'Abbās: „Gott nimmt das Ritualgebet eines Mannes nicht an, der in seinem Inneren Verbotenes birgt.“ Dies ist es.

Das wohl Erlaubte, aber Überflüssige ist jedoch ein Unheil für die Gottesdiener und Sorge für die Eifrigen. Ich habe darüber nachgedacht und zehnerlei Unheil gefunden, die hierbei die Wurzeln sind:

1. Ißt man viel, so verhärtet sich das Herz, und dessen Licht schwindet. Vom hochgebenedeiten Propheten wird das Wort überliefert: „Ertötet nicht die Herzen durch zuviel Essen und Trinken, denn das Herz erstirbt, so wie die Saat durch zuviel Regen.“ Einigen Frommen schien dies gleichsam, als ob ein Topf unter dem Herzen sei, in dem es siedet. Der Rauch steigt zu ihm hinauf und trübt und schwärzt es.

2. Im Übermaß des Essens liegt auch eine Versuchung für die Glieder. Sie werden gereizt und zum Überflüssigen wie Unsittlichen angetrieben. Ist nämlich der Mann sorglos gesättigt, so giert sein Auge nach dem Verbotenen oder Überflüssigen, das ihn nichts angeht, das Ohr darnach, es anzuhören, die Zunge, zu reden, die Schamteile nach Erregung und der Fuß, (dahin) zu gehen. Ist er hungrig, so sind alle seine Körperteile still und ruhig, ohne nach solchem zu gieren und daran zu gehen. Der gottselige Meister Abū Ja'far sagte: „Der Bauch ist ein Körperteil, bei dessen Hungern die übrigen satt sind.“ Das heißt, sie ruhen und verlan-

gen nichts von dir, doch ist er satt, dann hungern die übrigen. Kurz gesagt, Taten und Worte des Mannes hängen von dessen Speise und Trank ab. Geht Verbotenes in ihn ein, so entspringt dem Verbotenes, geht Überflüssiges in ihn ein, dann entspringt dem Überflüssiges, gleich als ob die Speise Saatkorn der Taten sei und die Taten die daraus wachsende Pflanze.

3. Bei viel Essen versteht und erkennt man wenig, denn Eßgier vertreibt Klugheit. Mit Recht hat der gottselige ad-Dārānī gesagt: „Strebst du nach etwas Notwendigem, sei es irdisch oder jenseitig, dann iß nicht, bis du es erledigt hast, denn das Essen (*akl*) ist ohne Verstand (*'aql*)." Dies ist etwas Einleuchtendes, das der erkennt, der es erfahren hat.

4. Bei vielem Essen ist auch das geistliche Leben gering. Ißt der Mensch nämlich viel, so wird sein Körper schwer, seine Augen überwinden ihn, und seine Glieder erschlaffen. Er vermag dann selbst, wenn er sich anstrengt, nichts als schlafen, wie ein weggeworfenes Aas. Man sagt: „Bist du beleibt, so sieh dich als Krüppel an." Vom gebenedeiten Yaḥyā (Johannes d. T.) wird erzählt, daß der Satan vor ihm erschien, Innereien bei sich tragend. Der Jäger hängt sie (als Köder) auf, so daß das Wild in seine Schlinge fällt. Yaḥyā fragte ihn: „Was ist das?", worauf er sprach: „Das sind die Begierden, mit denen ich die Adamskinder jage." Darauf sagte Yaḥyā: „Findest du dabei etwas für mich?" Jener erwiderte: „Nein — nur eines Nachts warst du satt, da erschwerten wir dir das Ritualgebet." Yaḥyā der Gebenedeite meinte: „So darf ich unbedingt mich nie mehr sättigen", worauf Satan versetzte: „Und so darf ich unbedingt nie mehr jemanden beraten." — Dies handelte von einem, der nur in einer Nacht seines Le-

bens sich gesättigt hatte, doch wie steht es mit dem, der zeitlebens keine Nacht hungrig war, doch das geistliche Leben erstrebte? — Der gottselige Sufyān sagte: „Das geistliche Leben ist ein Gewerbe, und dessen Laden ist die Einsamkeit und sein Werkzeug der Hunger."

5. Bei vielem Essen verliert sich der Wohlgeschmack an geistlichem Leben. Der gottbegnadete Abū Bakr, der „Wahrhaftige" genannt, sagte: „Seitdem ich den Islam angenommen habe, bin ich nie mehr satt gewesen, um Wohlgeschmack am Dienste meines Herrn zu finden, und seit ich Muslim bin, habe ich keinen Durst gelöscht, aus Sehnsucht, meinen Herrn zu treffen." Dies sind die Tugenden der „Wissenden", und der gottbegnadete Abū Bakr war ein solcher. Der Hochgebenedeite weist in einem Wort auf ihn hin: „Abū Bakr hat euch nicht durch Beten und Fasten übertroffen, sondern in seiner Seele war etwas, das ihn ernst machte." Von ad-Dārānī gibt es ein Wort: „Wenn mein Bauch an meinem Rücken haftet, so ist dies der angenehmste Gottesdienst."

6. Man läuft dabei Gefahr, ins Verbotene und Zweifelhafte zu fallen. Erlaubtes erhältst du ja nur wenig, und vom hochgebenedeiten Propheten wird das Wort überliefert: „Wahrlich, vom Erlaubten bekommst du nur wenig, doch vom Verbotenen die Fülle."

7. Es gibt Arbeit für Herz und Körper, erstens, es zu erwerben, zweitens es zu bereiten, drittens es zu sich zu nehmen, viertens damit fertig zu sein und es los zu werden, fünftens daß man davon leibliches Wohlsein hat und daß daraus Übel und selbst Krankheiten in der Welt entstehen. Der Hochgebenedeite hat gesagt: „Ursprung aller Krankheit ist schlechte Verdauung, nämlich Unverdauliches, doch Ursprung aller Heilmittel ist

Kargheit, nämlich Hungern und Diät." Von Mālik ibn Dīnār gibt es einen Ausspruch: „Ihr da, oft bin ich zum Abort gelaufen, bis ich mich vor meinem Herrn wegen vielen Essens geschämt habe. O hätte doch Gott meine Nahrung aus Kieseln bereitet, daran zu saugen, bis ich sterbe." Ferner hat man bei all dem nach Weltgut zu suchen, nach den Leuten zu verlangen und verliert Zeit wegen des vielen Essens, solange dies nicht verringert wird.

8. Man bedenke das Jenseits und den heftigen Todeskampf. Es heißt in der Überlieferung, der Todeskampf sei so heftig wie die Genüsse es waren, je mehr man davon hatte, um so heftiger ist jener.

9. Jenseitslohn geht verloren. Gott der Allerhöchste sprach: [K. 46:20] „*Eure Genüsse habt ihr in eurem irdischen Leben erhalten und euch daran ergötzt, daher soll euch nun an diesem Tage mit schmachvoller Strafe vergolten werden, weil ihr zu unrecht euch auf Erden hochmütig benommen und Übles begangen habt.*" In dem Maße du nämlich von irdischen Genüssen genommen hast, um so viel verringern sich die Genüsse des Jenseits. Hierfür gilt das Wort Gottes des Allerhöchsten an den hochgebenedeiten Propheten, als er ihm die Welt darbot: „Ich verkürze dir nichts an deinem Jenseits". Hierdurch hat er ihm ein Vorrecht gewährt, und damit ist bewiesen, daß dies für einen anderen ein Verlust ist, wenn ihn nicht Gott darin bevorzugt. Man erzählt, Khālid ibn al-Walīd habe den gottbegnadeten 'Umar ibn al-Khaṭṭāb bewirtet und ihm Speise bereitet. Da sprach 'Umar: „Dies ist für uns, doch was ist für die Armen und Ausgewanderten, die da starben, ohne sich an Gerstenbrot zu sättigen?" Khālid entgegnete: „Ihrer ist das Paradies, o Fürst der Gläubigen." Da sagte 'Umar: „Wenn sie

denn das Paradies gewonnen haben und dies unser irdischer Anteil ist, so haben sie uns anscheinend an Verdienst übertroffen." Vom gottbegnadeten 'Umar wird berichtet, er habe eines Tages Durst gehabt und nach Wasser gerufen. Da gab ihm ein Mann eine Lederflasche mit Dattelwasser und Früchten. 'Umar setzte es an den Mund und fand das Wasser kalt und süß, da hielt er an und sagte: „Ich lasse es." Der Mann meinte: „Bei Gott, wie Süßes hast du gelassen, Fürst der Gläubigen!", worauf der gottbegnadete 'Umar versetzte: „Weh dir! Das war es, das mich daran gehindert hat: Wäre nicht das Jenseits, so würden wir wie ihr leben!"

10. Gedenke des bangen Wartens (auf das göttliche Urteil), der Abrechnung, des Tadels und der Beschämung, weil man durch Aufnahme des Überflüssigen und das Streben in Leidenschaft gutes Verhalten außer acht gelassen hat. Das erlaubte Weltgut nämlich unterliegt der Abrechnung, das verbotene der Strafe, und seine Zier geht verloren.

Dies sind alle zehn, und eine davon genügt dem, der sich selbst beobachtet. Dir als Eifrigem liegt es ob, dich mit der Speise vollständig in acht zu nehmen, damit du nicht ins Verbotene und Zweifelhafte gerätst und straffällig wirst. Ferner hast du dich auf das zu beschränken, was als Mittel zum geistlichen Leben dient. So verfalle nicht ins Böse, um nicht in der bangen Erwartung zu bleiben — und Gott hilft zum Erfolg.

Sagst du nun: „Erkläre uns einzeln, was verboten und zweifelhaft heißt", — so sage ich: Beim ewigen Gott — darüber haben wir genügend in „Innerer Sinn der religiösen Handlungen" gehandelt und dem ein eigenes Buch in „Wiederbelebung der Religionswissenschaften" gewidmet [s. Ind. S. 58 ff.]. Wir weisen aber auf einige Worte hin, weil sie dem Verständnis des schwachen Anfängers dienen. Der Zweck dieses Buches ist es ja, dem Anfänger im geistlichen Leben zu nützen und dem Strebenden zu helfen. Ein Gelehrter hat gesagt: „Alles, wovon du sicher bist, daß es Eigentum eines anderen sei, und das (zu nehmen) durch göttliches Gesetz untersagt ist, ist schlechthin Verbotenes. Weißt du es aber nicht genau, doch spricht deine Meinung dafür, daß es so ist, dann ist es zweifelhaft." Andere meinen, das schlechthin Verbotene sei das Erkannte oder das am stärksten Vermutete, denn eine starke Vermutung kommt nach unserer Meinung bei vielen Urteilen einem Wissen gleich. Falls aber die beiden Gewissensurteile gleich sind, so bist du weiterhin unschlüssig und kannst keinem von beiden zustimmen, und dies ist ein Zweifel. Es scheint sowohl erlaubt wie verboten zu sein, wobei dir die Sache zweifelhaft und ihr Verhältnis zweideutig ist. Ferner ist es entschieden Pflicht, das schlechthin Verbotene zu meiden und im Zweifelsfall Gottesfurcht und Bedacht (*waraʿ*) zu üben. Unseres Erachtens ist dies das erste Gesetz.

Sagst du nun: „Was meinst du über die Annahme von Geschenken der Herrscher in unserer Zeit?", — so wisse, daß die Gelehrten hierüber verschiedener Meinung sind. Eine Gruppe sagt, man könne alles nehmen, von dem man nicht sicher ist, daß es Verbotenes ist. Andere meinen, es sei verboten, etwas zu nehmen, von dem nicht sicher feststeht, daß es Erlaubtes ist, denn die meisten Güter der Herrscher in unserer Zeit sind Verbotenes. In deren Händen befindet sich gar nicht oder nur selten Erlaubtes (*ḥalāl*). Eine Gruppe sagt, Zuwendungen seitens der Herrscher an Arme wie Reiche seien erlaubt, soweit deren Unerlaubtheit nicht feststeht, da der Geber die Folgen trägt. Sie sagen nämlich, daß der Hochgebenedeite vom Muqauqas, dem König von Alexandrien, ein Geschenk angenommen und von den Juden geliehen habe, obwohl Gott sprach: [K. 5:42] „*Sie verzehren, was verboten ist.*" Sie geben an, daß eine Anzahl der Genossen des Propheten die Tage der ungerechten (Imāme) erlebt und von ihnen Geschenke angenommen haben. Zu diesen gehören alle die gottbegnadeten Abū Hurayra, Ibn ʿAbbās, Ibn ʿUmar u. a. m. Andere vertreten die Ansicht, weder Armen noch Reichen sei etwas von deren Gütern erlaubt, da sie ja durch Unrecht gebrandmarkt sind und ihr Vermögen meist Verbotenes und unrechtmäßig Erworbenes ist. Da man nun nach dem Großteil (davon) zu urteilen hat, so ist es Pflicht, sich dessen zu enthalten. Wieder andere meinen, dem Armen, nicht dem Reichen, sei es erlaubt, das nicht sicher als verboten Erwiesene (anzunehmen), ausgenommen, der Arme weiß, daß es der Gewalttat entstamme. Er darf es demnach nicht annehmen, außer er stattet es dem rechtmäßigen Besitzer zurück. Der Arme ist schuldlos, wenn er vom Vermögen des Herrschers etwas annimmt, denn wenn es als Herrscherbesitz dem Armen gegeben wird, so darf er es ohne Zweifel annehmen. Entstammt es der Kriegsbeute oder dem Zehnten, dann haben sowohl der Arme wie der Religionsdiener Anspruch darauf. Der gottbegnadete ʿAlī ibn Abī Ṭālib hat gesagt: „Wer willig den Islam annimmt und öffentlich den Koran rezitiert, dem stehen aus der Staatskasse der Muslime jährlich zweihundert Dirham zu." Man überliefert auch: „Zweihundert Dinare, nimmt er sie sich dann im Jenseits." Ebenso verhält es sich mit dem Armen und dem Gelehrten, die erhalten, was ihnen zusteht. Man sagt auch: Wenn das

Vermögen mit Geraubtem vermengt ist, so daß es nicht mehr unterscheidbar ist, oder, falls es Geraubtes ist, das dem Besitzer oder dessen Nachkommenschaft nicht mehr zurückerstattet werden kann, dann hat der Herrscher niemanden, der ihn freispricht, es sei denn er verwendet es für Almosen. Hat Gott ihm nicht befohlen, dem Armen milde Gabe zu spenden, und hat er etwa dem Armen untersagt, diese anzunehmen, oder hat er dem Bedürftigen die Annahme erlaubt, obwohl es ihm eigentlich Verbotenes ist? Der Arme hat demnach das Recht zur Annahme, wobei Raubgut und Verbotenes ausgenommen sind, das er nicht entgegennehmen darf. In diesen Fragen kann man nur weitläufig mit genauer Erörterung Gutachten abgeben, die über dieses Buch hinausgehen. Willst du dir hierüber Kenntnis verschaffen, so lies das Buch „Vom Erlaubten und Verbotenen" in der von uns verfaßten „Wiederbelebung der Religionswissenschaften", wo du es erläutert und klargelegt findest — so Gott der Allerhöchste es will.

Sagst du nun: „Was meinst du über Geschenke von Händlern und dergleichen? Muß ich sie zurückstellen und nachforschen, wenn ich schon weiß, wie sie ohne zu wiegen verkaufen und wenig auf ihr Tun achten, und ebenso über Gaben der (Sufi)brüder?", — so lautet die Antwort: Du brauchst dir keine Sorge darüber zu machen, ein Geschenk oder ein Almosen anzunehmen, falls der Mensch äußerlich rechtlich und wohlanständig ist, noch hast du nachzuforschen, indem du sagst: „Die Zeit ist böse." Dies wäre nämlich Argwohn diesem Muslim gegenüber, da es doch befohlen ist, über den Muslim gut zu denken.

Erkenne weiters den Grundsatz dieses Abschnittes, bei dem es sich um zweierlei handelt: Erstens, was befiehlt das göttliche Gesetz, und worin liegt dessen äußerer Sinn, und zweitens, was befiehlt der Bedacht (*wara'*), und was ist dessen Wahrheit? Die Gesetzesweisung besagt, daß du von jemandem, der äußerlich rechtschaffen ist, annimmst, was du bekommst, ohne weiteres nachzuforschen, es sei denn, du weißt sicher, daß es Geraubtes oder in sich Verbotenes ist. Der Bedacht jedoch befiehlt dir, von niemandem etwas anzunehmen ohne genaueste Erkundigung und sorgfältigste Befragung, ehe du darüber Sicherheit hast, daß daran nichts Verdächtiges ist, andernfalls es zurückzugeben.

Vom gottbegnadeten Abū Bakr dem „Wahrhaftigen" wird uns berichtet, einer seiner Sklaven brachte ihm Milch, die er trank. Da sagte ihm der Sklave: „Wenn ich dir etwas bringe, so fragst du mich darnach, doch warum befragst du mich nicht über diese Milch?" Er sprach: „Nun, was ist deren Geschichte?", worauf jener sagte: „Ehe ich zum Islam übertrat, habe ich Leute bezaubert, und so gaben sie mir dies." Darauf erbrach der gottbegnadete Abū Bakr der „Wahrhaftige" die Milch mit den Worten: „Mein Gott, soviel stand in meiner Macht, doch was in meinen Adern blieb, das geht auf deine Rechnung." [S. Bauer. S. 7] Dies beweist dir, daß man pflichtgemäß über das nachforschen muß, was dem vorausgegangen war, wenn du über den Bedacht nachdenkst. Dies ist es.

Fragst du, ob der Bedacht dem göttlichen Gesetz und dessen Weisung zuwider laufe?, — so wisse, daß das göttliche Gesetz ganz auf Erleichterung und Duldung eingestellt ist, weshalb der hochgebenedeite Prophet gesagt hat: „Ich bin mit der milden Religion gesandt worden." [W. I. 522] Bedacht ist auf Strenge und Behutsamkeit eingestellt, so wie man gesagt hat:

„Für den Gottesfürchtigen ist das Gebot enger als die Schlinge bei der (arabischen) Ziffer neunzig.“ Sodann gehört der Bedacht auch zum göttlichen Gesetz, und beide haben gleichen Ursprung. Das göttliche Gesetz gibt jedoch zwei Weisungen, eine ist mildernd, die andere verdienstlicher, vorsichtiger. Das Gestattete nennt man „gesetzliche Weisung“, das Verdienstlichere, Vorsichtige „Weisung des Bedachtes“ (Tutiorismus). Trotz des Unterschiedes sind sie gleichen Ursprunges. Erkenne dies als Verständiger — wenn Gott der Allerhöchste es will.

Sagst du nun: „Wenn es möglich ist, sich über alles zu erkundigen und zu befragen, so gereicht das, was wir in unserer Zeit annehmen, uns zum Übel. Wer Bedacht übt, dem ist die Sache überhaupt nicht möglich, und so muß er einen Bescheid haben, der ihn zur Pflichterfüllung führt“, — so wisse: Der Weg des Bedachtes ist hart, und wer ihn wandeln will, muß es auf sich nehmen, sich und sein Herz daran zu gewöhnen, Härte zu ertragen, sonst bringt er es nicht zustande. Daher sind viel Bedachtsame und Altvordere in das Libanongebirge usw. gezogen und haben ihre Nahrung auf Wildkräuter und unschmackhafte Früchte beschränkt, die gar nichts Verdächtiges an sich hatten. Wer nun so hoch strebt, die Stufe höchsten Bedachtes zu erreichen, der muß Härten ertragen, dabei ausharren und den Weg jener (Genannten) ziehen, um zu deren Stufe zu gelangen.

Bleibt er aber unter den Leuten und verzehrt, was sie von Hand zu Hand reichen, so soll dies ihm wie ein Aas sein, an das er nur notgedrungen herantritt. Ferner soll er nur soviel entgegennehmen, als er zur Pflichterfüllung braucht. Er hat so dabei eine Entschuldigung, und es ist ihm nicht schädlich, selbst dann, wenn es ursprünglich zweifelhaft ist, denn Gott der Allerhöchste kann eher vergeben. Der gottselige Ḥasan al-Baṣrī hat darum gesagt: „Mag der Marktbetrieb unrecht sein, so habe ich doch Nahrung nötig." Und vom gottseligen Wahb ihn al-Ward wurde mir erzählt, er habe ein, zwei oder drei Tage gehungert. Dann nahm er ein Brot und sagte: „O mein Gott, du weißt, ich habe nicht die Kraft zum Gottesdienste und fürchte die Schwäche wie den Schmerz, sonst würde ich nicht essen. O mein Gott, ist hierin etwas Böses oder Verbotenes, so nimm es nicht übel auf." Sodann befeuchtete er den Brotleib mit Wasser und aß ihn. Nach meiner Meinung sind dies die Wege der höchsten Klasse der Bedachtsamen, soweit wir es kennen. Aber abgesehen von ihnen, muß man eine gewisse Vorsicht üben und nachforschen, somit übt man auch Bedacht, soweit man es erträgt, und erlangt, was man erstrebt. Doch Gott der Allerhöchste läßt den Lohn des Guttäters nicht verloren gehen, und „*er weiß ja, was sie tun*" [K. 12:19].

Wenn man sagt: „Dies ist das Feld des Verbotenen (*ḥarām*), gib uns Kunde vom Erlaubten (*ḥalāl*) und wo die Grenze des Überflüssigen liegt, die da bange Erwartung (des Urteiles) erfordert, und wieweit es für den Menschen sich schickt, davon zu nehmen, dann was nicht überflüssig ist und darum nicht bange Erwartung und Rechenschaft nach sich zieht!" — so wisse: Beim Erlaubten (*mubāḥ*) handelt es sich um dreierlei:

Erstens, wenn der Mensch es sich prahlerisch, reichlich, hochmütig und augendienerisch aneignet, so ist dies eine abscheuliche Handlung und Böses, so daß sie ihrem Äußeren nach bange Erwartung, Abrechnung, Tadel und Beschämung erfordert. Dem inneren Wesen nach ist sie abscheulich und böse, und dies besteht im Zuviel und im Prahlen. Dies erfordert das Höllenfeuer, weil ja dabei Auflehnung und Sünde beabsichtigt wird nach dem Wort des Allerhöchsten: [K. 57:20] „*Wisset, das irdische Leben ist nur Spiel und Tändelei, unter euch Prunken und Prahlerei, Verlangen nach Mehr an Kindern und Gütern. Sie sind wie der Regen, dessen (nachfolgender) Pflanzenwuchs die Ungläubigen erfreut, dann wächst es heran, und du siehst es gelb werden, sodann ausdörren — und im Jenseits ist die Strafe hart.*" Der hochgebenedeite Prophet hat gesagt: „Wer das Weltgut als etwas Erlaubtes sucht, dabei sich brüstet, nach Mehr verlangt, prahlt und heuchelt, der begegnet Gott, der ihm zürnt, und was er dabei in seinem Herzen bezweckt, dem gilt die Drohung."

Die zweite Art ist, wenn man das Erlaubte aus lauter Begierlichkeit zu sich nimmt. Dies ist Bosheit, die bange Erwartung und Abrechnung erfordert nach des Allerhöchsten Wort: [K. 102:8] „*An jenem Tage werdet ihr wohl wegen eurer Wollust befragt werden.*" — Der Hochgebenedeite hat gesagt: „Es ist über das Erlaubte abzurechnen."

Die dritte Art ist, daß man soviel Erlaubtes berechtigtermaßen an sich nimmt, als man zur Verehrung Gottes des Allerhöchsten braucht und sich damit begnügt. Hierin liegt Gutes, Wohltat und Schicklichkeit, die Abrechnung und Strafe nicht kennen. Vielmehr zieht dies Belohnung und Lob nach sich nach dem Wort des Allerhöchsten: [K. 2:202] „*Diese erhalten einen Anteil an dem, das sie verdient haben.*" Der Hochgebenedeite hat gesagt: „Wer erlaubtes Weltgut erstrebt, sich der Streitfrage enthält, dem Nächsten wohlgesinnt ist und sich seiner Kinder wegen anstrengt, dessen Antlitz wird am Tage der Auferstehung gleich dem Mondlicht in der Vollmondnacht sein." Dies kommt daher, weil er jenen Zweck im Auge hatte, der vor Gott dem Gepriesenen lobenswert ist. Dies ist es, und erkenne es.

Wenn man sagt: „Unter welchen Bedingungen wird aus dem Gestatteten etwas sittlich Gutes und Wohltat nach eurer Darlegung?", — so wisse: Im Grunde bedarf es, um sittlich gut zu sein, zweier Bedingungen: Eine ist die Sachlage, die andere die Absicht. Die Sachlage ist die, daß es verantwortet wird, denn nimmt er nämlich (das Erlaubte) nicht an sich, so trägt er die Folgen. Die Erklärung ist hierfür folgende: Seine Lage ist bei Nichtannahme jenes Erlaubten so, daß er dadurch an (Ausübung) von Pflicht oder Löblichem oder Überpflichtigem gehindert wird, und letzteres ist doch verdienstlicher als auf erlaubtes Weltgut zu verzichten, wenn dieser Verzicht auf Weltgut auch Tugend ist. Ist die Sachlage so, dann verantwortet er es.

Die (gute) Absicht ist es aber, daß er damit Mittel und Hilfen zur Verehrung Gottes des Gepriesenen im Auge hat. Dies besteht darin, daß er sich in seinem Herzen überlegt, er würde es nicht nehmen, läge darin nicht eine Förderung der Verehrung Gottes des Gepriesenen, er denkt also an den Grund (des Handelns). Bedenkt er dies bei Übernahme der Verantwortung, so ergibt sich aus der Annahme jenes erlaubten Weltgutes sittlich Gutes, Wohltat und rechtes Verhalten. Wäre er aber verantwortungsbereit ohne Absicht und Bedenken oder hätte er letztere ohne das erstere, so wäre die Annahme nicht sittlich gut. Es erfordert Tiefblick und allgemeine Absicht, standhaft dieses Wohlverhalten zu bewahren und überhaupt Weltgut nur als Mittel zur Verehrung Gottes des Allerhöchsten anzunehmen. Dies geht so weit, daß er bei Versäumnis des Grundes zum Handeln zu gedenken, diese allgemeine Absicht setze, anstelle jene nachzuholen. Unser gottseliger Scheich sagte: „Die drei Dinge werden gültig, jedes einzelne ist darin irgendwie enthalten. Das heißt, damit das eigentlich sittlich Gute zustande komme, sind Bedenken und (verantwortungsbewußte) Haltung gültig. Um dabei zu verharren ist es gültig, die allgemeine Absicht zu haben, die erforderlich ist, wenn man die Stufe des Wohlverhaltens genau erkennt. Erkenne dies als Verständiger."

Wenn man sagt: „Wenn man nun erlaubtes Weltgut voll Gier annimmt, ist dies dann sündhaft und erfordert es Strafe? Ist es Pflicht, nimmt man es an, dabei die Verantwortung zu übernehmen?", — so wisse: Dies ist eine Tugend, die wir als sittlich gut und vorzüglich bezeichnen. Es handelt sich dabei um ein Gebot mit erzieherischem Zweck. In gieriger Weise zu nehmen ist etwas Übles und eine ungute Tat, die unter Tadel und Zurechtweisung untersagt ist, doch ist es keine Sünde, die Höllenfeuer nach sich zieht, sondern nur die peinvolle Erwartung, Rechenschaft, Tadel und Beschämung.

Sagst du: „Was ist die bange Erwartung (*ḥabs*) sowie die Abrechnung, die den Menschen bedrängen?", — so wisse: Die Abrechnung besteht darin, daß du am Tage der Auferstehung nach dem befragt wirst, was du erworben, was du aufgewendet hast und was dabei deine Absicht war. Die „bange Erwartung" (*ḥabs*, Haft) bedeutet, daß man vom Paradies ausgeschlossen bleibt, solange die Abrechnung dauert, und das heißt ja, nackt und durstig sein im Ödland der Auferstehung während deren Schrecken und Ängstigungen.

Wenn man sagt: „Hat uns Gott dieses Erlaubte gestattet, warum wird man dann getadelt und beschämt, wenn man es nimmt?", — so wisse: Man wird beschämt und getadelt, weil man die Schicklichkeit unterlassen hat, so wie es jemandem geht, der zur Tafel des Königs geladen, auf Schicklichkeit nicht achtet und daher Tadel und Beschämung erlebt, wiewohl es ihm erlaubt war, zu essen. Der eigentliche Grund hierfür ist, daß Gott der Allerhöchste den Menschen zu seinem Dienste erschaffen hat und dieser in jeder Beziehung Diener Gottes des Allerhöchsten ist. Demnach kommt es dem Diener zu, Gott dem Allerhöchsten in jeder Beziehung zu dienen und daß er alle seine Werke in allen Dingen, soweit er es vermag, zum Gottesdienst mache. Tut er dies nicht, zieht er die Begierde vor und läßt sich dadurch vom Dienste seines Herrn, trotz Könnens und ohne Entschuldigung, ablenken, so verdient er dadurch Tadel und Beschämung. Diese Stätte ist das Haus des Dienstes und der Gottesverehrung, nicht ein Haus zu Genuß und Begierlichkeit. Überdenke diesen eigentlichen Grund als Verständiger — und es gibt keine Macht und keine Kraft außer bei Gott dem Gewaltigen. Dies wollten wir dir kurz zusammengefaßt über die Besserung der Seele und deren Zähmung durch Gottesfurcht sagen. Beachte dessen Wahrheit und merke es dir ernstlich, so gewinnst du viel Gutes in den beiden Welten, so Gott der Allerhöchste es will — und Gott hilft durch seine Gnade zu Schutz und Erfolg.

Es liegt dir, o Mann, ob, diese gewaltige, lange Steigung zu überwinden, denn sie ist die anstrengendste und birgt am meisten Mühsal, Unheil und Anfechtung. Alle Geschöpfe nämlich, die ins Verderben geraten, sind vom Weg der Wahrheit abgekommen, sei es durch die Welt, die Menschen, Satan oder die Begierlichkeit.

Wir haben schon in den von uns verfaßten Büchern wie „Wiederbelebung der Religionswissenschaften", „Der innere Sinn" und „Die Annäherung an Gott" das behandelt, was anregt, hierfür zu sorgen. Der Zweck dieses Buches aber ist, daß ich Gott gebeten habe, mir Einsicht zu geben, wie die Triebseele zu behandeln sei, daß ich mich bessere und es mir zum Heile sei. Ich habe dieses ausgezeichnete Buch in Punkte zusammengefaßt, in knapper Sprache, reich an Begriffen, die dem nützen, welcher sie betrachtet, und auf den klar erkennbaren Weg bringen, wenn Gott der Allerhöchste es will. Der jetzige Abschnitt nun handelt besonders darüber, wie man sich zu Welt, Menschen, Satan und Begierlichkeit stellen soll.

Bei der Welt ist es nötig, daß du dich vor ihr in acht nimmst und in ihr Enthaltung (*zuhd*) übst. Drei Dinge sind nämlich hier enthalten: Entweder gehörst du zu den Einsichtigen und Klugen, so genügt dir, daß die Welt Feind Gottes des Gepriesenen ist, während Er dein Freund und Helfer ist, und daß die Welt deiner Vernunft widerspricht, während die Vernunft dein wertvolles Gut ist. Gehörst du aber zu den Strebenden und Eifrigen bei der Verehrung Gottes des Allerhöchsten, so genügt dir, daß die Welt ihr Unheil soweit gebracht hat, daß sie dich abhält, jenen Dienst Gottes zu wollen, und daß sie dich vom geistlichen Leben und vom Guten ablenkt, gibst du dich in Gedanken mit ihr ab, und wie ist sie erst in sich selber! Gehörst du aber zu den Sorglosen ohne Tiefblick, so siehst du die Wahrheiten, hast jedoch keine Sorge, die dich zum Edlen antreibt. Da genügt es dir sodann, daß die Welt nicht ewig ist, entweder du verläßt sie oder sie verläßt dich nach dem Worte al-Ḥasans (von Basra): „Wenn dir auch die Welt bleibt, so bleibst du doch nicht ihr, was nützt es dir also, nach ihr zu verlangen?"

Wie schön hat jemand gesagt:

„Nimm die Welt an, umsonst wird sie dir zugeführt!
Ist dies nicht der Weg zum Untergang?
Was erhoffest du von einem Wohlleben, das kein Bleiben hat?
Etwas Flüchtiges ist's, das die Nächte verändern!
Was anders als ein Schatten ist deine Welt,
der dich beschattet, dann aber den Weiterzug ansagt?"

Der Verständige sollte sich daher nicht von ihr betrügen lassen, und mit Recht sagt ein Dichter:

„Lästige Traumbilder, dem Schatten gleich, der da schwindet!
Wahrlich, den Weisen betrügt solcherlei nicht!"

Bezüglich des Satans möge dir genügen, was Gott der Allerhöchste zu seinem hochgebenedeiten Propheten Muḥammad sagte: [K. 23:97–98] *„Sprich: Mein Herr, ich flüchte zu dir vor den Einflüsterungen des Satans — und meine Zuflucht nehme ich zu dir, mein Herr, daß sie mir nicht nahen."* Es muß also dieser (der Prophet) als größter Guttäter, Weisester, Verständigster und Tugendreichster aller bei Gott sich vor dem Übel des Satans an Gott um Hilfe wenden — um wieviel mehr du mit deiner Unwissenheit, Mangel und Achtlosigkeit!

Was die Menschen anlangt, so möge dir hierfür folgendes genügen: Gibst du dich mit ihnen ab und stimmst mit ihnen in ihren Leidenschaften überein, so versündigst du dich und verdirbst dir dein Jenseits. Falls du ihnen aber widersprichst, dann erschöpfen dich ihre Quälereien und Unfreundlichkeiten, und sie vergällen dir deinen Anteil an der Welt. Ferner bist du nicht sicher davor, daß sie dich in ihre Streitigkeiten und Feindschaften ziehen und du so in deren Unheil gerätst. Wenn sie dich nämlich loben und preisen, so fürchte ich Eitelkeit und Anfechtung für dich, und falls sie dich tadeln und geringschätzen, so fürchte ich, daß du bald trauerst, bald zürnst wegen etwas, das nicht Gott ist — beides wäre ja verderbliches Unheil! Denke dann an dein Verhältnis zu ihnen, wenn du drei Tage im Grabe liegst, wie sie dich verlassen, meiden und vergessen, dich kaum erwähnen, als hättest du weder sie noch sie dich einen einzigen Tag gesehen, und so bleibt da nur Gott der Gepriesene. Ist es nicht grobe Nachlässigkeit, deine Tage mit diesen Leuten zu verlieren, die wenig treu sind und mit denen du nur kurze Zeit verbringst! Dazu gibst du den Dienst Gottes des Allerhöchsten auf, dem allein alles gehört und der dir in alle Ewigkeit bleibt, dessen man bei allem bedarf und auf den allein in jeder Lage Sicherheit und Schutz bei Widerwärtigkeit und Schrecken beruht, auf ihm, dem Einen, der keinen Genossen hat! Bedenke dies wohl, o Armer, vielleicht wirst du rechtgeleitet, wenn Gott der Allerhöchste es will — und Gott ist Helfer und führt durch seine Gnade.

Was die Triebseele anlangt, so möge dir genügen, wie sie sich verhält, wie schlecht ihr Wollen und ihre üble Wahl sind, die du bemerkst. Bei der Begierde ist sie ein Tier, im Zorn ein Löwe, im Unglück zeigt sie sich dir wie ein kleines Kind, im Glück wie ein Pharao, beim Hungern wie irrsinnig, ist sie satt, so ist sie selbstbewußt. Sättigst du sie, so ist sie vergnügt und lustig, läßt du sie hungern, so schreit und jammert sie. Sie ist wie jemand sagt:

„Wie der schlimme Esel — wenn du ihn sättigst,
versetzt er den Leuten Tritte — ist er hungrig,
so brüllt er."

Mit Recht hat ein frommer Mann gesagt: „Für die Dummheit und Bosheit der Triebseele gehört es sich, wenn sie der Sünde zustrebt und zur Begierde getrieben wird, daß du sie davon abwendest und ihretwegen bei Gott dem Gepriesenen bittest, dann durch seinen hochgebenedeiten Gesandten und alle seine Propheten, durch sein Buch und alle frommen Altvordern unter seinen Dienern, sodann, daß du ihr Tod, Grab, Auferstehung und Höllenfeuer vorhältst. Sie läßt sich nicht einschränken, noch gibt sie die Begierde auf. Wenn du ihr noch damit begegnest, ihr einen Brotlaib zu versagen, dann wird sie ruhig und läßt von der Gier ab. So lernst du ihre Niedrigkeit und Unvernunft kennen. Sei auf der Hut, o Mann, sie zu übersehen, denn sie ist so wie ihr erhabener Schöpfer, der sie kannte, gesagt hat: [K. 12:53] *‚Wahrlich, die Triebseele (nafs) verführt zum Bösen.‘*" Für den Einsichtigen genügt der Hinweis hierauf.

Von einem frommen Manne, dem gottseligen Aḥmad ibn Arqām al-Balkhī wird uns erzählt, er habe gesagt: „Meine Seele stritt mit mir wegen des Auszugs zum Glaubenskrieg. Da sprach ich: ‚Gott sei gepriesen, Gott hat doch gesagt: *„wahrlich, die Triebseele verführt zum Bösen"*, doch diese hier befiehlt mir etwas Gutes, doch dies wird ewig nicht sein!‘ Sie wurde aber ärgerlich, wollte mit Leuten zusammentreffen, ihnen zuzuhören und bei ihnen zu verweilen, die mit Ehren, Freundlichkeit und Gunst empfangen. Da sagte ich ihr: ‚Kein blühendes Land soll dich gastlich aufnehmen, noch soll es dich aufnehmen, wo das frische Mähnengras gedeiht!' Da hatte sie Entgegnungen. Doch ich mißtraute ihr und versetzte: ‚Gottes Wort ist das wahrhaftigste. Ich werde ungepanzert gegen den Feind kämpfen, so wirst du zu allererst getötet.' Da entgegnete sie (wobei ich ihr mißtraute) und nannte viele Dinge, die sie wünschte, als Erwiderung. Ich sprach: ‚O Herr, warne mich vor ihr, ich habe sie im Verdacht und glaube dir.' Da erschien sie, als ob sie sagte: ‚O Aḥmad, du tötest mich alle Tage mehrmals, weil du ablehnst, was ich begehre, und mir widersprichst, ohne daß es jemand bemerkt. Wenn du kämpfest, wirst du einmal getötet, und ich werde von dir gerettet. Die Leute werden davon hören und sagen, Aḥmad sei als Blutzeuge gestorben, und ich werde dann in Ehren genannt.' Da setzte ich mich nieder und zog in jenem Jahre zu keinem Glaubenskrieg aus." Sieh wie stolz und trügerisch die Triebseele ist, sie will den Leuten noch nach dem Tode mit einer Tat unter die Augen treten, die noch nicht geschehen ist!

Wie schön hat doch jemand gesagt:

„Überwache deine Triebseele, vor deren Unheil
du nicht sicher bist,
denn die Triebseele ist schlimmer als siebzig
Teufel."

So merke auf — Gott sei dir barmherzig gegenüber dieser Betrügerin — die zu Bösem verführt —, gewöhne dein Herz daran, ihr in jeder Lage zu widerstehen, so bist du heil, wenn Gott der Allerhöchste es will. Du mußt sie also durch Gottesfurcht zügeln, die das einzige Gegenmittel dafür ist.

Wisse, es handelt sich hier um einen wesentlichen Grundsatz, das geistliche Leben hat nämlich zwei Seiten: Es wird etwas erworben und auf etwas verzichtet. Erwerb geschieht durch Übung guter Werke, der Verzicht ist, sich der Widersetzlichkeiten und Übeltaten zu enthalten, und dies ist Gottesfurcht. Auf alle Fälle ist der Verzicht sicherer, dienlicher, vorzüglicher und edler für den Gottesdiener als der Erwerb. Daher befassen sich die Anfänger im geistlichen Leben, die sich noch auf der ersten Stufe abmühen, mit dem Erwerb. All ihr Streben ist auf Fasten am Tage, Gebetswache bei Nacht usw. gerichtet. Die aber im geistlichen Leben fortgeschritten sind, die hellsichtigen, üben die Enthaltsamkeit. Ihr Streben richtet sich darauf, das Herz vor der Neigung zu etwas zu bewahren, das nicht Gott ist, und den Leib vorm Überflüssigen, ihre Zungen vor Geschwätz und ihre Augen vor dem Blick auf etwas für sie Nichtiges. Der zweite der Gottesdiener, deren es sieben waren, sprach zu Yūnus (Jonas) „O Yūnus, es gibt Leute, denen das Ritualgebet lieb ist, dem sie nichts vorziehen, es ist ja Grundpfeiler des geistlichen Lebens und des Feststehens in Gott, der Wahrhaftigkeit, des demütigen Flehens und des ernsten Betens. Andere wieder lieben das Fasten, dem sie nichts vorziehen, andere das Almosenspenden, das ihnen über alles geht. Nun, Yūnus, diese Gepflogenheiten erkläre ich dir: Während deines Ritualgebetes sei geduldig im Mißgeschick und ergib dich in den Willen Gottes des Erhabenen und Mächtigen. Während du fastest, sprich nichts Böses. Gib dein Almosen, indem du niemandem etwas zuleide tust, denn nur dadurch machst du dein gutes Werk besser und fastest reiner. So weißt du nun, daß die Enthaltsamkeit besser ist, wenn man sie beachtet und in ihr eifrig ist. Wenn du dann beide Dinge zusammen erlangt hast, Erwerb (Leistung) und Enthaltsamkeit, so ist deine Sache vollkommen, und du hast erreicht, was du wolltest, bist sicher und hast gewonnen. Solltest du nur eines der beiden Dinge erreichen, so sei es die Enthaltsamkeit, da bist du sicher, auch wenn du nichts gewonnen hast. Hast du aber beides verloren, dann ist es dir nutzlos, mühselig nachts zu wachen, denn du machst es nutzlos durch einen einzigen Willensakt. Und was hast du vom Fasten einen ganzen Tag lang, wenn du es durch ein einziges Wort verdirbst?"

Vom gottbegnadeten Ibn 'Abbās wird uns erzählt, man habe ihm gesagt: „‚Was hältst du von zwei Männern, von denen der eine stark im Guten wie im Bösen, der andere in Gut und Böse schwach ist?' Er versetzte: ‚Ich halte nichts für wertvoller als das Gesunde.'" — Ein Gleichnis für das Gesagte ist die Lage des Kranken, und zwar so, daß die Behandlung des Kranken eine zweiteilige ist, eines ist die Arznei, das andere die Enthaltsamkeit. Enthaltsamkeit ist ihm nämlich dienlicher, da Arznei nutzlos ist, wird die andere unterlassen, noch nützt Sichenthalten ohne Arznei. Der Hochgebenedeite hat gesagt: „Wurzel jeder Arznei ist die Diät." Das bedeutet — und Gott weiß es besser —, daß sie jede Arznei entbehrlich macht. Man sagt daher, daß die Inder als Behandlung gern dem Kranken Essen, Trinken und Reden für viele Tage verbieten und er dadurch allein heil und gesund wird. Aus all dem ist dir klar geworden, daß die Gottesfurcht Grundlage und Wesen der Sache ist und daß, die sie besitzen, die höchste Klasse der Gottesdiener bilden. Du hast dich nun hierin zu bemühen und alle Sorgfalt darauf zu richten — und Gott der Gepriesene hilft zum Erfolg durch sein Erbarmen.

Dann werden folgende vier Körperteile nochmals behandelt, welche die Grundlagen bilden:

1. Das Auge. — Es genügt dir, daß der Mittelpunkt für Religion und Welt im Herzen liegt und daß die Gefahr, der Anreiz und die Verderbnis meist durch das Auge kommen. Daher hat der gottbegnadete ʻAlī gesagt: „Wer sein Auge nicht beherrscht, der hat nichts an Wert für das Herz."

2. Die Zunge. — Es genügt, daß darin all dein Gewinn und Vorteil, die Frucht deines Mühens und Strebens um das geistliche Leben und die guten Werke liegen. Jedoch besteht die Gefahr, daß die Zunge es durch Verstellung, Augendienerei und üble Nachrede entwertet und verdirbt. Durch ein einziges Wort verlierst du das, wofür du dich ein Jahr oder auch je fünf oder zehn abgemüht hast. Man sagt daher: „Wer verdient mehr des langen Zurückhaltens als die Zunge?" Man erzählt auch, einer der sieben Gottesdiener habe zum gebenedeiten Yūnus gesagt: „O Yūnus, wenn die Gottesdiener sich im geistlichen Leben Mühe geben, so nehmen sie es doch gar nicht in acht." In einem langen Kapitel über die Ausdauer verbreitete er sich über den Verzicht auf Reden, sodann wiederholte er dies und sprach: „Dir soll nichts lieber sein, als deine Zunge zu bewahren, und nichts dir mehr angelegen sein als das Heil deines Herzens." Denke dann an die langen Gespräche, bei denen du Überflüssiges, dir Schädliches geäußert hast. Sagst du: „Ich bitte Gott um Verzeihung", so findest du vielleicht eine kostbare

Stunde, und Gott vergibt dir, so daß du dein Kapital wieder gewinnst. Oder du sagst: „Es ist kein Gott außer Gott“, so bringt dir dies mehr Lohn und Gewinn, als du dir vorstellen kannst. Oder du sagst: „Ich bitte Gott um Wohlsein“, so stimmt dies womöglich mit einem wohlgefälligen Blick (Gottes) überein, und Gott der Allerhöchste erhört deine Bitte, so daß du vom Leid der Welt und des Jenseits befreit bist. Wird es nicht grober Schaden und schändliche Täuschung sein, wenn du all diese herrlichen Gewinne dir selber entgehen läßt und mit dir und deiner Zeit in Überflüssiges hineingerätst? Das Wenigste, das dir noch dafür gebührt, sind Tadel, Abrechnung und bange Erwartung am Tage der Auferstehung. Jemand hat darüber schön gesagt:

„Warst du lässig durch nutzlose Rede,
so bring an deren Stelle Lobpreis dar.“

3. Der Bauch. — Es möge dir genügen, daß dein Ziel das geistliche Leben ist. Die Speise ist Saatkorn und Wasser für die Taten, durch das sie aufgehen und wachsen. Ist das Saatkorn aber verdorben, so gedeiht die Aussaat nicht, sondern es besteht die Gefahr, daß sie dir den Boden verdirbt, so daß er nie mehr taugt. Darum haben wir eine Erzählung von Ma‘rūf al-Karkhī: „Wenn du fastest, so gib acht, wodurch du es brichst, bei wem und wessen Speise du ißt. Wie mancher nimmt eine Speise zu sich, durch die sich sein Herz vom früheren Zustand abwendet, ohne je dahin zurückzukehren. Wie manches Essen hat eine ganze Nachtwache zunichte gemacht, und wie mancher Blick hat es verhindert, eine Koransure zu rezitieren. Der Mensch mag eine Speise zu sich nehmen, die die Nachtwachen

eines ganzen Jahres unerlaubt macht!“ So hast du, o Mann, sorgfältig achtzugeben und sehr gründlich dich nach Kräften vorzusehen, wenn du dich um dein Herz bekümmerst und darnach trachtest, deinen Herrn zu verehren. Dies gehört zum Grundsätzlichen über die Speise, damit es hier vollständig behandelt sei.

Ferner hast du dabei schicklich zu sein, sonst bist du von Speise belastet und verlierst deine Tage. Wir wissen es wirklich, ja haben es wahrgenommen, daß das geistliche Leben nichts fruchtet, wenn der Bauch voll ist, wenn die Triebseele es nicht mag und sich um allerlei Kunstgriffe bemüht. Derlei Gottesverehrung ist fade und ohne Wohlgeschmack, weshalb man sagt: „Wenn du viel ißt, so hast du keinen Sinn für den Wohlgeschmack des geistlichen Lebens, und welches Licht ist denn in einer Seele zu finden, die dessen entbehrt, und in einem geistlichen Leben ohne Freude und Wohlgeschmack?“ Hierüber hat der gottselige Ibrāhīm ibn Adham gesagt: „Ich habe mit den meisten Dienern Gottes des Allerhöchsten im Libanongebirge verkehrt, und sie empfahlen mir: ‚Solltest du zu den Weltleuten zurückkehren, dann predige ihnen vier Tugenden. Sage ihnen: Wer viel ißt, hat keine Freude am geistlichen Leben; wer viel schläft, findet zeitlebens keinen Segen; wer den Menschen zu gefallen trachtet, der soll dies nicht vom Herrn erwarten; wer viel Überflüssiges redet und verleumdet, der ist, wenn er aus der Welt hinweggeht, nicht im Islam.‘“ Vom gottseligen Sahl stammt das Wort: „Sind diese vier Tugenden beisammen, so werden die Heiligen (*awliyā’*) zu solchen höchster Stufe (*abdāl*): leerer Bauch, Schweigen, Zurückhaltung vor den Menschen und Wachen bei Nacht.“ Ein Weiser (*‘arif*) sprach: „Der Hunger ist unser Kapital“, das bedeutet: Hungert man und erträgt dies Gott dem Allerhöchsten zuliebe, so ergibt dies allen Frohsinn, Wohlsein, geistliches Leben, Wohlgeschmack, Wissen und nutzbringendes Tun.

4. Das Herz. — Es genüge dir, daß es die Wurzel des Ganzen ist, verdirbst du es, so verdirbt das Ganze, hältst du es in Ordnung, so fährt das Ganze wohl. Es ist der Baum, und die übrigen Körperteile sind Zweige, die vom Baume trinken, gedeihen und verderben. Es ist der König, und die übrigen Körperteile sind dessen Untertanen und Minister. Ist der König rechtschaffen, so sind es auch die Untertanen, verdirbt er, so verderben auch sie. Folglich beweist das Wohlsein von Auge, Zunge, Bauch usw., daß das Herz bei Gesundheit und wohlauf ist. Bemerkst du bei jenen Mängel, so wisse, daß dies vom Herzen stammt und daß sich dort Verderbnis eingestellt hat, ja daß es noch mehr verdorben ist. Wende darauf deine Sorgfalt und bring es in Ordnung, so ist das Ganze wohl und beruhigt. Sein Zustand ist heikel und schwierig, weil er auf den Einfällen beruht, die du ja nicht in der Hand hast, während es von dir Kraftanstrengung verlangt, ihnen nicht nachzugeben, und hierin liegt die größte Mühe. Es zu bessern, ist für eifrige Leute das Härteste, und um dieses sorgen Tiefblickende sich am häufigsten und stärksten. Der gottselige Abū Yazīd hat gesagt: „Je ein Jahrzehnt lang habe ich mein Herz, meine Zunge und meine Triebseele behandelt, doch der dreien schwerstes war das Herz.“ Dies ist es.

Du hast dich darnach um die vier Eigenschaften zu kümmern, die wir schon bei Vermessenheit, Übereile, Neid und Stolz behandelt haben. Dort haben wir diese vier Untugenden vor den anderen besonders betont und haben angeregt, auf sie achtzuhaben, da sie zumal Krankheiten der Koranleser sind. Schon allgemein befallen sie die übrigen Menschen, doch die Koranleser im besonderen, und sind am schlimmsten und schändlichsten. Du siehst den Koranleser, wie weit er in seiner Vermessenheit geht und dies für gute Absicht hält. Dies führt ihn dann zu Trägheit und Gemächlichkeit beim Tun, und dabei siehst du, wie er eilig nach den Stufen des Guten trachtet, jedoch von ihnen abkommt, oder wenn das Bittgebet eines Frommen erhört wird, während er dabei erfolglos ist, oder wenn er jemandem flucht und er es dann bereut, wie es vom gebenedeiten Nūḥ (Noah) erwähnt wird [K. 71]. Du siehst ihn, wie er seinesgleichen die Gnade neidet, die Gott ihnen gewährt hat. Vielleicht treibt ihn dies zu Bosheiten und Schandtaten, die vordem kein Wüstling und Sittenloser begangen hat. Daher hat der gottselige Sufyān ath-Thawrī hierzu gesagt: „Um mein Blut fürchte ich nur von den Koranlesern und Gelehrten." Als man dies an ihm mißbilligte, sprach er: „Was ich gesagt habe, das hat schon der gottselige Ibrāhīm an-Nakhā'ī gemeint." Ebenso heißt es nach 'Aṭā': „Der gottselige Thawrī hat mir gesagt: Nehmt euch und mich vor den Koranlesern in acht. Sollte ich mit meinem besten Freunde unter ihnen um einen Granatapfel streiten, wobei ich meine, er sei süß, jener aber meint, er sei sauer, so wäre ich bei ihm nicht sicher, ob er mich eilends bei einem grausamen Machthaber auf Leben und Tod verklagt." Mālik ihn Dīnār soll gesagt haben: „Ich nehme das Zeugnis der Koranleser gegen jedermann an, doch nicht, wenn sie gegeneinander Zeugnis geben, denn ich habe gefunden, daß sie neidisch sind." Von al-Fuḍayl heißt es, er habe seinem Sohne gesagt: „Kaufe mir ein Haus weitab von den Koranlesern. Was habe ich mit Leuten zu schaffen, die mich verschreien, wenn ich einen Fehler merken lasse, und mich beneiden, wenn ich mich tugendhaft zeige?" So siehst du ihn, wie er sich hochmütig über die Leute erhebt und sie geringschätzt, wobei er mit finsterem Gesicht sich verächtlich abwendet. Er tut, als ob er ihnen mit der Verrichtung von zwei zusätzlichen Rak'a Gnade erwiese oder als hätte er von Gott dem Allerhöchsten die Ankündigung des Paradieses oder Befreiung von der Hölle empfangen oder als ob er seiner Seligkeit sicher und bewahrt vor dem Unheil der übrigen Menschen sei. Ferner legt er trotzdem das Kleid des Demütigen aus Wolle an usw. und tut, als sei er abgestorben. All dies paßt nicht zu seiner Überheblichkeit und seinem Stolz, noch kleidet es ihn, sondern steht zu ihm in Widerspruch, doch der Blinde sieht nicht. Man erzählt, Farqad as-Sanjī sei bei al-Ḥasan (al-Baṣrī) eingetreten, wobei er ein gewöhnliches Gewand trug, während al-Ḥasan einen neuen Mantel an hatte. Jener begann, ihn zu betasten, doch al-Ḥasan sagte: „Was hast du auf meine Kleidung zu sehen? Meine ist die der Paradiesbewohner, doch deine die des Höllenvolkes. Mir wurde kund, alle Höllenbewohner trügen Gewänder wie deines." Dann sagte al-Ḥasan: „In ihren Herzen pflegen sie Stolz, doch Abtötung an ihren Kleidern. Wer euch bei seinem Kleide schwört, der ist stolzer als ein mit reich verziertem Gewand Geschmückter." Dies deutet auch der gottselige Dhū'n Nūn mit den Worten an:

„Wolle trägt er, und bei seiner Unwissenheit ist er
darauf eitel,
und einige Leute betrügt er durch Possen.

Er zeigt dir Stolz und zeigt dir Erniedrigung,
doch ist Stolz nicht Form der Erniedrigung.
Das Wollkleid legte er an, daß man ihn treu nenne,
doch bedeutet das Wollkleid nicht Treue.
Nicht Gott wollte er damit, sondern
trachtete damit, wie er täuschen könne."

O Mann, so hüte dich vor den genannten verderblichen vier Dingen, vor allem vor Stolz. Die ersten drei sind schlüpfrige Stellen, gleitest du aus, so verfällst du in Auflehnung, doch der Stolz ist ein schlüpfriger Ort, gleitest du da aus, so fällst du in Unglaube und Nichtswürdigkeit. Vergiß nicht die Geschichte vom Teufel und seiner Versuchung: [K. 2:34] *„Er weigerte sich, war stolz und einer der Ungläubigen."*

Zu Gott dem Erhabenen und Gewaltigen muß man sich wenden, daß er uns alle durch sein gütiges Aufsehen bewahre, denn Er ist der Freigebige, der Edelmütige.

Zusammenfassend sei gesagt, daß du, o Mann, bei vernünftigem Nachdenken erkennst, daß die Welt nicht ewig ist, daß ihr Nutzen nicht ihren Schaden aufwiegt sowie, daß ihr Ertrag Mühe des Leibes und Arbeit des Herzens in der Welt und schmerzliche Strafe wie lange dauernde Abrechnung im Jenseits ist, wogegen du machtlos bist. Hast du dies ernstlich erkannt und enthältst dich des Überflüssigen, dann nimmst du dir davon nur, was du zum Dienste deines Herrn brauchst, und läßt Genuß und Wohlleben für das Paradies, die Stätte der Freude nahe dem Herrn der Welten, dem mächtigen König, dem Reichen, dem Edlen. Du sollst wissen, daß die Menschen treulos sind und daß bei deinen Belangen deren Plage größer als ihre Hilfe ist. Du sollst so den Verkehr mit ihnen auf das Nötige beschränken, damit hast du Nutzen durch ihr Gutes und vermeidest den Schaden durch sie. Du wirst die Gesellschaft dessen suchen, der dir dabei nicht schadet und dessen Dienst du nicht bereust, verehre ihn durch sein Buch und indem du ihm folgst. Dann wird er dir in jeder Lage gehören, und von ihm hast du alles Schöne und Huldvolle, und bei jedem Unglück findest du ihn in dieser wie in jener Welt, wie der Hochgebenedeite gesagt hat: „*Bewahre Gott, und du findest ihn, wohin du dich wendest*" [vgl. W. I. 481]. Du erkennst, daß der Satan boshaft ist, hast dich um dein Jenseits bemüht und suchst deine Zuflucht vor diesem verfluchten Hunde bei deinem Herrn, dem Allmächtigen, dem Bezwingenden. Sei nicht sorglos gegenüber seinen Listen und Fallen, du vertreibst ihn ja durch das Gedenken Gottes des Gepriesenen. Sei darum unbekümmert, denn zeigt es sich bei dir, daß du standhaft wie ein Vollkommener bist, dann zieht er ab, nach dem Worte Gottes des Allerhöchsten: [K. 16:99] „*Er hat keine Macht über jene, die da glauben und sich auf ihren Herrn verlassen haben.*" Mit Recht hat Abū Ḥāzim gesagt: „Was sind Welt und Satan? Ein Traum ist die Vergangenheit der Welt, und was bleibt, sind Wünsche. Bei Gott, hat man aber dem Teufel gehorcht und keinen Nutzen gehabt und handelte man ihm zuwider, so war es unschädlich." — Du hast auch erkannt, wie unwissend die Triebseele ist, wie sie eigensinnig nach dem ihr Schadenden verlangt und was sie zum Untergang führt. Du hast sie barmherzig angeblickt, wie Verständige und Gelehrte es tun, die die Folgen ins Auge fassen, nicht Unwissenden und Kindern gleich, die auf das Gegenwärtige schauen und das quälende Unheil nicht verstehen und so bittere Arznei verschmähen. Durch die Gottesfurcht hast du sie gezügelt, so daß du sie vom Überflüssigen fernhältst, das sie wirklich nicht braucht, wie Reden, Blicke, Speise und unsittliche Kleidung, oder von langdauernder Vermessenheit, Übereilung, Neid gegen einen Muslim oder Stolz am falschen Ort, oder vom Essen nur aus Begierde und Gaumenlust. Du gibst ihr nur, was sie benötigt und wovon du keine Schädigung befürchtest, das Überflüssige ist ja doch nicht nötig. Gott der Allerhöchste hat seine Diener barmherzig reichlich damit beschenkt und hat sie gegen alles, was ihrem religiösen Leben schadet, bedürfnislos gemacht. Wozu braucht man noch jenes Überflüssige? Es verhält sich ja so, wie ein Frommer gesagt hat: „Am leichtesten ist Gottesfurcht, kommt mir etwas zweifelhaft vor, so lasse ich davon.“ Die Triebseele wird demütig und nimmt Gewohnheit an, soweit du sie gewöhnt hast. Sie ist so wie man gesagt hat:

„Die Triebseele begehrt, wenn du sie begehrst,
doch ist sie genügsam, wenn du sie zum Geringen weist.“

Ein anderer sagt:
„Die Seele erträgt, was du ihr aufládst,
und man sagt, sie ist gewöhnt, wie du sie gewöhnt hast.“

Ein anderer sagt:

„Den Genüssen hab ich entsagt, bis sie verschwanden,
und meiner Seele hab ich auferlegt, sich zu enthalten, und sie verharrte dabei.

Die Seele ist nur da, wohin der Mann sie bringt,
Speisest du sie, so wird sie begehrlich, andernfalls
ist sie genügsam."

Hast du erkannt, was wir dargelegt haben, so bist du einer, der der Welt entsagt hat und das Jenseitige sucht. Wisse, wem man den Namen „Asket" (*zāhid*) beilegt, der wird mit tausend Namen gelobt. Gehörst du jedoch zu jenen, die sich zurückziehen und sich loslösen zu Gott hin, die ja vertraute Diener des Herrn der Welten sind, so gilt von dir, was einer gesagt hat:

„Eine Schar arbeitet um ihres Weltgutes willen,
andere ziehen sich zu ihrem Herrn zurück.
Es hielt sie fest die Tür seiner Gnade,
er ließ sie die übrige Schöpfung entbehren.
Sie haben als Nacht ihre Beherztheit geschildert,
während das Auge des Hüters sie ansah.
Selig sind sie und abermals selig,
wenn er sie mit seinem Segensspruch begrüßte."

Du bist dann einer von denen, die sich um Gott abtöten und mühen, die besonderen Diener Gottes des Allerhöchsten, von denen der Gepriesene gesagt hat: [K. 15:42] „*Wahrlich, über meine Diener hast du* (*Satan*) *keine Gewalt.*" Dann bist du ein Gottesfürchtiger, dem die Seligkeit beider Welten gehört. Du bist dann vortrefflicher als viele der „nahestehenden" Engel (Cherubim), die ja keine Leidenschaft haben, die sie zum Bösen ruft. Hinter dir hast du diese lange beschwerliche Steigung gelassen und bist allen Hindernissen auf das Ziel zu zuvorgekommen, und es möge dich das nicht schrecken, denn leicht wird es, ruft man Gott zu Hilfe und hält sich an ihn. Bitten wir Gott den Allerhöchsten, denn er ist der Beste, den man anruft, daß er uns gütig zum Erfolge verhelfe, unterstütze und Erleichterung biete.

Für alles Wichtige genügt ja Er, bei jedem Mißgeschick ruft man Ihn um Hilfe an, und in Seiner Hand sind „*Schöpfung und Herrschaft*" [K. 7:54] und „*Er ist mächtig über jedes Ding*" [K. oft].

Dies wollten wir in diesem Kapitel behandeln — und keine Macht und keine Kraft gibt es außer bei Gott dem Hohen, dem Gewaltigen.

DER VIERTE ANSTIEG

DIE HEIMSUCHUNGEN

Der du nach dem geistlichen Leben strebst, wozu dir Gott Erfolg verleihe, hast dich sodann vor den Geschicken zu hüten, die dich vom Dienste Gottes des Allerhöchsten ablenken. Laß sie nicht an dich herantreten, damit sie dich nicht von deinem Vorhaben abbringen. Wir haben schon erwähnt, daß es vier sind:

Das erste ist der Lebensunterhalt und das Streben der Triebseele darnach. Dem gegenüber genügt aber das Gottvertrauen (*tawakkul*). In bezug auf den Unterhalt und das überall Benötigte hast du wegen zweier Dinge Gottvertrauen zu üben:

Man muß erstens frei für das geistliche Leben sein, und das Nötige wird dir zukommen. Wer kein Gottvertrauen übt, der wird sicherlich vom geistlichen Leben abgebracht, sei es äußerlich oder innerlich, entweder durch leibliches Verlangen und Erwerben, wie es die Begehrlichen für gewöhnlich tun, oder durch das Sorgen, Streben und Herzensunruhe wie bei denen, die sich darum mühen und ihm anhaften. Das geistliche Leben braucht Freiheit für Herz und Körper, damit es das ihm Gebührende erlange, und die Freiheit besitzt nur der Gottvertrauende. Ja, ich sage, jeder Schwachherzige kommt schwer zur Herzensruhe außer durch sicheres Einkommen, und er kann kaum etwas Ernstes vollbringen, sei es weltlich oder jenseitig. Oft hörte ich meinen gottseligen Scheich Abū Aḥmad sagen: „Die Sache entspricht in der Welt zwei Männern, einem Gottvertrauenden und einem Leichtsinnigen." Ich sage, daß dieses Wort etwas kurz besagt, denn der Leichtsinnige trachtet nach den Dingen gewohnheitsmäßig und kühnen Herzens, ohne sich darum zu kümmern, ob ihn jemand abweist oder ihm etwas Schwächendes begegnet, und die Dinge kommen auf ihn zu. Der Gottvertrauende aber erstrebt die Dinge vorsichtig und voll überzeugt von der Verheißung Gottes des Gepriesenen sowie mit ganzem Vertrauen auf seine Sicherheit. Er kümmert sich um keinen Menschen, der ihn ängstigt, noch um einen Teufel, der ihm einflüstert. So gewinnt er, was er erstrebt, und erlangt, was er suchte. Der Schwachmütige schwankt beständig zwischen Gottvertrauen und Zögern hin und her, zwischen Erlahmen und Verwirrung. Wie der Esel im Stall und das Huhn im Käfig so starrt er auf das, was er von seinem Herrn gewohnt ist, und macht sich kaum davon los. Manchmal verzögert seine Seele hohe Dinge, und sein Eifer schwindet. So erlangt er kaum etwas Hohes, selbst wenn er darnach strebt, so erlangt und vollbringt er es kaum.

Siehst du nicht, daß die besorgten Weltkinder nur dann große Würde und bedeutenden Rang erreichen, wenn ihre Herzen auf sich selbst, ihre Güter und Angehörigen verzichten! Die Könige aber beginnen Kriege und bekämpfen die Feinde, sei es auf Untergang oder Königtum hin, damit sie Königswürde und oberste Herrschergewalt erreichen. Man erzählt, Muʿāwiya ibn Abī Sufyān habe beim Anblick beider Heere in der Schlacht von Ṣiffīn gesagt: „Wer Bedeutendes will, der wagt dafür großes Unglück."

Die Kaufleute nun begeben sich in Gefahren zu Wasser und zu Lande, setzen sich selbst und ihr Vermögen in Ost und West aufs Spiel und sind an zwei Dinge gewohnt: Entweder das Leben geht verloren, oder Gewinne werden eingeheimst, so daß sie hierdurch zu gewaltigem Verdienst, mächtigem Vermögen und kostbaren Schätzen kommen.

Der Marktkrämer aber, schwachmutig und ohne festen Entschluß, kann doch kaum das Herz von seiner Selbstsucht und seinem Geld losmachen. So geht er sein Lebtag zwischen Haus und Laden hin und her, und hat er im Geschäft an seiner Ware einen Dirham gewonnen, dann gilt ihm das viel. Er gelangt doch nicht zu hoher Stellung wie die Könige noch zu gewaltigem Gewinn wie die wagemutigen Kaufleute, und dies kommt daher, weil sein Herz an sicherem Besitz hängt. — Das sind die Welt und ihre Kinder.

Die aufs Jenseitige Bedachten aber besitzen die Tugend des Gottvertrauens nebst der Loslösung des Herzens von der Anhänglichkeit als Kapital. Haben sie beide fest und wirklich erworben, so sind sie für das geistliche Leben frei. Wenn sie fähig sind, sich von den Leuten sowie vom Herumstreifen im Lande zurückzuhalten, die Wüsten nicht zu scheuen und sich im Gebirge und auf Bergpfaden heimisch zu fühlen, dann sind sie die starken Gottesdiener und Meister im geistlichen Leben, die Freien unter den Menschen und wirkliche Könige der Erde geworden. Sie gehen, wohin sie wollen, und rasten, wo sie wollen, sie erstreben an hohen Dingen und an Erkenntnis und geistlichem Leben soviel als sie mögen. Vor ihnen bestehen weder Hindernis noch Sperre, und alle Orte sind ihnen wie einer und alle Zeiten wie eine. Der Hochgebenedeite hat dies durch sein Wort angedeutet: „Wen es freut, stärkster der Menschen zu sein, der möge auf Gott vertrauen, und wen es freut, edelster der Menschen zu sein, der möge sich auf Gott verlassen, und wen es freut, reichster der Menschen zu sein, der soll das, was in Gottes Hand ist, für sicherer ansehen, als was in seiner Hand ist." Von Sulaymān al-Khawwāṣ stammt das Wort: „Wenn da ein Mann in wahrhaftiger Absicht auf Gott den Gepriesenen vertrauen würde, so würden die Fürsten ihn bei sich brauchen, und wie sollte der bedürftig sein, dessen Schutzherr der Reiche, der Hochgelobte ist?" Von Ibrāhīm al-Khawwāṣ kommt der Ausspruch: „Ich traf in der Wüste einen Jüngling wie in Silber gegossen. Auf meine Frage: ‚Wohin, o Jüngling?', sagte er: ‚Nach Mekka.' Darauf sprach ich: ‚Ohne Wegzehrung und Reittier?', worauf er versetzte: ‚O Schwachgläubiger, kann mich nicht der nach Mekka ohne Wegzehrung und Reittier bringen, der da Himmel und Erde erhält?' Als ich dann in Mekka einzog, siehe da war er beim Umwandeln (*ṭawāf*, der Ka'ba) und sprach:

‚O Seele, wandere immerdar
und liebe keinen anderen
als den Erhabenen, Ewigen,
o Seele stirb vor Trauer.'

Als er mich erblickte, sagte er: ‚O Scheich, bist du noch immer so schwach?'" Abū Muṭi' al-Ḥātim der Taube sagte: „Ich habe gehört, daß du in Gottvertrauen die Wüsten ohne Wegzehrung durchquerst." Worauf er erwiderte: „Meine Wegzehrung sind vier Dinge." Nach ihnen gefragt, sagte er: „Ich sehe die Welt und das Jenseits als Königreich Gottes des Allerhöchsten an, die Menschen als Diener und Kinder Gottes, die Nahrung und Unterhaltsmittel alle in der Hand Gottes des Höchsten und Herrlichsten, und auf Gottes Erdboden sehe ich, wie sich Gottes Fügung verwirklicht." Und schön hat jemand gesagt:

„Ich sehe in Freude und Frieden die sich da abtöten,
ihre Herzen befreit von der Welt.
Wenn ich sie schaue, so sehe ich eine Schar
Könige der Erde, ihr Grundzug ist Edelmut."

Das zweite aber, warum man Vertrauen auf Gott den Gepriesenen und Allerhöchsten haben muß, ist, daß es höchst gefährlich und nicht Geringes ist, wenn man es aufgibt. Ich sage: Hat nicht Gott der Gepriesene mit der Schöpfung den Lebensunterhalt verbunden: Der Allerhöchste sagt doch: [K. 30:40] „*Ich erschuf euch, dann ernährte ich euch.*" Dies beweist, daß von Gott allein die Schöpfung wie der Unterhalt stammt. Ferner hat er sich nicht mit dem Hinweis begnügt, sondern der Mächtige und Herrliche hat versprochen: [K. 51:58] „*Wahrlich, Gott ist der Ernährer!*" Dann genügt ihm nicht das Versprechen, sondern er verbürgt sich: [K. 11:6] „*Kein Tier gibt es auf Erden, dessen Ernährung nicht Gott übernimmt.*" Dann ist ihm die Bürgschaft nicht genug, sondern er schwört: [K. 51:23] „*Beim Herrn des Himmels und der Erde, wahrlich, es ist Wahrheit, so wie ihr es (als Eid) aussprecht!*" Dann begnügt er sich nicht mit alldem, sondern hat sogar das Gottvertrauen befohlen durch Ankündigung und Warnung: [K. 25:58] „*Vertrau auf den Lebendigen, der nicht stirbt.*" Der Gepriesene hat ja gesagt [K. 5:23] „*Und auf Gott vertrauet, wenn ihr gläubig seid.*"

Wer sein Wort nun nicht achtet, noch sich mit seiner Verheißung begnügt, mit seiner Bürgschaft nicht zufrieden ist, noch an seinem Schwur genug hat, dann sich weder um sein Gebot, Versprechen und Androhung kümmert, siehe, was ihm geschieht, und welches Unglück daher stammt! Dies ist doch — bei Gott — ein gewaltiges Unheil, und dabei vernachlässigen wir es stark! Der Getreue, Wahrhaftige und Hochgebenedeite hat doch zu Ibn ʿUmar gesagt: „Wie ist dir, wenn du unter Leuten weilst, die ihre Nahrungsmittel für ein Jahr aufbewahren?" Ferner gibt es ein Wort des gottseligen al-Ḥasan: „Gott möge Leute verdammen, denen ihr Herr zugeschworen hat und die ihm dann nicht Glauben schenken!" Als der Koranvers „... *und beim Herrn des Himmels und der Erde*" offenbart wurde, da sprachen die Engel: „Die Adamskinder gingen zu Grunde, bis er ihnen ihre Versorgung eidlich zusicherte." Vom gottbegnadeten Uways al-Qaranī gibt es den Spruch: „Wenn du Gott verehren würdest wie die Wesen im Himmel und auf Erden, so würde dies doch nicht angenommen, bis du (ihm) Glauben schenkst." So wurde es gesagt, und wie glauben wir ihm? Er sprach: „Die Versorgung wirst du sicher haben, wofür sich Gott dir verbürgt, und du wirst sehen, daß dein Leib für seinen Dienst frei ist." Harim ihn Ḥayyān sagte ihm: „Wo befiehlst du, daß ich mich aufhalte?" Da wies er mit der Hand nach Syrien. Als Harim fragte, wie dort der Lebensunterhalt sei, erhielt er die Antwort: „Pfui über jene Herzen, in die der Zweifel sich gemischt hat. Was nützen ihnen die Predigten?" Es wurde uns erzählt, daß ein Grabfrevler sich durch den gottseligen Abū Yazīd al-Bisṭāmī bekehrte. Abū Yazīd befragte ihn über seine Sache, und er erzählte: „Ich habe tausend

Gräber geöffnet und nur bei zwei Männern bemerkt, daß ihr Gesicht der Qibla zugewendet war." Abū Yazīd bemerkte: „Armselig sind jene! Die Sorge um den Unterhalt hat ihr Gesicht von der Qibla abgewendet." Einer meiner gottseligen Freunde hat mir erzählt, er habe einen frommen Mann gesehen, der ihn nach seinem Befinden fragte, worauf er gesagt habe: „Bist du durch deinen Glauben sicher?" Da sprach jener: „Nur die auf Gott vertrauen, haben den festen Glauben." So bitten wir denn Gott den Allerhöchsten, er möge uns durch seine Huld bessern und uns nicht nach dem behandeln, dessen wir wert sind, denn er ist der barmherzigste Erbarmer. — Dies ist es.

Wenn du nun sagst: „Erkläre uns das Wesen des Gottvertrauens und seiner Weisung und wieweit der Mensch betreffs Unterhalt Gottvertrauen braucht!", — so wisse: Dies wird dir in vier Abschnitten klar werden: Das Wort „Vertrauen" wird sprachlich erklärt, wie es angewendet wird, wie man es umschreibt und bewahrt.

Der sprachliche Ausdruck *tawakkala* ist ein Tätigkeitswort, das von *wikāla*, „Vertretung", abgeleitet wird. Wer Vertrauen zu jemandem hat, der setzt ihn zu seinem Vertreter ein, der sich für seine Sache einsetzt, der sich für deren Erledigung verbürgt und der ihm ohne weitere Besorgnisse und Umstände genügt. Man wendet das Wort *tawakkul* als Substantiv in dreifacher Weise an: Erstens bezeichnet es den (von Gott gegebenen) Anteil (*qisma*). Da ist das Sichverlassen auf Gott, da seine Anordnung unwandelbar ist, so wird dir das von ihm dir Zugeteilte nicht entgehen. Dies ist Glaubenspflicht, da es geoffenbart wurde.

Zweitens bedeutet es die göttliche Hilfe. Das heißt, du stützt und verläßt dich auf die Hilfe Gottes des Erhabenen und Mächtigen für dich, wenn du ihm hilfst und dich anstrengst. Der Allerhöchste hat ja gesagt: [K. 3:159] „*Und wenn du den Entschluß gefaßt hast, so vertraue auf Gott*", ferner: [K. 47:7] „*Wenn ihr für Gott siegreich kämpft, so wird er euch beistehen*" und: [K. 30:47] „*Es lag uns ob, den Gläubigen zu helfen.*" Da dies verheißen wurde, so ist es Glaubenspflicht.

Drittens bezieht es sich auf den Unterhalt und das Notwendige, denn Gott der Allerhöchste verbürgt sich für das, womit er deinen Körperbau zu seinem Dienste bereit stellt und du so fähig zu seiner Verehrung bist. Daher hat Gott der Allerhöchste gesagt: [K. 65:3] „*Wer auf Gott vertraut, dem ist er genug.*" Und der Wahrhaftige, Getreue und Hochgebenedeite sprach: „Wenn ihr gebührend auf Gott vertrautet, so würde er euch versorgen, wie er den Vogel versorgt, der morgens hungrig wegfliegt und abends gesättigt wiederkommt." (Dies zu glauben) ist für den Menschen notwendige Pflicht, bewiesen durch Überlegung und Offenbarung zugleich. Über das Gottvertrauen in bezug auf den Unterhalt ist dies am meisten bekannt und völlig genügend. Dieses Kapitel bezweckt nun, zu zeigen, wie sich Gottvertrauen zum Unterhalt verhält. Es handelt sich um den verbürgten Unterhalt nach der Meinung der Gottesgelehrten, und es wird dir dies klar werden, wenn die Arten des Unterhaltes erläutert werden.

Wisse, daß es vier Arten von Unterhalt gibt: Verbürgtes, Zugeteiltes, in Besitz Genommenes und Verheißenes.

Das Verbürgte ist die Nahrung, wodurch die Körperkraft neben anderen Mitteln erhalten wird. Für diese Art bürgt Gott der Allerhöchste. Das Gottvertrauen ist eine Pflicht, deren Erfüllung durch Überlegung und Offenbarung erwiesen ist. Gott hat uns nämlich zu seinem Dienste wie zum Gehorsam mit unserem Leibe erschaffen. Damit wir nun unsere Pflicht leisten können, hat er uns das verbürgt, was die Störung des Leibeslebens verhindert. Ein Karrāmīya-Scheich hat ein schönes Wort über seine Ursache gesagt: „In der Weisheit Gottes des Allerhöchsten ist es unbedingt notwendig, daß der Unterhalt der Menschen dreier Dinge wegen verbürgt wird: Erstens ist er der Herr, und wir sind die Diener. Dem Herrn obliegt es, dem Diener genügend Nahrung zu geben, wie der Dienst dem Diener obliegt. — Zweitens hat er sie so geschaffen, daß sie des Unterhaltes bedürfen, und hat es ihnen unmöglich gemacht, ihn zu fordern, da sie ja nicht wissen, was ihnen zum Unterhalt dient und wo und wann er zu finden sei, damit sie ihn selbst an seinem Ort und zu seiner Zeit suchen, um ihn zu erlangen. Er muß ihnen dies zur Genüge geben und sie dahin führen. — Drittens hat er ihnen den Dienst auferlegt, und da die Suche nach dem Unterhalt sie davon ablenkt, so hat er ihnen genug Lebensmittel zu geben, damit sie frei zum Dienste seien." Dies ist der Ausspruch von einem, der den inneren Sinn von Gottes „Herrsein" nicht erkannt hat. Es irrt, wer da meint, die Fürsorge sei eine Pflicht für Gott. Dessen Unrichtigkeit haben wir schon in der „Kunst des Kalām" klargelegt, und wir wollen uns dem Zweck unserer Sache wieder zuwenden.

Der zugemessene Lebensunterhalt ist das von Gott dem Gepriesenen Zugemessene, das er auf der „wohlverwahrten Tafel" (*lawḥ*) aufgezeichnet hat, was jeder ißt, trinkt und anzieht, in bestimmter Menge, zu festgesetzter Zeit, wobei von dem, was er selbst geschrieben hat, nichts weggenommen wird noch etwas hinzukommt, noch später oder früher kommt. So hat der Hochgebenedeite Prophet gesagt: „Der Unterhalt ist zugemessen, vollständig, wäre er mehr, so würde weder der Gottesfürchtige frömmer noch der Gottlose schlimmer."

Das in Besitz Genommene sind die Weltgüter, wovon jeder das von Gott dem Allerhöchsten ihm zugemessene Maß innehat, wie es als Besitz bemessen und bestimmt ist. Es gehört dies zur Fürsorge Gottes des Allerhöchsten, der da gesagt hat: [K. 13:22] „*Verwendet von dem, was wir euch zum Besitz gaben.*"

Das Verheißene ist das, was Gott der Allerhöchste seinen frommen Dienern unter Voraussetzung ihrer Frömmigkeit als Erlaubtes ohne Anstrengung versprochen hat. Er, der Allerhöchste hat ja gesagt: [K. 65:2–3] „*Wer Gott fürchtet, dem schafft er einen Ausweg und versorgt ihn, von wo er es nicht geglaubt hat.*"

Dies sind die Arten des Unterhaltes und des Gottvertrauens, das man pflichtgemäß dem Sinne nach erfüllen muß — und erkenne dies.

Die Begriffsbestimmung des Gottvertrauens nun hat einer unserer Scheiche ausgesprochen: Es ist das Zutrauen (*ittikāl*) des Herzens Gott gegenüber, und zwar lediglich zu ihm und unter Aufgabe alles dessen, was nicht er ist. Einer von ihnen meinte, es bestehe darin, das Herz zu Gott hin zu bewahren, und zwar in bezug auf das Heil, wobei man unterläßt, sich an ein Ding zu hängen, das nicht er ist. Der gottselige Scheich al-Imām Abū 'Umar hat gesagt: „Gottvertrauen heißt, alle Anhänglichkeit aufzugeben. Anhänglichkeit ist es, wenn du denkst, deine Körperkraft würde durch etwas außer Gott erhalten." Mein gottseliger Scheich sagte: „Gottvertrauen und Anhänglichkeit sind zwei Denkweisen. Gottvertrauen heißt, wenn du denkst, daß Gott für die Erhaltung deiner Körperkraft aufkommt, Anhänglichkeit ist es, wenn du einem anderen als Gott die Erhaltung deiner Körperkraft zuschreibst." Meiner Meinung nach beziehen sich die Aussprüche auf ein und denselben Grundsatz, der da heißt: Gewöhne dein Herz daran, daß die Erhaltung deiner Körperkraft, der Schutz vor deren Verfall und das für dich Hinreichende nur von Gott dem Herrlichen und Erhabenen, nicht von einem anderen als ihm herstammt, weder von vergänglichen Weltgütern noch von einem erschaffenen Mittel. Ferner, wenn Gott der Gepriesene es will, so verwendet er ein Geschöpf zum Mittel oder ein vergängliches Gut, und wenn er es will, so schenkt er zur Genüge ohne ein Mittelding (Zweitursache). Denkst du im Herzen daran, läßt dir dies zur Gewohnheit werden, und wendet sich das Herz gänzlich von den Geschöpfen und Zweitursachen ab und zu Gott dem Gepriesenen und Einen hin, dann ist das Gottvertrauen erreicht, wie es sich gebührt. So wird es definiert.

Gedenkt man aber der Bürgschaft Gottes, so ist dies eine Burg des Gottvertrauens wie der Antrieb dazu, und dafür ist es eine Wehr, wenn man an die Herrlichkeit Gottes denkt wie an sein vollkommenes Wissen, seine Macht und seine Freiheit von Widerspruch, Versehen, Unfähigkeit und Mangel. Befleißigt sich der Mensch dieses Gedankens, so regt ihn dies an, sich in Sachen des Unterhaltes auf Gott den Gepriesenen zu verlassen.

Wenn man sagt: „Ist der Mensch gehalten, den Unterhalt irgendwie zu fordern?", — so wisse: Der verbürgte Unterhalt, der Nahrung und Erhaltung bedeutet, kann von uns nicht gefordert werden, er ist ja etwas, das Gott der Gepriesene wirkt wie Leben und

Tod, die ja auch der Mensch weder erlangen noch aufheben kann. Der Mensch ist nicht gehalten, die zugemessenen Mittel zu fordern, weil er dessen nicht bedarf, sondern nur das Verbürgte braucht, das von Gott dem Allerhöchsten kommt und von ihm verbürgt wird. Das Gotteswort: [K. 62:10] „ ... *sucht* (*Reichtum*) *durch Gottes Gnade*“ bedeutet ja Wissen und Lohn. Man hat gesagt, es sei dies vielmehr eine Erlaubnis, doch ist es ein Befehl, der auf eine Einschränkung (das Freitagsgebet) folgt, und wird weder Zwingendes noch Verpflichtung bedeuten.

Sagt man: „Trachtet man nach dem Unterhalt, so bedeutet dies geschaffene Mittel. Müssen wir diese suchen?“, — so lautet die Auskunft: Dazu bist du nicht verpflichtet. Der Mensch braucht das ja nicht, da Gott der Gepriesene sowohl mit wie ohne Zweitursachen wirkt, und wieso sollte er uns anhalten, letztere zu suchen? Ferner hat Gott der Allerhöchste eine ganz sichere Bürgschaft gegeben, ohne Suche wie Erwerb zur Bedingung zu machen. Gott der Allerhöchste hat ja gesagt: [K. 11:6] *„Kein Tier gibt es auf Erden, dessen Ernährung nicht Gott übernimmt.“* Wie wäre es dann weiter richtig, dem Menschen die Suche nach etwas zu befehlen, ohne daß er dessen Ort kennt? Und sucht er es, dann ist ihm das Mittel dazu unbekannt. Von der Erde stammt nur sein Unterhalt, den er empfängt, sowie das, was als Mittel dazu dient, daß er sich nähre und aufwachse. Niemand von uns kennt ja eigentlich dieses Mittel selbst, woher sollte er es haben? Es wäre somit nicht richtig, ihn dazu zu verpflichten. Betrachte dies verständig, da es ja klar ist. Dann genügt dir, daß die gebenedeiten Propheten und von Gottvertrauen erfüllten Heiligen meist und allgemein nicht nach Unterhalt getrachtet und sich fürs geistliche Leben ganz frei gehalten haben. Es wird allgemein zugegeben, daß sie doch nicht Gottes Gebot übergangen, noch Gott dem Allerhöchsten zuwidergehandelt haben. So wird es klar, daß es nicht dem Menschen als Pflicht auferlegt ist, den Unterhalt sowie dessen Mittel zu suchen.

Solltest du fragen: „Vermehrt man den Unterhalt durch die Suche darnach, oder verringert er sich, falls man jene unterläßt?", — so erwidere ich: Keineswegs — denn auf der „wohlverwahrten Tafel" (*lawḥ*) stehen das Maß und die Zeit verzeichnet, und Gottes Urteil kann nicht ausgewechselt noch seine Bestimmung verändert werden. Gemäß unseren gottbegnadeten Gelehrten ist richtig, was er geschrieben hat, im Unterschied zur Ansicht eines unserer Freunde, eines Richters und Verwandten: „Der Unterhalt wird durch Tätigkeit des Menschen weder vermehrt noch verringert, doch wächst und vermindert sich das Vermögen." Doch ist dies falsch, weil der Beweis aus beiden Gründen ein und derselbe ist, nämlich aus der Niederschrift und dem Zugemessenen (*qisma*). Hierauf deutet das Gotteswort hin: [K. 57:23] „*(Dies sei euch gesagt): daß ihr euch nicht allzusehr über das betrübt, was euch entgeht, noch euch an dem allzu sehr freut, was ihr erhaltet.*" Würde der Unterhalt nun durch Trachten darnach vermehrt und durch dessen Unterlassung vermindert, dann wäre Grund zur Freude wie zur Trauer, wenn (der Mensch) langsam ist und zögert, so daß er ihm entgeht, und wenn er fleißig und schnell ist, so daß er ihn erlangt. Der Hochgebenedeite hat gesagt: „Nimm du es, kämest du nicht dazu, so käme es zu dir."

Sollte jemand sagen: „In dem Falle sind Lohn und Strafe auch auf der ‚wohlverwahrten Tafel' (aufgezeichnet; dann sind wir doch gehalten, den Lohn zu erstreben und den Grund zur Strafe zu vermeiden. Trachtet man nun darnach, vermehrt es sich dann, oder vermindert es sich, wenn man es unterläßt?", — so wisse: Den Lohn zu erstreben ist strenge Pflicht, denn Gott hat dies streng befohlen sowie bei dessen Unterlassung gedroht. Der Lohn wird nicht verbürgt, wenn wir nichts dazu tun. Durch das Tun des Menschen erhöhen sich Lohn und Strafe, und der Unterschied beruht in einem Punkte. Einige unserer Gelehrten meinen nämlich, das auf der „Tafel" Verzeichnete sei zweiteilig: Ein Teil ist unabhängig ohne Bedingung des menschlichen Tuns oder davon abhängig, und dies sind Unterhalt und Lebensdauer. Deutlich erwähnt Gott der Allerhöchste beide unbedingt und unabhängig: [K. 11:6] „*Kein Tier gibt es auf Erden, dessen Ernährung nicht Gott übernimmt*", ferner: [K. 7:34] „*Und wenn seine (des Volkes) Frist sich naht, dann kann es diese weder beschleunigen noch hinausschieben.*" Der hochgebenedeite Offenbarungsträger hat es ausgesprochen, daß er vielerlei schon hinter sich habe: die Leute, den Unterhalt, die Lebensfrist sowie den „aufgezeichneten" Anteil, der vom Tun des Menschen abhängt, und dies sind Lohn und Strafe. Beides hat Gott der Allerhöchste ganz klar in seinem Buche als vom Tun des Menschen abhängig erwähnt: [K. 5:65] „*Und auch wenn die Schriftbesitzer glauben würden und gottesfürchtig wären, so würden wir ihre Untaten vergeben und sie in den Paradiesgarten eintreten lassen.*" Dies ist deutlich, und erkenne es!

Wenn man sagt: „Wir finden, daß jene, die darnach suchen, Unterhalt und Vermögen erlangen, während jene, die es unterlassen, nichts sind und verarmen", — so antworte man: Das ist so, als ob es unter den darnach Strebenden keinen Mittellosen und Armen gäbe, und andererseits unter denen, die das unterlassen, sich keiner fände, der wohlversorgt und reich ist. Ja, dies ist doch meist so, damit du erkennst, daß es vom Erhabenen, Allwissenden zugemessen ist und vom allweisen König verfügt ist. Der gottselige Abū Bakr ibn Sābiq, der Prediger aus Sizilien in Damaskus, hat gedichtet:

„Wie mancher Starke ist stark, doch, da er sich umwendet —
wiewohl gut geschult, ist der Wohlstand von ihm gewichen!
Wie mancher Schwache ist schwach, doch, da er sich umwendet —
da schöpft er wie aus dem Meerbusen.
Dies weist darauf hin, daß Gott
in seiner Schöpfung ein unentdecktes Geheimnis verborgen hat.“

Fragst du: „Sollen wir ohne Wegzehrung in die Wüste gehen?“, — so wisse: Wenn Gott der Allerhöchste dein Herz stärkt und du auf Gottes Verheißung vertraust, so geh in die Wüste — oder sei wie die große Masse mit ihren Belangen. Du hast doch den gottseligen Imām Abū l-Maʿālī (al-Juwaynī) sagen hören: „Wer mit Gott dem Allerhöchsten nach dem Brauch der Menschen verfährt, mit dem verfährt Gott nach Menschenbrauch in bezug auf Mundvorrat zur Genüge.“ Dies ist ein schönes Wort und dem sehr nützlich, der darüber nachdenkt.

Wenn du nun sagst: „Hat Gott der Allerhöchste nicht gesagt: [K. 2:197] ‚*Verseht euch mit dem Reisevorrat, doch ist Gottesfurcht die beste Wegzehrung*‘“, — so wisse:

Es liegen hierin zwei Aussprüche: Einer ist, daß es sich hier um Wegzehrung für das Jenseits handelt, weshalb er sprach: „*Doch ist Gottesfurcht die beste Wegzehrung*", ohne daß er dabei das vergängliche Weltgut und dessen Mittel meint. Das zweite ist, daß es Leute gab, die auf dem Wallfahrtswege keinen Vorrat für sich mitnahmen, weil sie sich auf die Menschen verließen, diese anbettelten, sich beklagten, aufdringlich waren und die Leute quälten. Diesen wurde nun zur Aufmunterung befohlen, Vorrat mitzunehmen, denn es ist ja besser, diesen vom Eigenen mitzunehmen als vom Gut der Leute, auf die man sich verläßt. So ist unsere Meinung.

Sagst du: „Soll der auf Gott Vertrauende auf Reisen den Vorrat mitnehmen?", — so wisse: Er nimmt vielleicht die Wegzehrung mit, hängt jedoch nicht sein Herz daran, daß sie sicher seine Nahrung ist, die ihn aufrecht hält. Sein Herz aber hängt er an Gott den Allerhöchsten und sagt: „Der Unterhalt ist ‚zugemessen', und damit gut, und wenn es Gott der Allerhöchste will, so erhält er meine Körperkraft auf diese oder auf eine andere Weise." Vielleicht nimmt er die Wegzehrung in anderer Absicht mit, etwa einem Muslim zu helfen usw. Es handelt sich hier nicht darum, die Wegzehrung mitzuführen oder dies zu unterlassen, vielmehr darum, ob du dein Herz an anderes hängst als an die Verheißung Gottes des Allerhöchsten, milde genügend zu schenken, und an seine Bürgschaft. Da gibt es manchen, der trägt Mundvorrat bei sich, doch ist sein Herz bei Gott, und wie mancher unterläßt jenes, während sein Herz doch darauf, nicht auf Gott, gerichtet ist. Es handelt sich somit um die Haltung des Herzens. Verstehe diese Grundsätze und unterlaß es, Vorrat zu sammeln — so Gott der Allerhöchste es will.

Sagt man: „Der hochgebenedeite Prophet, seine Gefährten und die Frommen der Frühzeit haben doch aber Wegzehrung mit sich geführt?“, — so erwidert man: Es ist dies sicher erlaubt und nicht verboten. Untersagt ist nur, sein Herz ganz an die Wegzehrung zu hängen, ohne auf Gott den Gepriesenen zu vertrauen. Erkenne dies! Was denkst du sodann vom hochgebenedeiten Gottesboten, dem doch Gott der Allerhöchste gesagt hat: [K. 25:58] „*Verlaß dich auf den Lebendigen, der nicht stirbt.*“ Hat er wohl hierbei gesündigt und sein Herz an Speise, Trank, Dirham und Dīnār gehängt? Doch keineswegs! — und Gott bewahre, daß es so wäre, vielmehr war sein Herz bei Gott, und auf ihn vertraute er, so wie er es befohlen hatte. Er, der sich gar nicht um die Welt kümmerte, noch nach den Schlüsseln zu den Schatzkammern der Welt griff, hat nebst den Frommen der Frühzeit aus bester Absicht die Wegzehrung mit sich genommen, nicht weil sie den Sinn auf diese statt auf Gott den Allerhöchsten gerichtet hätten. Darum wollten wir dich belehren, erkenne es, erwache aus deinem Schlafe, merke auf, statt zu säumen, und unter Gottes Leitung verstehst du es.

Sagst du nun: „Was ist tugendhafter, Wegzehrung mitzunehmen oder nicht?“, — so wisse: Dies ist nach den Umständen verschieden. Wenn jemand, der darnach handelt, damit zeigen will, daß Mitnahme von Zehrung erlaubt sei, oder falls er die Absicht hat, einem Muslim zu helfen oder einen Mangel zu beseitigen, so ist für ihn Verproviantierung vorzuziehen. Wer aber allein geht, dem Gott der Gepriesene das Herz gestärkt hat, den die Wegzehrung nicht davon abhält, Gott dem Allerhöchsten und Gepriesenen zu dienen, dem ist es besser, auf sie zu verzichten. So ist dir das Ganze verständlich, bewahre es verständig — und durch Gott ist der Erfolg.

Die zweite Heimsuchung: Die Unsicherheiten, ihr Begriff und ihr Zweck. Hierfür genügt es, sich auf Gott zu verlassen (*tafwīḍ*). Das Gesamte hast du Gott dem Gepriesenen zu überlassen, und dies aus zwei Gründen: Erstens wegen des sofortigen Herzensfriedens. Sind nämlich die Dinge gefährlich und unbestimmt, so daß man nicht weiß, was Heil und was Unheil ist, so ist dein Herz darob verwirrt und deine Seele unschlüssig, so daß du nicht weißt, ob du in Heil oder Unheil gerätst. Überläßt du nun die Sache ganz Gott dem Allerhöchsten, so bist du gewiß, nur Heil zu erlangen. Du bist dann sicher vor Gefahr, Unglück und Widrigem, und dein Herz ist sofort ruhig. Diese Zufriedenheit, Sicherheit und Herzensruhe sind gewaltiger Vorteil. Unser gottseliger Scheich sagte oft in seinem Kreise: „Überlasse es dem, der dich schuf, zu verfügen." Hierzu hat er gedichtet:

„Wahrlich, wer nicht weiß, ob aus dem, was er gern hat, Nutzen oder Widriges entsteht,
dem ist es besser, was er nicht kann, dem zu überlassen, der es vermag,
dem gütigen Gott, der eher Milde übt als Vater und Mutter."

Das Zweite ist: Man erlangt künftig Heil und Gutes, weil ja die Dinge in ihren Folgen nicht ersichtlich sind. Wieviel Übles steckt doch im äußerlich Guten, wieviel Schädliches im augenscheinlich Nützlichen, wieviel Gift in der Form des Honigs! Wenn du nun bei

Unkenntnis der Folgen und des Verborgenen doch die Dinge eigensinnig erstrebst und dich an sie heranwagst nach eigenem Wunsche und willkürlich, wie schnell stürzest du da ins Verderben, ohne es zu spüren! Man erzählt von einem Weltflüchtigen, er habe Gott gebeten, ihn den Satan sehen zu lassen. Man riet ihm, von Gott Gesundheit zu erflehen, doch wies er alles ab außer jenem. Da ließ ihn Gott der Allerhöchste den Satan sehen. Als der Asket ihn schaute, wollte er ihn schlagen, doch der Teufel sprach zu ihm: „Wenn du nicht hundert Jahre leben solltest, so würde ich dich vernichten und peinigen." Er ließ sich durch diese Rede betören und sagte sich: „Mein Leben währt noch recht lange, so tue ich, was ich will, und bekehre mich später." So verfiel er in Unsittlichkeit, gab das geistliche Leben auf und ging verloren. Es liegt hierin für dich eine Warnung vor eigensinnigem Verlangen und ungestümen Begehren. So hüte dich auch vor vermessentlicher Hoffnung, denn diese ist ein großes Unglück, und mit Recht hat jemand gesagt:

„Hüte dich vor Gier und Wünschen,
wie manches Verlangen brachte den Tod!"

Überläßt du aber deine Sache Gott dem Gepriesenen und bittest ihn, er möge für dich entscheiden, was dir zum Heile sei, so findest du nur Gutes und Rechtes und erlangst Heil allein. Gott der Allerhöchste hat ja die Geschichte vom frommen Diener erzählt: [K. 40: 44] „*Ich stelle meine Sache Gott anheim, wahrlich Gott sieht auf seine Diener.*" Und Gott bewahrte ihn vorm Bösen, das man schmiedete, doch dem Volke des Fir'aun (Pharao) wurde harte Strafe zuteil (ein gläubiger Ägypter war für Mūsā eingetreten). Siehst du nicht, wie Schutz vor üblen Dingen, Sieg über die Feinde und Gewinn des Begehrten folgten, nachdem er sich Gott überlassen hatte? — Denke hierüber nach mit Erfolg, wenn Gott es will.

Verlangst du nun, daß man erkläre, was es heißt „etwas Gott anheimzustellen" nebst der Verpflichtung dazu, so wisse: Es folgen zwei Abschnitte, in denen die Sache klar wird: 1. Wortgebrauch von „anheimstellen" (durch Aussprechen „Wenn Gott will" — *inshā'a 'llāh*) sowie die Verpflichtung hierzu. 2. Dessen Sinn, Bestimmung und Gegenteil.

Der Wortgebrauch hat drei Bedeutungen: Wenn du genau weißt, daß etwas schlecht oder ein Übel ist, wie Höllenfeuer und Strafpein, sowie in Taten, als da sind Unglaube, sündhafte Neuerung und Gott zuwiderhandeln, das man unmöglich wünschen darf. Ferner, wenn du bestimmt weißt, daß es zum Heile ist, wie Paradies, Glaube und Gewohnheit des Propheten (*sunna*). Hiernach zu trachten ist ja Pflicht. Hier stellt man es nicht Gott anheim, da es ja ohne Zweifel gut und heilsam ist. Drittens bedeutet es, wenn du nicht sicher bist, ob es zum Heile oder zum Bösen ist, als da sind überpflichtige Gebetsakte und die erlaubten Dinge. Hier hast du es anheimzustellen, da es dir nicht zukommt, sie unbedingt zu wollen, sondern du hast Vorbehalt zu üben unter der Bedingung, daß es zu Nutz und Frommen sei. Hast du nun deinen Eigenwillen durch Vorbehalt eingeschränkt, dann ist dies „Anheimstellung", ohne Vorbehalt gewollt wäre es tadelnswerte Gier, die untersagt ist. Bei jedem Willensakt hast du daher die Sache Gott anheimzustellen, bei der Unsicherheit besteht, und dies ist dann der Fall, wenn du nicht sicher bist, ob es dir zum Heile sei.

Einer unserer gottseligen Scheiche hat über den Sinn des „Anheimstellens" gesagt: „Man überläßt die Wahl bei unsicheren Dingen dem, der erwählt und leitet, der um das Wohl der Menschen weiß, außer dem es keinen Gott gibt." Nach dem Ausspruch des gottseligen Scheichs Muḥammad as-Sijazī ist es dies, wenn du deine Wahlfreiheit dem Erwählenden überläßt, auf daß er für dich wähle, was für dich das Bessere ist. Der gottselige Scheich Abū 'Umar sagte: „Man gibt das Begehren auf, und Begehren heißt, die unsichere Sache fest wollen." Dies nun sind die Erklärungen der Scheiche, und unsere Meinung ist: Anheimstellen heißt, daß du willst, Gott möge deine Angelegenheiten in Schutz nehmen, bei denen du nicht vor Gefahr sicher bist.

Im Widerspruch zum Anheimstellen steht dann der Eigenwunsch, der allgemein zweifach auftritt: Eine Art bedeutet Hoffnung (*rajā'*), wenn man etwas Gefahrloses anstrebt oder Unsicheres mit Vorbehalt, was ja löblich, nicht tadelnswert ist. Gott der Allerhöchste hat ja gesagt: [K. 26:82] „*... und von dem ich heiß wünsche, daß er am Tage des Gerichtes mir meine Schuld vergebe*", und desgleichen: [K. 26:51] „*Wahrlich, heiß wünschen wir, daß unser Herr uns unsere Schulden vergebe.*" Diese Art haben wir hier nicht zu behandeln.

Die andere Art ist der tadelnswerte Eigenwunsch. Der hochgebenedeite Prophet hat gesagt: „Hütet euch vor dem Eigenwunsch, denn er ist bereits eingetretener Mangel." Man sagt: „Untergang und Verderb des religiösen Lebens ist die Gier, doch schützt dagegen der Bedacht (*wara'*)." Unser gottseliger Scheich hat gesagt: „Der verwerfliche Eigenwunsch ist zweifach: Wenn das Herz bei zweifelhaftem Vorteil ruhig bleibt, und zweitens, wenn die unsichere Sache entschieden erstrebt wird.“ Diesem Streben begegnet man nur dadurch, daß man die Sache Gott anheimstellt. Erkenne dies!

Man bewahrt aber das „Anheimstellen“, wenn man sich die Gefahr bei den Dingen vergegenwärtigt und den Untergang und das Verderben, das dabei ist. Dies wiederum wird gehütet, wenn du daran denkst, daß du dich vor mancherlei Gefahr nicht schützen, noch es vermeiden kannst, durch deine Unwissenheit, Achtlosigkeit und Schwäche in Untergang und Verderben zu geraten. Bedenkst du eifrig beides, so führt dich dies dahin, alle Dinge Gott dem Gepriesenen anheimzustellen, doch gilt hierbei als Bedingung, daß es gut und zum Heile sei. Denn nur so bist du bewahrt davor, eigensinnig darauf zu bestehen, und kannst den Wunsch darnach aufgeben. Dies ist es, und der Erfolg steht bei Gott.

Sagt man dir: „Welcher Gefahr (*khaṭar*, Unsicherheit) wegen verpflichtet ihr zur Anheimstellung?“, — so wisse: Im ganzen gibt es zwei Gefahren: die Unsicherheit beim Zweifel, ob es so sei oder nicht, ob es dir gelingt oder nicht. Dazu bedarf es des Vorbehaltes, und dies fällt unter die Gegenstände von „Absicht“ und „Vermessenheit“. Die zweite ist die Gefahr, etwas zu verderben, wenn du nicht sicher bist, ob es dir heilsam sei, und hierbei muß man es Gott anheimstellen. Die Ausdrücke für Gefahr (Unsicherheit) sind dann bei den Imāmen verschieden. Einige meinen, die Gefahr liege im Handeln, wobei man sicher ist, wenn man es nicht tut, während es sonst vielleicht sündhaft wäre. Sicher sind Glaube, Treue und Sunna (löbliche Gewohnheit des Propheten). Bestimmt ist man beim Glauben sicher, und ebenso ist Treue zu wollen. Der gottselige Scheich sagte: „Im Tun besteht Unsicherheit, solange vielleicht dabei etwas eintritt, bei dem es besser ist, auf das Hindernde zu achten, als das Tun zu beginnen. Dies kommt bei erlaubten, überpflichtigen und pflichtgemäßen Dingen vor. Es ist klar, daß jemandem, dem die Zeit zum Ritualgebet knapp ist und er es verrichten will, ein Hindernis entgegentritt, wie eine Feuersbrunst, oder daß jemand ertrinkt, während er ihn retten könnte. In dem Fall ist es besser zu retten, als das Ritualgebet zu verrichten." Es ist folglich unrichtig, Erlaubtes, Überpflichtiges und viele Verpflichtungen unbedingt zu wollen.

Wendet man ein: „Wie ist es dann richtig, daß Gott seinem Diener eine Pflicht auferlegt und deren Unterlassung mit Strafe bedroht, während der Mensch dann doch bei seinem Handeln nichts Heilsames sieht?", — so wisse: Unser gottseliger Scheich hat gesagt: „Gott der Allerhöchste befiehlt seinem Diener nur, was diesem heilsam ist, wenn kein Hindernis besteht und keine (andere) Pflichthandlung drängt. Von dieser lenkt ihn nämlich nur ab, was ihm zum Heile dient." Vielleicht gewährt ihm Gott eine Entschuldigung, weil es besser ist, vor zwei gebotenen Dingen zu zögern, als das eine zu tun, wie wir es behandelt haben. In diesem Fall ist der Mensch entschuldigt, ja zu belohnen, nicht weil er die eine Pflicht unterlassen hat, sondern weil er das vorzüglichere Pflichtwerk getan hat. Zu dieser Frage habe ich den gottseligen Imam (Juwaynī) sich äußern hören: „In allen Werken, die Gott seinen Dienern zur Pflicht gemacht hat, wie Ritualgebet, Fasten, Wallfahrt usw., liegt ohne Zweifel für den Menschen Heilsames, und sie unbedingt zu wollen, ist richtig." Er meinte, hierin stimme unsere Ansicht überein. So bleiben folglich noch Erlaubtes und Überpflichtiges in dieser Hinsicht.

Wisse, dies ist eine der Dunkelheiten des Kapitels — und durch Gott ist der Erfolg.

Sagt man: „Ist man vor Untergang und Verderben sicher, wenn man es Gott anheimstellt, während die Welt doch Stätte der Erprobung ist?“, — so wisse: Meist ist es nur heilsam, wenn man mit Anheimstellung handelt, und Unheil ist dabei selten. Und daher enttäuscht ihn das manchmal, und er gerät aus dieser Stufe (der Tugend) heraus, so daß es dem Menschen nicht heilsam ist, enttäuscht zu sein und die Tugendstufe des Anheimstellens zu verlieren. Dies ist die Lehrmeinung des gottseligen Scheiches Abū ʿUmar. Man hat die Ansicht vertreten: Bei den Dingen, die man Gott anheimstellt, kann nur Ersprießliches entstehen, und bei den Dingen, die man nicht anheimzustellen habe, möge man es unterlassen. Doch liegt hierbei zweifelsohne ein Fehler vor, und man hat anheimzustellen, falls man bei einer Sache zweifelt, ob sie zum Heil oder Schaden sei. Unser gottseliger Scheich meinte, die bessere beider Ansichten sei letztere. Wäre dem nicht so, so würde der Beweggrund zum Anheimstellen nicht stark genug sein.

Stellt man die Frage, ob Gott, wenn etwas ihm anheimgestellt werde, das Vorzüglichere tun müsse, — so wisse: In bezug auf Gott den Allerhöchsten von Verpflichtung zu reden, ist unmöglich, da er ja seinen Dienern gegenüber keine Pflichten kennt. Vielleicht tut er aus Weisheit das Heilsamere statt des Vorzüglicheren. Es ist bekannt, daß er es bei dem hochgebenedeiten Propheten und dessen Gefährten so fügte, daß diese auf einem Streifzug die Nacht hindurch bis zum Sonnenaufgang schliefen, so daß sie Nacht- und Morgengebet versäumten, wo doch das Ritualgebet vorzüglicher als der Schlaf ist. Und manchmal teilt er einem Menschen in der Welt Reichtum und Wohlstand zu, obwohl die Armut vorzüglicher ist, und zuweilen teilt er ihm Sorge mit Ehegatten und Kindern zu, wiewohl für die Diener Gottes des Gewaltigen, Herrlichen die Weltabkehr vorzüglicher ist. Doch er kennt und befürsorgt seine Diener. Es ist dies so wie bei einem geschickten, gut beratenden Arzte, der für den Kranken Gerstenwasser wählt, obwohl Zuckerwasser vorzüglicher und wertvoller ist, weil er weiß, daß Gerstenwasser zum Wohle dient. Beim Menschen bezweckt er Rettung vor dem Untergang, nicht Vorzug und Ehre, verbunden mit Schaden und Verderben.

Fragt man: „Hat der, welcher anheimstellt, freie Wahl?“, — so wisse: Nach Ansicht unserer Gelehrten kann er wählen, ohne daß dies das Anheimstellen beeinflußt. Das bedeutet: Falls ihm sowohl das Geringere wie das Vorzüglichere zum Heile sind, so wünscht er von Gott, er möge ihm das Vorzüglichere gewähren. Der Kranke sagt ja auch zum Arzt, er möge ihm Zuckerwasser statt Gerstenwasser verschreiben, wenn beide ihm heilsam sind, auf daß er das Angenehmere mit dem Heilenden zugleich bekomme. So handelt auch der Mensch, wenn er Gott den Allerhöchsten bittet, er möge ihm Heil durch das Angenehmere geben und es ihm gewähren, damit beides miteinander verbunden sei. Bedingung ist jedoch dabei, daß, falls Gott für ihn das Heilsame im weniger Vorzüglichen wählt, er sich dabei bescheide.

Sagt man: „Warum darf der Mensch das Vorzüglichere wählen, während er das ihm Heilsamere nicht wählen darf?“, — so wisse: Beides unterscheidet sich da-durch, daß der Mensch weiß, was vorzüglicher und was geringer ist, während er das Heilsame und Schädliche nicht so erkennt, daß er fest darnach verlange. Weiterhin bedeutet freie Wahl des Vorzüglicheren, daß er Gott den Allerhöchsten anfleht, er möge ihm sein Heil beim Vorzüglicheren gewähren, es für ihn wählen und ihm zuteilen, nicht etwa, daß der Mensch irgend etwas dabei zu verfügen habe. Erkenne dies wohl! So haben wir die Feinheiten dieses Wissens und seiner Geheimnisse zusammengefaßt. Würden wir nicht gespürt haben, daß es notwendig sei, dann hätten wir es unterlassen, dieses darzulegen, denn die Meere der Wissenschaften vom Unsichtbaren wogen durcheinander, obwohl ich mich auf das Hinreichende beschränkt habe. Ich wollte ja deutlich sein, damit sowohl die gereiften Gelehrten wie die Anfänger dadurch Nutzen haben, wenn Gott der Allerhöchste es will, und von ihm kommt der Erfolg.

Die dritte Heimsuchung: Der (göttliche) Ratschluß und sein verschiedenartiges Aufscheinen. Man tut ihm Genüge, wenn man sich damit zufrieden gibt. Du hast dich mit dem Ratschluß Gottes des Erhabenen und Gewaltigen zu bescheiden und zwar wegen zweier Dinge:

Erstens weil du für den Gottesdienst frei sein sollst. Nimmst du den Ratschluß nicht hin, so bist du immerdar bekümmert, geschäftigen Herzens, warum es so war und warum dies nicht so ist. Ist das Herz mit solcher Kümmernis beschäftigt, wie findet es dann Freiheit für das geistliche Leben? Du hast ja nur e i n Herz, das du mit weltlichen Sorgen erfüllst: Was war, und was wird sein? Welcher Platz verbleibt dann noch für das Gedenken Gottes, für das geistliche Leben und den Gedanken an das Jenseits? Der gottselige Shaqīq sagte: „Das Jammern um vergangene Dinge und das

Planen künftiger nimmt den Segen dieser deiner Stunde hinweg."

Das zweite ist dann: Die Gefahr, die im Murren liegt, weil Gott der Allerhöchste dessen zürnt. Man hat uns in den Erzählungen überliefert, einer der Propheten habe sich wegen etwas Widrigem gegen Gott den Allerhöchsten beklagt. Doch da offenbarte ihm Gott der Allerhöchste: „Klagst du über mich, der ich doch über Tadel und Klage erhaben bin? So zeigte sich im jenseitigen Wissen deine Sache, und warum murrst du über das, was ich dir bestimmt habe? Willst du, daß ich um deinetwillen die Welt ändere und deinethalben die ‚wohlverwahrte Tafel' austausche und das bestimme, was du willst neben dem, was ich will, und daß das geschehe, was du gern hast neben dem, was mir beliebt? Und bei meiner Herrlichkeit habe ich geschworen: Wenn du in deiner Brust nochmals dieses stammelst, dann nehme ich dir das Kleid des Propheten ab und führe dich ins Höllenfeuer, ohne mich zu sorgen." Meine Meinung ist, daß der Verständige auf die gewaltige Warnung und furchtbare Drohung hören soll, die seinem Propheten und Auserwählten galt, und wie dies erst bei anderen sein würde! Dann vernimm das Wort des Gewaltigen, Mächtigen: „Wenn du in deiner Brust nochmals dieses stammelst", damit ist das Gerede der Triebseele und Schwanken des Herzens gemeint! Und wie wird es erst mit dem sein, der zu seinem gnädigen, wohltätigen Herrn mit Jammern und Heulen schreit, ruft, fleht und klagt vor aller Welt, sich diese aber zu Helfern und Gefährten macht? Dies gilt für den, der einmal unwillig war, wie aber erst für den, der sein Lebtag gegen Gott den Allerhöchsten unwillig war? Dies gilt für den, der ihm klagt, wie aber erst für den, der bei einem anderen klagt! Nehmen wir Zuflucht zu Gott vor den üblen Dingen in uns selbst wie vor unserem schlechten Tun und bitten wir ihn, er möge uns unser übles Benehmen vergeben und verzeihen und uns mit Wohlwollen bessern, denn er ist der barmherzigste Erbarmer.

Fragt man: „Was bedeutet sich bescheiden mit dem Ratschluß Gottes, was ist dessen Wesen, und wie ist es geboten?", — so wisse: Die Gelehrten meinen: Sich bescheiden heißt, man solle den Unwillen aufgeben. Unter diesem versteht man, daß man anderes als den Ratschluß Gottes des Allerhöchsten im Sinne habe, so daß es dadurch für einen besser und günstiger sei, und zwar bei Dingen, von denen man nicht genau weiß, ob sie schädlich oder recht seien. Erkenne, daß dies dabei Bedingung ist!

Wenn man sagt: „Sind nicht Übeltaten und Sünden in Ratschluß und Fügung Gottes enthalten? Wie soll nun der Mensch verpflichtet sein, sich mit dem Üblen zu bescheiden?", — so wisse: Man ist verpflichtet, sich mit dem Ratschluß (Gottes) zu bescheiden. Es ist ja nicht das Übel, daß es im göttlichen Ratschluß enthalten ist. Unsere gottseligen Scheiche sagen, daß es vier Arten von vorher Bestimmtem gibt: Angenehmes und Ungemach, Gutes und Übles. Beim gnädig gewährten Angenehmen muß man dem Ratschluß, dem Verhängenden und dem Verhängten zustimmen. Der Dank dafür ist Pflicht, da es Gnadenverweis ist und man bei einem solchen pflichtschuldig zu bekunden hat, wie er wirkte. Auch bei Ungemach muß man sich mit Ratschluß, Verhängendem und Verhängtem bescheiden, und da es sich um Unangenehmes handelt, so ist Geduld Pflicht. Bei sittlich Gutem ist Gleiches Pflicht, nämlich dem Ratschluß, dem Verhängenden und dem Verhängten zuzustimmen. Dabei ist es Pflicht, der (göttlichen) Huld zu gedenken, weil sie ein Gut ist, das gewährt wurde. Ebenso gilt es beim sittlich Schlechten, sich mit Ratschluß, Verhängendem und Verhängtem zu bescheiden, nicht weil es sittlich schlecht ist, sondern weil es verhängt war und in Beziehung zum Ratschluß wie zum Verhängenden steht. Es ist so, als wenn du gern eine glaubenswidrige Lehrmeinung kennenlernen willst, nicht weil du diese Meinung teilst, sondern weil deren Kenntnis zur Wissenschaft gehört. So gelten Wille und Liebe dazu nicht der glaubenswidrigen Lehrmeinung, sondern deren Erkenntnis.

Wenn man sagt: „Besagt das Sichbescheiden, daß man mehr wünsche?", — so erwidert man: Ja — vorausgesetzt, es handelt sich um sittlich Gutes und Heilsames und ohne daß man darauf besteht. Man weicht hierbei nicht vom Sichbescheiden ab, sondern dieses wird bestätigt, und somit ist es das Bessere. Gefällt nämlich jemandem etwas und er stimmt damit überein, so wünscht er mehr davon. Der hochgebenedeite Prophet pflegte, wenn man ihm Milch brachte, zu sagen: „O mein Gott, gib deinen Segen dazu, und gib uns mehr davon." Und von anderem sagte er: „Und versorge uns mit Gutem." Beide Stellen besagen nicht, er sei mit dem, was Gott der Allerhöchste zugeteilt hat, nicht zufrieden gewesen.

Sagt man: „Wird nicht vom hochgebenedeiten Propheten berichtet, er hätte den Vorbehalt gemacht (indem er sagte: Gott will) und das Gute und Heilsame vorausgesetzt?", — so wisse, daß diese Dinge nur Sache des Herzens sind und daß das durch die Zunge Gesagte ein Ausdruck dafür ist. Läßt man den Ausdruck weg, so schadet dies nichts, wenn es nur im Herzen vorhanden ist. Dies sei dir vorläufig kund.

Die vierte Heimsuchung: Widrigkeiten und Unfälle. Es genügt die Geduld. An allen Orten mußt du Geduld üben und dies wegen zweier Dinge:

Eines ist, daß du zum geistlichen Leben gelangst und das Ziel erreichst, denn dieses beruht gänzlich auf der Geduld und Ertragen der Mühsal. Wer nämlich keine Geduld übt, der erreicht wirklich nichts davon. Dies ist so, weil dem Widrigkeiten, Prüfungen und Unglücksfälle mannigfach begegnen, der wahrhaft den Dienst Gottes des Allerhöchsten anstrebt und sich dafür freimacht. Eines davon ist, daß das geistliche Leben immer mit Mühsal verbunden ist, weshalb dazu angeregt und Lohn verheißen wird. So gibt es ohne Unterdrückung der Leidenschaft und Zähmung der Begierde keine Bereitschaft, das geistliche Leben zu führen. Die Begierde schreckt vom Guten ab, und dem Menschen fällt es am schwersten, der Leidenschaft zu widerstehen und die Begierde zu bändigen.

Zweitens, wenn der Mensch unter Mühsal Gutes tut, so hat er sich dabei in acht zu nehmen, daß er es nicht verderbe, denn Beharrlichkeit im Tun ist härter als das Tun selbst.

Drittens ist die Welt Stätte der Prüfung. Wer sich in ihr befindet, den müssen mancherlei Widrigkeiten und Unglücksfälle treffen: Da ist Unglück in der Familie und der Verwandtschaft, bei den Brüdern und Gefährten durch Todesfall, Verlust und Trennung, am eigenen Leibe durch Krankheiten und Schmerzen, ferner an der Ehre, weil die Leute diese bekämpfen, und der Wunsch darnach, dann der Spott über ihn und wider ihn Lüge und Verleumdung. In Vermögensangelegenheiten gibt es Verlust und Schaden. Jeder einzelne dieser Unglücksfälle brennt und sengt in verschiedener Weise, und für all dies braucht man Geduld, sonst verhindern Aufregung und Sorge es, für das geistliche Leben frei zu sein.

Das vierte ist, daß der immer die härteste Trübsal und meiste Prüfung erleidet, der nach dem Jenseits trachtet. Wer Gott am nächsten ist, hat in der Welt das meiste Unglück und schwerste Leid. Hörst du nicht das Wort des Hochgebenedeiten: „Am schwersten von Leid getroffen sind die Propheten, dann die Gelehrten, sodann der Tugendhafteste und wiederum der Tugendhafteste." Wer also nach dem Guten trachtet und sich für den Weg des Jenseits freimacht, dem begegnen diese Prüfungen. Wer diesen gegenüber nicht Geduld übt, noch so weit ist, sie außer acht zu lassen, der verliert den Weg, lenkt sich vom geistlichen Leben ab und erreicht nichts davon. Gott der Gepriesene und Allerhöchste hat uns ja kund getan, daß Prüfungen und Unglücksfälle uns treffen und wir Kümmernissen verfallen. Er hat dies bestätigt und bekräftigt, indem er sprach: [K. 3:186] „*An eurem Vermögen und an euch selbst werdet ihr Schaden haben, und von denen, welche vor euch die Schrift erhielten, wie von den Götzendienern werdet ihr Kränkendes hören*", und ferner „und so übt denn Geduld und Gottesfurcht, denn dies gehört zur Festigkeit in den Dingen." Es ist, als ob er sage: „Gewöhnt euch daran, daß ihr mancherlei Leid nicht entgehen könnt, doch wenn ihr euch geduldet, dann seid ihr wahre Männer, und eure Festigkeit ist die von Männern." Wer sich nämlich zum Dienst Gottes des Gepriesenen entschlossen hat, der muß auf lange Geduld gefaßt sein und sich entschließen, größte Plagen zu erleiden, die bis zum Tode aufeinander folgen. Andernfalls strebt er nach der Sache ohne die Mittel und verfehlt sie in anderer Hinsicht. Vom gottseligen al-Fuḍayl wird das Wort überliefert: „Wer entschlossen ist, den Weg zum Jenseits zurückzulegen, der soll in seiner Seele vier Farben des Todes bereitstellen: den Weißen, den Roten, den Schwarzen und den Grünen. Der weiße Tod ist der Hunger, der schwarze Verachtung durch die Leute, der rote Anfechtung durch Satan, der grüne sind die Geschicke eins ums andere."

Die zweite Sache ist: Wieviel Gutes birgt doch die Geduld für Welt und Jenseits, woher Sicherheit und Erfolg stammen. Der Allerhöchste hat gesagt: [K. 65:2–3] „*Wer Gott fürchtet, dem schafft er einen Ausweg — und er wird ihn versorgen, woher er es nicht erwartet.*" Das heißt, wer Gott den Allerhöchsten in Geduld fürchtet, dem schafft er einen Ausweg aus den Widerwärtigkeiten, und das bedeutet Sieg über die Feinde. Gott der Allerhöchste hat gesagt: [K. 11:49] „*Gedulde dich, der Ausgang ist für die Gottesfürchtigen*", das heißt das Gewünschte wird erlangt. Ein Wort Gottes des Allerhöchsten lautet: [K. 7:137] „*Und das schönste Wort Gottes erfüllte sich an den Söhnen Israels, weil sie in Geduld ausharrten.*" Es wird erzählt, Yūsuf (Josef) habe in der Antwort an Ya'qūb (Jakob) — über beide sei Friede — geschrieben: „Wahrlich, deine Väter übten Geduld und siegten, so gedulde du dich wie sie, und du siegst ihnen gleich." Man hat hierüber gesagt:

„Verzage nicht, auch wenn die Suche dauert,
wenn in Geduld du flehest, Trost zu sehen.
Handle als Geduldiger, um zu erlangen,
  was du brauchst,

und wie einer, an den Türklopfer geklammert, um Zuflucht zu finden."

Man erlangt hierdurch auch Ansehen unter den Menschen und das Amt eines Vorstehers (*Imāma*). Der Allerhöchste hat gesagt: [K. 32:24] „*Einige von ihnen haben wir zu Vorstehern gemacht, die sie führen sollten nach unserer Weisung, weil sie geduldig ausharrten.*" Hierdurch erlangt man auch Lob von Gott dem Allerhöchsten und Gepriesenen, der da sagte: [K. 38:44] „*Wir fanden ihn (Job) geduldig, ein vortrefflicher Diener, wahrlich, er wandte sich (an uns).*" Hiervon kommt auch frohe Botschaft und Erbarmen. Gott der Allerhöchste hat gesagt: [K. 2:155–157] „*Und künde den Geduldigen Heil, welche von Unglück betroffen sagten: Wahrlich, wir sind Gottes, und zu ihm kehren wir zurück. — Jenen schenkt ihr Herr Segen und Erbarmen, und sie sind die Rechtgeleiteten.*" Man wird daher auch von Gott dem Allerhöchsten geliebt, der sagte: [K. 3:146] „*Und Gott liebt die Geduldigen.*" Ferner werden hierdurch im Paradies die höchsten Stufen erreicht nach dem Worte Gottes des Allerhöchsten: [K. 25:75] „*Jene erhalten die schönste Stätte für geübte Geduld.*" Auch hohe Ehrung stammt daher nach des Allerhöchsten Wort: [K. 13:24] „*Heil über euch, weil ihr Geduld übtet.*" Dadurch erlangte man einen Lohn, der ohne Maß und Grenze, über Vorstellungen, Zahlen und Leistungen des Menschen hinausgeht. Der Allerhöchste hat gesagt: [K. 39:10] „*Wahrlich, die Geduldigen werden unermeßlichen Lohn erhalten.*" Gepriesen sei er, der da Gott, Herr und preiswürdig ist! Wie edelmütig ist er doch! Für eine Stunde lang Geduld spendet er all diese Gnaden seinen Dienern in der Welt wie im Jenseits. Es ist dir klar, daß für Welt und Jenseits das Heil in der Geduld liegt. Der Hochgebenedeite hat gesagt: „Etwas Gutes, das größer wäre als die Geduld, leistet niemand." Vom gottbegnadeten ʻUmar stammt der Ausspruch: „Alles Gute der Gläubigen liegt in einer einzigen Stunde Geduld." Jemand hat dies gut wiedergegeben:

„Geduld ist der Schlüssel zum Erhofften,
durch sie geschieht alles Gute.
Harre aus, wenn auch die Nächte lang sind,
vielleicht ist es dem Zähen möglich.
Und manchmal erlangt man das durch Sichgedulden,
von dem man sagte: O weh! Es wird nicht sein!"

Ein anderer hat gesagt:

„Ich übte Geduld, da ward die Geduld mir zur Natur.
Es genügt dir, daß Gott die Geduld gelobt hat.
Geduld werde ich üben, bis Gott über uns bestimmt,
sei es zum Leichten, sei es zum Schweren."

Es ist deine Pflicht, dir diese edle, lobwürdige Tugend zu eigen zu machen und dich um sie zu bemühen, dann wirst du siegreich sein, und Gott hilft zum Erfolg. Fragst du nun nach dem Wesen der Geduld und deren Gebot — so wisse: Sprachlich bedeutet Geduld (*ṣabr*) „verwahren". Gott der Allerhöchste hat gesagt: [K. 18: 28] „*Verwahre deine Seele mit denen, die ihren Herren morgens und abends anflehen, sein Antlitz suchen.*" Das heißt: „Verwahre deine Seele mit ihnen", und von Gott wird Geduld ausgesagt, weil er die Strafe für die Übeltäter in Verwahr hält, ohne sie eilig damit zu treffen.

Als Geduld bezeichnet man dann das Sichbemühen des Herzens, da es ein Bewahren der Seele vor Ungeduld ist. Nach Ansicht der Gelehrten ist es Ungeduld, wenn man beim Ungemach an dessen Unruhe denkt. Man sagt auch, es sei der entschiedene Wille, dem Ungemach zu entgehen, unterläßt man dies, so hat man Geduld. Man sichert die Geduld, wenn man daran denkt, daß die Mühsal ihr Maß und ihre Zeit hat, die weder mehr noch weniger werden, weder zu früh noch zu spät kommen, daß die Ungeduld aber nutzlos ist, ja schadet und gefährdet. Man sichert dies wiederum, wenn man der gütigen Entgeltung Gottes des Allerhöchsten gedenkt, die hierfür ja huldvoll bei ihm hinterlegt ist. Dies ist es, und bei Gott steht der Erfolg.

Du hast diesen schwierigen Anstieg voller Hindernisse zu überwinden, in dem du diese vier Widrigkeiten vertreibst und deren Ursache behebst. Andernfalls lassen sie dich nicht an dein Ziel des geistlichen Lebens denken und dafür wirken, geschweige, daß du es begreifst und dahin gelangst, denn wahrlich jede (der vier Widerwärtigkeiten) lenkt dich früher oder später ab. Ferner sind am stärksten und schwersten davon die Sorge und die Regelung des Unterhaltes. Dies ist ja für die Leute allgemein die größte Plage, die ihre Seelen ermüdet, ihre Herzen beschäftigt, ihre Sorge vermehrt, ihr Leben verzehrt, ihre Sorgen und Qualen anwachsen läßt, sie vom Tore Gottes des Allerhöchsten weg- und zur Dienstbarkeit von Welt und Menschen hinführt. So leben sie denn in der Welt in Achtlosigkeit, Finsternis, Mühe, Plage, Verächtlichkeit und Erniedrigung und gehen mit leeren Händen dem Jenseits vor der Abrechnung und Strafleiden entgegen, wenn Gott der Allerhöchste in seiner Güte sich ihrer nicht erbarmt. Sieh, wieviel Koranverse Gott der Allerhöchste hierüber geoffenbart hat und wie oft er dies verheißen, versichert und beteuert hat! Und ständig haben Propheten und Gelehrte den Leuten gepredigt, ihnen den Weg dargelegt, Bücher für sie verfaßt, Beispiele angeführt und sie Gott den Allerhöchsten fürchten lassen — und dennoch folgen sie der Führung nicht, noch fürchten sie Gott und sind befriedet, ja sie haben Angst darum und fürchten immer noch, ein Morgen oder Abend könne ihnen entgehen. Der Grund hierfür ist der, daß man zu wenig die Zeichen Gottes des Gepriesenen erwägt, zu selten über die Werke Gottes nachdenkt und es unterläßt, sich der Worte des hochgebenedeiten Propheten zu erinnern und sich die Aussprüche der Frommen zu Gemüte zu führen. Dabei ist man mit den Einflüsterungen des Satans wohlvertraut, lauscht den Worten der Unwissenden und läßt sich von den Sitten der Gleichgültigen umgarnen, bis jene der Teufel überwindet und in ihren Herzen sich diese Sitten einwurzeln. Dies führt bei ihnen zu einer Schwäche des Herzens und Verdünnung der Überzeugung.

Die Besseren aber, die einsichtig, ernsthaft und fleißig sind, schauen auf den Weg des Himmels, kümmern sich nicht um die irdischen Mittel und „*halten sich am Seil Gottes fest*“ [K. 3:103]. Sie beachten nicht den Verkehr mit den Leuten, überzeugen sich von den Zeichen Gottes des Allerhöchsten und achten auf seinen Weg. Auf die Einflüsterungen von Satan, Menschen und Triebseele hören sie nicht, und reden ihnen Satan, ein Mensch oder eine Begierde etwas ein, so beginnen sie mit Widerrede, Abwehr und Widerstand, bis die Leute von ihnen weichen, Satan sich zurückzieht und die Begierde sich unterwirft. So zeigt sich ihnen „*die gerade*

Straße“ [K. 1:6], wie man es vom gottseligen Ibrāhīm ibn Adham erzählt. Als er nämlich in die Wüste ziehen wollte, da kam zu ihm Satan, ihn zu schrecken, weil diese Wüste der Untergang bedeute und er weder Zehrung noch ein Mittel zum Unterhalt bei sich habe. Doch da beschloß der Gottselige es bei sich, ohne diese die Wüste zu durchwandern, ja er wollte sie nur durchqueren, wenn er nach jeder Meile tausend Rak‘a (Gebetseinheiten) verrichtet habe. Er begann den Entschluß auszuführen und verblieb zwölf Jahre in der Wüste, bis ar-Rashīd in einem dieser Jahre nach Mekka wallfahrte und ihn an einem Meilensteine das Ritualgebet verrichten sah. Man sagte ihm, dies sei Ibrāhīm ibn Adham, der da bete. Da ging er zu ihm hin und sagte: „O Abū Isḥāq, wie finden wir dich?“ Ibrāhīm erwiderte ihm in Versen:

„Wir flicken unser Weltgut und zerreißen dabei unsere Religion —
selig der Mensch, dem Gott sein Herr lieber war,
so opfert er sein Weltgut für das, was er erwartet.“

Von einem gottseligen Frommen wird erzählt: Er war in einer Wüste, als Satan ihm einflüsterte: „Du bist ohne Mittel, und dies ist eine mörderische Wüste, in der es weder bebautes Land noch Leute gibt.“ Da beschloß er bei sich, weiterzugehen, obwohl er mittellos war, und den Weg fortzusetzen, von den Leuten nichts zum Essen anzunehmen, sogar wenn man ihm Butter und Honig in den Mund stecke. Dann bog er vom Wege ab und zog geradewegs weiter. Der Gottselige hat erzählt: „Ich wanderte dahin, wie Gott es wollte, als eine Karawane kam, die den Weg verloren hatte, während sie dahinzog. Als ich sie sah, warf ich mich zu Boden, um nicht gesehen zu werden. Doch Gott der Gewaltige und Erhabene ließ sie so marschieren, daß sie bei mir anhielt. Ich schloß die Augen, doch die Leute näherten sich mir und sprachen: ‚Dies ist ein Verirrter, der vor Hunger und Durst ohnmächtig geworden ist. Bringt Butterschmalz und Honig, ihm in den Mund zu stecken, vielleicht erwacht er.‘ Man brachte Butterschmalz und Honig, doch ich schloß Mund und Zähne. Da holten sie ein Messer, um meinen Mund aufzubringen, so daß ich lachte und den Mund öffnete. Als sie dies bei mir sahen, fragten sie: ‚Bist du besessen?‘ Doch ich erwiderte: ‚Nein, Gott sei Lob‘, und erzählte ihnen einiges von dem, was mir mit dem Teufel widerfahren war, so daß sie darüber staunten."

Von einem gottseligen Scheich wird die Erzählung berichtet: „Auf einer meiner Reisen zur Zeit, da ich lehrte, stieg ich in einer Moschee weitab von den Leuten ab. Nach Brauch unserer Heiligen war ich ohne Unterhalt. Da flüsterte mir der Satan ein: ‚Diese Moschee liegt fern von den Menschen. Wenn du zu einer Moschee unter den Leuten wandertest, so würden deren Besucher dich sehen und beginnen, dir genügend zu geben.‘ Da sprach ich: ‚Nur hier werde ich die Nacht verbringen, und vor Gott gelobe ich, nur eine Süßigkeit zu essen, und auch die nur, wenn man sie mir Bissen um Bissen in den Mund steckt.‘ Ich verrichtete dann das rituelle Nachtgebet und verschloß die Tür. Als der erste Teil der Nacht verstrichen war, da bemerkte ich einen Menschen mit einer Lampe, der an die Tür klopfte. Als man noch mehr klopfte, öffnete ich die Tür, und siehe, da war eine alte Frau nebst einem jungen Manne. Sie trat ein und stellte eine Platte mit

Khabīṣ (aus Rahm, Datteln und Stärke) vor mich hin mit den Worten: ‚Dieser junge Mann ist mein Sohn, für den ich diesen Khabīṣ bereitet hatte. Es gab eine Streitrede zwischen uns, und er hat geschworen, nicht davon zu essen, bevor ein fremder Mann mit ihm davon essen werde — oder — (sagte sie) dieser Fremde, der in der Moschee ist. So iß denn! Gott möge sich deiner erbarmen.‘ Dann begann sie mir und ihrem Sohne je einen Bissen in den Mund zu stecken, bis wir genug hatten, worauf beide weggingen. Ich aber schloß die Tür voll Verwunderung über das Geschehene.“

Dies sind Bemühungen und Widerstand der Frommen gegenüber Satan. So hast du hierbei drei Vorteile: Erstens weißt du, daß der Lebensunterhalt durchaus nicht dem entgeht, dem er zugemessen worden ist.

Zweitens weißt du, daß Unterhalt mit Gottvertrauen sehr wichtig ist und daß der Teufel hierbei gewaltig einflüstert und Anschläge macht, so daß Leute wie jene Führenden unter den Asketen sich nicht davon befreien können. Der Satan verliert die Hoffnung bei ihnen nicht, auch wenn jene früheren Anstrengungen und Übungen lange angedauert haben, so daß sie ihn durch diesen Widerstand vertreiben müßten. Bei meinem Leben — wer sich gegen Triebseele und Satan siebzig Jahre lang gemüht hat, ist vor deren Einflüsterungen so wenig sicher wie ein Anfänger im geistlichen Leben, ja wie der Gleichgültige, der sich nicht eine Stunde lang um geistliche Übung bemüht hat. Und selbst wenn sie es erlangt haben, so bringt er sie in Schande und Verderben wie Gleichgültige und Verblendete, und hierfür gibt es warnende Beispiele für die Einsichtigen.

Drittens weißt du, daß die Sache nicht ohne vollen Ernst und rechtes Bemühen vollbracht wird. Jene waren ja Fleisch und Blut, Körper und Geist wie du, ja von zarterem Körper, schwächeren Gliedern und dünneren Knochen als du. Doch besaßen sie Kraft und Erkenntnis, Licht der Überzeugung und Eifer für das religiöse Leben, so daß sie zu solchen Anstrengungen und Festigkeit in diesen Graden gestärkt wurden. So achte auf deine Seele, und Gott möge sich unser erbarmen. Sieh zu, daß du sie von dieser schweren Krankheit heilest und vielleicht Erfolg habest, so Gott will.

Sodann wisse: Ich habe nach dieser Gesamtdarstellung noch (einzelne) Bemerkungen für sich herausgenommen, damit sie im Herzen bleiben, wenn du dich ihrer erinnerst. Dieses Kapitel soll für dich genug Wegzehrung enthalten und dir die Wahrheit verdeutlichen, wenn du sie betrachtest und darnach handelst, und Gott der Gepriesene führt zum Erfolg.

Erstens weißt du, daß Gott der Allerhöchste in seinem Buche seinen Dienern den Unterhalt sichergestellt hat. Er hat deinen Unterhalt sichergestellt und sich dafür verbürgt. Was sagst du, wenn einer der Könige der Welt dir versprechen würde, dich als Gast zur Nacht zu laden und dir das Abendessen zu bieten? Du hast die beste Meinung von ihm, daß er die Wahrheit spreche, nicht lüge und das Versprechen einhalte. Ja, wenn ein Marktkrämer dir solches verheißen würde, ein Jude, Christ oder Zoroastrier, der dir äußerlich einwandfrei scheint und redlich in seinen Worten, würdest du dann ihm selbst nicht trauen sowie seinem Versprechen und dich durch sein Wort beruhigen, so daß du nicht am Abendessen zu jener Nacht zweifelst? Doch was meinst du, da Gott der Allerhöchste dir das Versprechen gab, dir deinen Unterhalt sicherte und sich dafür verbürgte? Ja an anderer Stelle hat er es sogar beschworen — und da solltest du nicht über seine Verheißung beruhigt sein und seinem Worte und seiner Versicherung trauen, auch nicht auf das sehen, was er zuteilt, sondern dein Herz bekümmern und zweifeln? Was wäre dies für eine Schande, sähest du dessen üble Folge und Unheil, wüßtest du, wie es sich damit verhält! Vom gottbegnadeten ʿAlī ibn Abī Ṭālib stammt das Wort:

„Suchst du den Unterhalt bei einem anderen als Gott
und bist du sicher vor der Furcht vor dem, was folgt?
Einen Wechsler heißt du ja gut, und sei er ein Götzendiener,
als sicheren Garanten, während du deinen Herrn nicht für sicher hältst!
Als hättest du nicht gelesen, was in seinem Buche steht,
und beginnst dem Sicheren zu mißtrauen und zu widersprechen."

Aus diesem Grunde führt eine solche Haltung zu Zweifel und Mißtrauen, und man muß für den fürchten, der sie hat. Gott sei Zuflucht davor, daß Erkenntnis und Religion verloren gehen! In diesem Sinne hat der Gepriesene gesagt: [K. 5:23] *„Auf Gott vertrauet, wenn ihr Gläubige seid"* und: [K. 9:51] *„Auf Gott sollen die Gläubigen vertrauen"*, und dem Gläubigen, der an seiner Religion irre wird, möge diese Bemerkung genügen — und keine Macht und keine Kraft gibt es außer bei Gott dem Hohen, dem Gewaltigen.

Zweitens weißt du, daß der Lebensunterhalt zugemessen ist. Nach dem Buche Gottes des Allerhöchsten und den Aussprüchen des hochgebenedeiten Propheten ist dies richtig. Du weißt, es wird nie ausgewechselt oder verändert, was er zugeteilt hat. Leugnest du das Zugeteilte oder hältst es für möglich, es werde nicht eingehalten, so wählst du die Tür zum Unglauben, wovor uns Gott behüte. Doch weißt du, daß es Wahrheit ist, welchen Nutzen bringt dann das Sorgen und Streben außer Erniedrigung in der Welt und Ungemach und Schaden im Jenseits? Darum hat der Hochgebenedeite gesagt: „Der Lebensunterhalt von N. N., Sohn des N. N., steht auf dem Rücken des Fisches und des Stieres aufgezeichnet, und wer gierig ist, dessen Mühe wird nur größer." Hierüber sagt unser gottseliger Scheich: „Wahrlich, was den beiden Kiefern zum Kauen bestimmt wurde, das kaut kein anderer als du. Wehe dir, sei ehrenhaft, iß es nicht in Niedrigkeit!" Diese Bemerkung genügt den wahren Männern.

Drittens. Von meinem Scheich, dem gottseligen Imām, habe ich über den gottseligen Meister erzählen gehört, daß dieser gesagt habe: „Betreffs des Lebensunterhaltes hat mir genügt, daß ich darüber nachdachte und mir sagte: Dient dieser Lebensunterhalt nicht für Leben und Wohlsein? Was tut denn der Gestorbene damit? Liegt das Leben des Menschen in der Schatzkammer und Hand Gottes, so gibt er mir auch den Unterhalt, wenn er will, und versagt ihn mir, wenn er will. Vor mir ist dies verborgen, Gott dem Allerhöchsten anvertraut, und er verfügt darüber, wie er will." Dies ist ein vorzüglicher Satz, der denen genügt, die die Wahrheit suchen.

Viertens haben wir in diesem Abschnitt behandelt, daß Gott der Allerhöchste den Lebensunterhalt des Menschen gesichert hat. Jedoch nur dieser ist gesichert, insoweit er Nahrung und Ausbildung ist, und hierin besteht die Versorgung und deren Mittel. Lebensmittel an Speise und Trank betreffend soll der Mensch, wenn er sich zum Dienst Gottes des Allerhöchsten zurückgezogen hat und auf Gott vertraut, nicht in Zweifel verfallen und verdrießlich werden, wenn Gott ihm die Mittel vorenthält, da er ja das Wesentliche daran kennt. Dies und nichts anderes besagt es ja, daß Sicherung der Lebenskraft und das Vertrauen auf Gott dem Gepriesenen beruht, denn man erwartet von Gott, daß es dies bedeute. Die Absicht ist, daß Gott der Allerhöchste ihm sicher helfe, damit er sich dem geistlichen Leben und dem Gottesdienste widme, solange hierfür Grund und Verpflichtung bestehen. Gott der Gepriesene vermag, was er will. Wenn er will, so erhält er die Lebenskraft seines Dieners durch Speise und Trank oder durch Lehm und Erde oder wie die der Engel durch Preis und Lobgesang. Wenn er will, verändert er dies alles, während der Mensch nur verlangen darf, daß seine Kraft zum Dienst erhalten werde, also nicht Speise und Trank sowie heftig Begehren und Genuß erstreben darf, da es ja so auf die Mittel nicht ankommt. Darum wurden Gottesdiener und Asketen auf den Wanderungen und Streifzügen bei Tag und Nacht gestärkt. Es gab solche, die zehn Tage lang oder einen und zwei Monate hindurch nicht aßen und dabei bei Kräften waren. Es gab einen unter ihnen, der den Sand schluckte, und Gott der Allerhöchste machte ihm diesen zur Nahrung. So wird vom gottseligen Sufyān ath-Thawrī erzählt, daß ihm zu Mekka die Mittel ausgingen und er so fünfzehn Tage lang Sand verschlang. Abū Muʿāwiya al-Aswad berichtet: „Ich sah Ibrāhīm ibn Adham zwanzig Tage lang Lehm essen." Von al-Aʿmash wird berichtet: „Ibrāhīm at-Taymī, der Gottselige, hat mir gesagt, er habe einen Monat hindurch nicht gegessen. Ich bemerkte: ‚Einen Monat?' worauf er versetzte: ‚Nein, zwei Monate hindurch! Nur einmal beschwor mich jemand, bei Gott, eine Weintraube zu nehmen, die ich aß und unter Leibschmerzen litt!" Meine Meinung hierzu ist: Wundere dich nicht darüber, denn Gott der Allerhöchste hat die Macht, zu tun, was er will. Es ist so wie mit diesem Kranken, den du einen Monat hindurch nicht essen siehst und der doch am Leben bleibt. Der Kranke ist jedenfalls von schwächerer Lebenskraft und zarterer Natur als der Kräftige. Stirbt aber jemand Hungers, so war dies für ihn der festgesetzte Todestag, der gekommen war, gerade so, wie jemand an Übersättigung und Verdauungsbeschwerden stirbt. Vom gottseligen Abū Sa'īd al-Kharāz wurde mir der Ausspruch erzählt: „Mit Gott dem Gepriesenen stand ich so, daß er mich alle drei Tage speiste. So kam ich in die Wüste, und drei Tage vergingen, ohne daß ich aß. Als der vierte Tag kam, überfiel mich eine Schwäche, und ich ließ mich nieder. Siehe, da sprach eine Stimme aus dem Unsichtbaren: ‚O Abū Sa'īd, was ist dir lieber, Lebensmittel oder Kräfte?' Da sagte ich: ‚Nur die Kräfte!' Dann stand ich sofort auf und zog von dort weg. Zwölf Tage verbrachte ich ohne zu essen und ohne daß ich dadurch Schmerzen gehabt hätte."

Sieht also der Mensch, daß die Lebensmittel ihm entzogen werden, wobei er selbst weiß, daß er sich auf Gott verlassen soll, so sei er sicher, daß Gott der Allerhöchste ihm durch eine Kraft hilft. Er soll darüber nicht unwillig sein, vielmehr möge er mit Recht Gott dem Allerhöchsten dafür danken, da er ja Gnade und Wohltat spendet. Er nimmt ihm die Lebensmittel weg, verleiht ihm Hilfe, läßt ihn zum eigentlichen Ziel gelangen, hält von ihm Schwere und Mittelursachen fern, wirkt Wunder für ihn und zeigt ihm den Weg der Allmacht. So ist er in ähnlichem Zustand wie die Engel, durch diese Wunderzeichen erhoben über den Zustand der Tiere und der Menge. Nimm dir diesen großen Grundsatz zu Herzen und erlange vielen gewaltigen Gewinn, so Gott der Allerhöchste es will.

Ich sagte auch: „Vielleicht meinst du, ich habe ungebührlich über das gesprochen, was das Buch (der Koran) zur Bedingung gemacht hat?" Darauf erwidere ich: Um Gotteswillen, das ist noch wenig in Anbetracht dessen, was man hierbei braucht! Siehe, dies ist das Wichtigste im geistlichen Leben, ja darum dreht sich das Anliegen von Religion, Welt und geschöpflicher Abhängigkeit (*'ubūdīya*). Wer hiernach trachtet, hält sich auch daran und beachtet es gehörig, sonst verfehlt er das Ziel. Die Einsicht der ums Jenseits Wissenden wie derer, die Gott (durch Erfahrung) erkannt haben, beweist dir, daß diese ihre Sache auf Gottvertrauen, Hingabe ans geistliche Leben und die Loslösung von aller Anhänglichkeit aufgebaut hatten. Wieviele Bücher haben sie verfaßt und wie oft es empfohlen, und Gott hat ihnen Helfer und Gefährten aus den Heiligen (*sāda*) bestimmt, so daß sie mehr dem reinen Guten entsprachen als eine Gruppe von asketischen Karrāmīya-Imamen, weil diese ihre Lehrmeinung auf falsche Grundsätze gestützt hatten. Aus unseren Gebetsstätten und Schulen gehen jederzeit entweder ein Imām der Wissenschaft hervor wie der Meister Abū Isḥāq (Adham), Abū Ḥāmid, Abū aṭ-Ṭayyib, Ibn Fūrak, unser Scheich der Imām und ähnliche, die Heilige sind (*sāda*) oder ein „Aufrichtiger" (*siddīq*) im geistlichen Leben wie Abū Isḥāq ash-Shīrāzī, Abū Sald aṣ-Ṣūfī, Naṣr al-Maqdisī usw., die in der Gemeinde durch Wissen und Abtötung hervorragten, bis einigen von uns der Mut schwand und wir uns etwas mit Weltlichem befleckten, das mehr schadete als nützte. Die Sache ging zurück, der Eifer wurde gedämpft, die Segnungen verflogen, und es endeten Lust und (geistliche) Freuden. Kaum einer führt ein rein geistliches Leben und erlangt Wissen wie Wahrheit, und der Glanz, der jetzt an uns aufscheint, ist nur der Rest vom Wandel der Früheren und der Scheiche, die vor uns waren, wie Ḥārith al-Muḥāsibī, Muhammad ibn Idrīs ash-Shāfi'ī, al-Muzanī, Harmala und andere Führende im religiösen Leben — denen allen Gott barmherzig sei. Sie sind, wie jemand gesagt hat:

„Nur in Enthaltsamkeit verbrachten sie ihre Tage
und spürten den Drang, ihren Herren zu lieben,
tugendhaft, wahrhaft, voll Heiligkeit.
Zum Herrn der Herren wandten sie ihr Streben,
von jedem Geduldigen lösten sich die Knoten der Geduld,
während die Tage keinen ihrer Knoten lösten."

Wir waren Könige auf dem ersten Ehrensitz und sind Krämer geworden, Reiter waren wir und sind nun Fußvolk — o wären wir doch nicht ganz vom Wege abgekommen! Gegen die Unglücksfälle sei Gott um Hilfe angerufen, und er sei gebeten, daß dieser kümmerliche Rest nicht uns noch genommen werde! Er ist ja der Edelmütige, freigebig im Begnaden, erbarmungsvoll, und keine Kraft und Macht gibt es außer bei Gott dem Gewaltigen!

Über das „Anheimstellen“ (*tafwīḍ*) aber betrachte zwei Grundsätze: Erstens, daß du erkennst, daß es nicht frommt, frei zu wählen, außer bei dem, der die Dinge von allen Seiten kennt, außen und innen, gegenwärtig und künftig, denn sonst ist man nicht sicher, ob man das Verderben und den Untergang wählt, trotz des Guten und Heilsamen, das dabei ist. Du weißt ja, wenn du einem Beduinen, Dörfler oder Schafhirten sagen würdest: „Sondere mir diese Drachmen aus und zeig mir den Unterschied, ob sie gewichtig oder minderwertig seien!“, so wird er dabei doch nicht das Richtige treffen. Und sagst du dies einem Krämer, nicht einem Wechsler, so würde es ihm schwerfallen, und du wärest nicht sicher. Und somit legst du sie dem erfahrenen Wechsler vor. Die Dinge von allen Seiten zu kennen, dies kommt nur Gott, dem Herrn der Welten zu. Sonst ist niemand würdig, selbstherrlich zu wählen und zu verfügen außer Gott dem Einen, der keinen Genossen hat. Der Allgewaltige hat gesagt: [K. 28:68] „*Und dein Herr schafft, was er will und wählt, während sie (die Götzen) keinen freien Willen haben*“, ferner: [K. 27:74] „*Und dein Herr weiß, was ihre Herzen verbergen und was sie kundtun.*“ Man erzählt, man habe einem Frommen gesagt: „Erbitte etwas von Gott dem Allerhöchsten, er möge es dir geben“, und er hatte Erfolg. Dann sprach er: „Wahrlich, einer, der um alle Seiten (der Dinge) weiß, sagt zu einem, der doch darüber in Unkenntnis ist: ‚Bitte, dies wird dir gewährt.‘ Was weiß ich um das, was mir frommt? So bitte ich ihn denn, aber (mit dem Vorbehalt) ‚wähle du für mich‘.“ Dies ist es.

Der zweite Grundsatz ist: Was meinst du, wenn jemand zu dir sagt: „Ich übernehme alle deine Angelegenheiten und werde alles besorgen, was du zu deiner

Wohlfahrt brauchst. So übertrage mir die ganze Sache, und du betreibst, was dich angeht." Er sei deiner Meinung nach der Klügste und Weiseste deiner Zeit sowie der Stärkste und Barmherzigste, Lauterste, Zuverlässigste und Treueste. Wirst du dies nicht nutzen, dies für die größte Gnade halten und den mächtigsten Vorteil genießen? Du würdest ihm den größten Dank abstatten und höchstes Lob zollen. Wenn er dann für dich etwas auswählt, dessen heilsame Seite du nicht kennst, so bist du nicht unwillig, sondern bist seiner sicher und beruhigst dich bei dem, was er verfügt. Du weißt ja, er wählt für dich, was gut ist, und nur dein Wohl sieht er, wie auch die Dinge sein mögen, nachdem du ihm die Sache anvertraut hast und er dies verbürgt. Was hast du also, daß du die Sache nicht Gott dem gepriesenen Herrn der Welten anheimstellst? Er ist es, der das Ganze vom Himmel bis zur Erde plant, er ist weiser als jeder Wissende, mächtiger als jeder Mächtige, barmherziger als jeder Barmherzige und reicher als jeder Reiche. So wählt er dir durch sein genaues Wissen und huldvolles Verfügen das aus, was dein Wissen nicht erlangt noch dein Verständnis begreift. So bemühe du dich bei dem, das dich angeht um deines Erfolges willen. Wählt er für dich etwas, dessen verborgene Seite du nicht kennst, so sei damit zufrieden und beruhigt, wie immer das Heilsame und Gute auch sei. Denke darüber reiflich nach, so Gott will — und bei Gott steht der Erfolg.

Über die Hinnahme des (göttlichen) Ratschlusses betrachte zwei Grundsätze, die ohne weiteres überzeugend sind:

Erstens den Nutzen, der in der Hinnahme für Gegenwart und Ende liegt. Für die Gegenwart ist der Nutzen, daß das Herz frei und nutzlose Sorge gering sind. Daher hat ein gottseliger Asket gesagt: „Ist das bestimmte Maß recht, dann ist die Sorge überflüssig." Dies geht auf die vom Hochgebenedeiten erzählte Überlieferung zurück, der zum gottbegnadeten Ibn Mas'ūd also sprach: „Deine Sorge sei gering. Was zugemessen ist, das geschieht, und was nicht zugemessen ist, das erhältst du nicht." Dieses treffende Prophetenwort faßt ganz kurz und hochnützlich alles zusammen.

Der Endnutzen ist der Lohn von Gott dem Allerhöchsten, wie sein Wohlgefallen. Er hat ja gesagt: [K. 5:119] „*Gott hat an ihnen Wohlgefallen, und sie haben an ihm Wohlgefallen.*" Unwille wegen Trauer, Ärger und Sorge in der Gegenwart und Sünde und Strafleiden am Ende sind nutzlos, denn der (göttliche) Ratschluß setzt sich durch, und durch deine Sorge und Mißbehagen verschwindet er nicht, wie man gesagt hat:

„Sei zufrieden, o Seele, mit dem, was beschieden
und daß du sicher bist vor dem, was nicht zugemessen ward.
Sei überzeugt: Das Bestimmte tritt ein
mit Sicherheit, ob du es geduldig trägst oder nicht."

Der Verständige wählt nicht unnütze Sorge, Sünde und Strafe gegenüber Herzensfrieden und Paradieseslohn.

Der zweite Grundsatz: Wieviel gewaltige Gefahr, Schaden, Unglaube und Heuchelei liegen doch im Aufbegehren, wenn nicht Gott der Allerhöchste eingreift. Betrachte doch des Allerhöchsten Wort: [K. 4:65] „*Geschworen bei deinem Herren! Sie glauben nicht, bis sie dich zum Schiedsrichter bestimmen in dem Streit, den er unter ih-*

nen erregte. Dann werden sie bei sich in deiner Entscheidung kein Unrecht finden und willig zustimmen.“ Es liegt Verneinung des Glaubens und — ich schwöre — Verlust des Glaubens bei dem vor, der da murrte und bei sich in der Entscheidung des hochgebenedeiten Propheten ein Unrecht sah. Wie ist es aber bei dem, der gegen den Ratschluß des Allerhöchsten murrt! Man hat uns berichtet, daß Gott der Allerhöchste sagt: „Wer meinem Ratschluß nicht zustimmt, von mir verhängtes Leid nicht geduldig trägt und für meine Gnaden nicht dankt, der macht sich einen Gott außer mir.“ Man meint, er habe damit geäußert: „Wenn er aufbegehrt (und sagt): ‚Dieser gefällt mir nicht als Herr‘ und macht sich dann einen anderen zum Herrn, der ihm gefällt.“ Dies ist die äußerste Drohung und Abschreckung für den Verständigen. Ein Gläubiger der Frühzeit hat mit Recht gesagt, als man ihn fragte: „Was ist rechtes Herrsein, und was ist Dienersein?“, „Der Herr hat es, wenn er bestimmt, und der Diener, wenn er zustimmt.“ Bestimmt also der Herr, und der Diener stimmt nicht zu, was ist da Herrsein und was Dienersein? Betrachte diesen Grundsatz und sieh auf deine Seele, vielleicht wirst du gerettet durch Gottes Hilfe und Verleihung des Erfolges.

Was aber die Geduld anlangt, so ist sie eine bittere Arznei, die man ungern trinkt. Doch ist sie segenbringend, schafft allen Nutzen und wehrt allen Schaden von dir ab. Ist die Arznei derartig, so zwingt doch der verständige Mensch seine Triebseele dazu, sie zu trinken, schluckt sie und würgt, weil sie bitter und scharf ist, sagt sich aber: „Eine Stunde Bitteres ist ein Jahr Ruhe.“

Über den Nutzen aber, den die Geduld verschafft, wisse, daß sie vier Arten hat: Geduld bei der Pflichterfüllung, Ausdauer gegenüber der Sünde, Zurückhaltung bei überflüssigem Weltgut, Geduld bei Prüfungen und Unglücksfällen. Erträgt man das Bittere der Geduld in diesen vier Lagen, so erlangt man Erfüllung der Pflichten und deren rechten Grad nebst hohem Lohn im Jenseits. Ferner verfällt man nicht den Sünden und deren Unheil in dieser Welt noch deren Folgen in der anderen. Dann wird man nicht durch Trachten nach der Welt und ihrem Gut bedrängt noch von der Mühe, die dies in der Gegenwart an sich hat, und der Lohn für das Erduldete wie das Entgangene geht nicht verloren. So gelingt auf Grund der Geduld Erfüllung der Pflicht, deren hohe Stufen, Gottesfurcht und Weltentsagung doch reichlicher Ersatz und Vergeltung durch Gott den Gepriesenen sind, und das Einzelne hierüber kennt nur der gewaltige und erhabene Gott.

Die Geduld wehrt aber auch den Schaden ab, da sie erstens dem Menschen vor der Plage des Mißmutes und der Widrigkeiten in der Welt Ruhe verschafft, dann aber im Jenseits vor Schuld und Strafe. Ist er aber von schwacher Geduld und geht den Weg des Mißmutes, dann entschwindet ihm aller Nutzen, und aller Schaden ereilt ihn. Die Mühe der Pflichterfüllung hält er dann nicht aus und übt diese nicht, er hat ja nicht die Geduld, dabei beharrlich zu sein, macht sie nutzlos oder erträgt es nicht, eifrig zu sein. So kommt er im Vorwärtsschreiten zu keinem ansehnlichen Grad oder hat keine Ausdauer, der Sünde zu widerstehen, und verfällt ihr. Er übt keine Zurückhaltung gegenüber überflüssigem Weltgut und gibt sich damit ab, oder er erträgt Mißgeschick nicht in Geduld und beraubt sich deren Lohnes. Vielleicht verstärkt sich sein Mißmut, so daß ihm dadurch der Ersatz entgeht und er dann von zwei Mißgeschicken betroffen ist: Erstens entgeht ihm die Sache und zweitens der Lohn wie der Ersatz, das Unerwünschte überkommt ihn, während die Geduld ihm fehlt. Man hat gesagt: „Fehlt beim Unglück die Geduld, so ist dieses härter.“ Welchen Vorteil hat eine Sache, wenn sie das schon erreichte Vorhandene nimmt und das Verlorene dir nicht wieder gegeben wird? Gib dir Mühe, verlierest du eines, so soll das andere dir nicht entschwinden. In einem Ausspruch, der vom gottbegnadeten ʿAlī berichtet wird, sagte er kurz, als er jemanden tröstete: „Wenn du geduldig bist, so treffen dich zwar die Geschicke, doch wirst du belohnt; bist du mißmutig, so treffen dich die Geschicke, und du wirst der Sünde beschuldigt.“

Ich sage ferner, daß das Ganze darin besteht, man löse das Herz von den gewohnten Banden und hindere die Triebseele an eingewurzelten Gewohnheiten durch das Vertrauen auf Gott, dessen Name erhaben ist, und ebenso die Seele am Mißmut, obwohl sie schnell dazu neigt wie zum Aufbegehren gegen den Zügel der Zufriedenheit, sowie man sie dazu gewöhne, den Trank der Geduld trotz Ekels zu schlucken, da ja die Sache bitter und die Behandlung hart und schwer zu ertragen ist. Dennoch ist diese Maßnahme richtig und eine „*gerade Straße*“ [K. 1:6], das Ende ist löblich und birgt beglückende selige Zustände.

Was sagst du über einen fürsorglichen, reichen Vater, wenn er seinem geliebten Sohne verbietet, eine frische Dattel oder einen Apfel zu essen, da er eine Augenkrankheit hat, und wenn er ihn dem groben, herrischen Lehrer übergibt, der ihn den ganzen Tag hindurch bei sich einsperrt und Verdruß bringt, oder wenn er ihn zum Aderlasser führt, daß er ihn schröpfe,

Schmerz und Ungemach bereite? Wieso sollte er dies aus Geiz tun? Er gibt ja den Fremden und schafft ihnen Erleichterung. Oder ist es Abneigung gegen diesen Sohn etwa? Er hortet ja alles, was er hat, für ihn und bezweckt damit, es ihm zu hinterlassen. Oder will er ihn aus Abneigung gegen ihn quälen? Wie könnte es dies sein? Er ist ja sein Augapfel und Frucht seines Herzens, und es täte ihm leid, sollte ein Wind über ihn wehen. Keineswegs ist es so! Doch tut er es, da er weiß, daß dies ihm heilsam ist und er durch diese geringe Plage zu großem Gut und reichem Nutzen gelangt.

Und was meinst du von einem geschickten Arzt, der freundlich berät, wenn er dem Schwerkranken den Trunk Wassers untersagt, während dieser schmachtet, seine Leber leidet und er ihm einen widerlichen Myrrhentrank eingibt, dem seine Triebseele und Natur widerstehen. Findest du, dies sei bei ihm Feindschaft und Quälerei? Keineswegs! Vielmehr ist es guter Rat und Wohltun, da er ja genau weiß, daß es die Stunde seines Verderbens wäre und er ihn geradewegs umbrächte, wenn er dessen Begierde nachgäbe, und daß in seinem Verbot dessen Heilung und Leben liegen.

So betrachte es, o Mensch! Wenn Gott dir eine Drachme oder ein Stück Brot entzieht, so weißt du sicher, daß er es besitzt, was du wünschest, und daß er es dir zukommen lassen könnte, daß er freigebig und gütig ist, deinen Zustand kennt und ihm nichts verborgen ist, daß er weder Mangel, Unfähigkeit, ihm Verborgenes noch Geiz kennt, er ist darüber erhaben und frei davon. Er ist ja doch der Reichste der Reichen, der Mächtigste der Mächtigen, der Weiseste der Wissenden, der Freigebigste der Freigebigen. Und so weißt du: Er entzieht dir etwas, wenn dir dies zum Heile ist, und daß er es auswählt, denn er hat gesagt: [K. 2:29] *„Er hat für euch alles auf Erden erschaffen."* Er ist es ja, der dir freigebig in seiner Weisheit mitteilt, sie ist es, vor der die ganze Welt verblaßt. Es gibt eine berühmte Überlieferung, nach der Gott der Allerhöchste sagt: „Ich treibe meine Heiligen vom Erdenglück weg, wie der treubesorgte Hirt seine Kamele von den Lagerplätzen der Räudigen hinwegtreibt." Sucht er dich hart heim, so wisse sicher, daß er es nicht nötig hat, dich zu prüfen noch dich heimzusuchen, daß er deine Lage kennt, deine Schwäche durchschaut und gegen dich mild und barmherzig ist. Hörst du nicht auf das Wort des Hochgebenedeiten: „Gott der Allerhöchste hat mit seinem gläubigen Diener mehr Erbarmen als die treubesorgte Mutter mit ihrem Kinde." Weißt du dies, so erkennst du, daß er dir nur zu deinem Heile dieses Ungemach zustoßen ließ, du hast es nicht gewußt, doch er wußte es. In diesem Sinne siehst du, daß er seinen Heiligen und Auserwählten mehr Mißgeschick sendet, die doch seine liebsten Diener sind, so daß der Hochgebenedeite gesagt hat: „Wenn Gott eine Schar mehr liebt, so läßt er sie leiden" und ebenso: „Die Menschen, die am schwersten zu leiden haben, sind die Propheten, dann die Blutzeugen, dann die Vortrefflichen und immer wieder die Vortrefflichen." [W. III. 30 ähnlich]. Siehst du, daß Gott dir das Weltgut entzieht oder dir mehr Ungemach und Leid schickt, so wisse, daß du ihm wert bist und eine hohe Stelle bei ihm einnimmst, daß er mit dir den Weg der Heiligen wandelt, denn er sieht dich ja und braucht dies nicht. Hörst du nicht sein Wort: [K. 52:48] *„Warte geduldig auf das Urteil deines Herrn, denn du bist (im ständigen Schutze) unserer Augen."* Ja, erkenne seine Gnade gegen dich in dem Heilsamen, das er für dich aufbewahrt, und wie er deinen Lohn und deine Vergeltung wachsen läßt, wie er dich in den Wohnungen der Frommen und ihm Liebsten unterbringt, und welche löblichen Ergebnisse und edlen Gaben siehst du nicht? Und Gott verbürgt den Erfolg durch seine Gnade und Güte.

Kurz gesagt: Weißt du sicher, daß Gott der Allerhöchste deinen Lebensunterhalt sichern kann, den du brauchst, um zu leben und ihm zu dienen, daß er tun kann, was er will und wie er will, daß er in jeder Lage und zu jeder Stunde weiß, wessen du bedarfst — so verläßt du dich auf seine wahre Sicherung und sein untrügliches Versprechen. Dadurch wird dein Herz stille, und du unterläßt das Nachdenken über weltliche Bedürfnisse und deren Mittel, noch hängst du dein Herz daran. Siehe, neben Gott dem Erhabenen und Gewaltigen genügen dir diese Bande nicht, noch reichen sie hin, denn er der Allerhöchste sorgt ja für Speise und Trank, und so ist er es, der sie speist und ihnen Wohlsein verleiht. Er ist es, der dir die (weltliche) Kraft und deren Nutzen dazu gibt und das Schwere und Schädliche (der Welt) von dir abhält. Er der Allerhöchste genügt dir und macht dich (der Welt gegenüber) bedürfnislos, wenn er will. Der Befehl über alles steht ihm allein zu, der keinen Genossen hat. Vertrau nur ihm und überlasse die Sorgepflicht in deinen Angelegenheiten dem, der für Himmel und Erde sorgt. Laß deine Seele ruhig sein über das, was dein Wissen und Denken übersteigt, wie es morgen sein wird, und dein Nachsinnen über etwas, ob es morgen eintrifft oder nicht und wie es sein werde. Höre auf mit „Wenn und vielleicht", denn dies lenkt nur das Herz ab und vergeudet Zeit. Es werden vielleicht Dinge sein, die dir noch nicht in den Sinn kamen, und das, was du vorher plantest und womit du kostbare Zeit verloren hast, wird nutzloses Spiel gewesen sein, ja eine Schädigung, die du bereust und worin du getäuscht wirst, weil das Herz damit zu tun hatte, und du damit die Lebenszeit verloren hast. In diesem Sinne hat einer der gottbegnadeten Asketen gesagt:

„Das von Gott Bestimmte und Gebotene
ging voraus,
so laß dein Herz mit ‚Wenn und vielleicht' in Ruhe."

Ein anderer hat gesagt:
„Es wird sein, was zu seiner Zeit eintrifft,
der Unwissende plagt sich und trauert.
Vielleicht geschieht nicht, was du fürchtest,
und vielleicht trifft das Erwünschte nicht ein."

Zusammenfassend sage dir selbst: „O Seele, uns trifft nur, was Gott für uns bestimmt hat, er ist unser Herr und unser Genügen, ein vortrefflicher Sachwalter, von grenzenloser Macht, unendlicher Weisheit und unerschöpflichem Erbarmen. Wer diese Eigenschaften besitzt, der ist würdig, daß man sich auf ihn verlasse und ihm alles völlig anheimstelle."

So hast du denn die Pflicht, (ihm alles) anheimzustellen, und gewöhne auch dein Herz daran, daß das, was Gott beschlossen hat und was er noch für dich beschließt, das Günstigste und Heilsamste ist, auch wenn das Wie und Geheime unser Wissen übersteigt. Du sollst sagen: „O Seele, das Zugemessene ist da, hier gibt es keinen Zweifel, es ist nutzlos, unwillig zu sein. In dem, was Gott tut, liegt das Gute, es ist kein Grund vorhanden, ungehalten zu sein."

Wenn du sagst: „Ich bin mit Gott als Herren zufrieden“, wie solltest du dich dann nicht mit dem bescheiden, was er bestimmt, denn das Bestimmen gehört ja zu seinem „Herrsein“ und kommt ihm rechtens zu. Du mußt zufrieden sein, auch dann, wenn ein Mißgeschick eintrifft und sich Widriges einstellt. Dann hüte dich und zügle dein Herz, auf daß du nicht murrest und Klage wie Unruhe zeigst, zumal beim „ersten Schlag“ [W. III. 297, 298]. Dort liegt nämlich die Sache, und die Seele ist schnell zum Murren geneigt. Du sollst sagen: „O Seele, dies ist eingetroffen, und kein Mittel gibt es, dies abzuwehren. Gott der Allerhöchste hat ja schon Größeres als dies verhindert, denn in seinen Speichern gibt es vielerlei Arten von Ungemach. Dieses wird vorübergehen und nicht andauern, es ist nur eine Wolke, die sich auflösen wird. Gedulde dich ein wenig, o Seele, hierfür wirst du dauernde Freude und reichen Lohn erhalten.“ Da man das Eintreffende nicht verhindern kann, das Murren nutzlos ist und es wirklich kein Unglück gibt, wenn man sich tröstet und geduldet, so laß deine Zunge widerstehen und gib deinem Herzen zu bedenken, welchen Lohn du bei Gott dem Allerhöchsten erlangst. Gedenke der Männer, die entschlossen gegen Mißgeschicke auftraten, der Großen unter den Propheten und Heiligen, die Gott der Allerhöchste am meisten liebte. Entzieht er dir einmal das Weltgut, so sage: „O Seele, er kennt deine Lage besser und ist gegen dich am barmherzigsten und gütigsten. Wahrlich er ist es, der den Hund speist, obwohl er etwas Niedriges ist, sowie den Ungläubigen, wiewohl er feindselig ist, und ich sollte nicht einen Laib Brot wert sein, der ich sein Diener bin, der ihn kennt und seine Einheit bezeugt? Das wäre doch unmöglich! So wisse denn in Wahrheit, daß er dir dies nur um eines gewaltigen Nutzens willen entzieht, daß Gott nach dem Ungemach bald Erleichterung sendet. Gedulde dich denn ein wenig, du wirst wie ein Wunder sehen das Gute, das er wirkt." Hast du nicht jenes Wort gehört:

„Harre auf das Wirken deines Herrn,
an baldiger Freude wird er bringen, was du ersehnst!
Verzweifle nicht, wenn dich etwas überfällt,
wieviel erstaunlich Wunderbares gibt es im Unsichtbaren!"

Gleich diesem sagt ein anderes:

„Wohlan denn, o Mann,
den der Kummer quält!
Wird Ungemach dir zu hart,
so denke in deinem Schmerze
an den Vers: [K. 94:1]
‚*Haben wir dir nicht (das Herz) erfreut?*'
Es ist ein Mißgeschick zwischen zwei guten Zeiten,
wenn du es dir überlegst — so freue dich!"

Hast du dies und ähnliches erwogen und dich bemüht, es zu überdenken und zu üben, so wird es dich erleichtern, wenn du länger darnach trachtest und dich anstrengst.

Du hast dann die vier Hindernisse von deiner Seele abgewehrt und hast dich mit genügenden Mitteln dagegen versehen, und bei Gott bist du nun einer, der auf ihn vertraut, ihm anheimstellt, sich mit der Bestimmung bescheidet und Geduld hat, wenn er Leiden sendet. Für dich selbst hast du Herzensfrieden und Ruhe für den Leib in der Welt erlangt und ebenso gewaltigen

Lohn und Schätze im Jenseits und herrliches Ansehen und Liebe beim Herrn der Welten. So vereinigte sich das Gut beider Welten, und der Weg des geistlichen Lebens liegt vor dir gerade, da es ja weder Hindernis noch Ablenkung mehr gibt und du die schwierige Steigung überwunden hast. — Gott sei angerufen, er möge huldvoll dir und uns Erfolg gewähren, denn die Sache liegt ganz in seiner Hand. Er ist ja der barmherzigste Erbarmer, und es gibt keine Kraft und Macht außer bei Gott, dem Hohen, dem Gewaltigen.

DER FÜNFTE ANSTIEG

DIE TRIEBKRÄFTE

O MEIN BRUDER, liegt der Weg gerade vor dir, so mußt du weiterziehen, wenn der Pfad bequemer, die Hindernisse beseitigt und die Widrigkeiten zu Ende sind. Es gelingt dir, geradewegs weiterzuziehen nur dann, wenn du Furcht und Hoffnung tief empfindest. Beide mußt du ihrem Wesen gemäß, wie es ihnen zukommt, auf dich nehmen.

Was die Furcht angeht, so muß man sie zweier Dinge wegen zur Pflicht machen:

Das erste ist die Sünde, denn diese Triebseele, die „*zum Bösen antreibt*“ [K. 12:53], neigt zur Sünde des Stolzes wie zum Aufruhr, und nur kräftig abgeschreckt und gehörig bedroht läßt sie davon ab. Ihrer Natur nach ist sie nicht frei, daß sie sich um die Treue sorge und daß die Scham vor harter Behandlung sie hindere, vielmehr ist sie nach dem Dichterwort: (Abū Du'ād, ca. 550 n. Chr.)

„Den Sklaven schlägt man mit dem Stock,
doch dem Freien genügt der Tadel.“

Man lenkt sie so, daß du ständig mit der Peitsche des Abschreckens ihr Schläge versetzt durch Tat, Wort und Gedanken. Es wird so von einem Frommen berichtet, seine Triebseele habe ihn zur Sünde gereizt. Da ging er hin, legte seine Kleider ab und begann, sich in der glühenden Hitze zu wälzen, wobei er zu seiner

Triebseele sagte: „Koste es! Viel schärfer als dies ist das Höllenfeuer, nämlich Aas in der Nacht und nichtsnutzig am Tage."

Das zweite ist, daß sie am Gottesdienst keine Freude hat und ihn versäumt, ja ihn durch Geringschätzung, Verachtung und mangelnde Ausführung durch dabei begangene Übeltaten und Sünden verhindert, hierin usw. liegen viele Gefahren. Es ist so, wie vom hochgebenedeiten Propheten berichtet wird: „Wenn ich und 'Īsā (Jesus) für das bestraft würden, was diese beiden erworben haben, so würden wir bestraft wie keiner aus den beiden Welten." Und dabei zeigte er zwei Finger. Von al-Ḥasan (al-Baṣrī) stammt das Wort: „Keiner von uns ist davor sicher, daß er eine Schuld auf sich geladen hat und die Tür der Vergebung vor ihm verschlossen bleibe, weil er das Tun unterließ." Von Ibn al-Mubārak heißt es, wie er seine Triebseele zurechtwies: „Du redest wie die Asketen und handelst wie die Heuchler! Du strebst nach dem Paradies! O weh, o weh! Das Paradies hat andere Bewohner, die anderes als du getan haben." Dies und ähnliches muß der Mensch seiner Seele in Erinnerung bringen und wiederholen, weil ihr der Gottesdienst nicht behagt und sie in Sünde gerät — und bei Gott steht der Erfolg.

Was nun die Hoffnung angeht, so mußt du sie zweier Dinge wegen empfinden: Erstens weil sie zur Pflichterfüllung anregt, und dies darum, weil das Gute zu tun schwierig ist, der Satan davon wegtreibt und die Begierde zuruft, das Gegenteil zu tun. Die Haltung der Gleichgültigen in der Menge ist der Seele sichtlich eingeprägt. Steht es um jemanden so, dann hat die Seele auch keine Anregung zum Guten noch den gebührenden Wunsch dazu und Freude daran, außer wenn sie all diesen Hindernissen sich widersetzt, ihnen an Stärke gleich ist und sie noch übertrifft. Dies ist die feste Hoffnung auf Gottes Barmherzigkeit nebst dem Erwecken genügender Sehnsucht nach seinem schönen Lohn und huldvoller Vergeltung. Unser gottseliger Scheich hat gesagt: „Traurigkeit läßt nicht essen, Furcht läßt nicht sündigen, Hoffnung stärkt zu Erfüllung der Pflichten, und Gedenken des Todes hält dich vom Überflüssigen ab."

Das Zweite ist, daß es dir leicht fällt, Härten und Plagen zu erdulden, und wisse, es fällt dem das Opfern leicht, der weiß, was er erstrebt. Wem etwas schön erscheint, der ersehnt es gebührend, erträgt auch die Härte dabei und fragt nicht nach der Mühe, die er dabei antrifft. Wer nun jemanden liebt, wie dieser es verdient, der erträgt es auch, von ihm geprüft zu werden, so daß er dies als Genuß ansieht. Siehst du nicht, wie der Honigsammler nicht nach den Stichen der Bienen fragt, da er an die Süße des Honigs denkt. Kommt es dem Tagelöhner nicht darauf an, den ganzen langen Sommertag eine lange Treppe mit schwerer Last hinaufzusteigen, weil er daran denkt, am Abend zwei Drachmen zu erhalten? Auch der Bauer achtet dessen nicht, wie er in Hitze und Kälte durchhält und das ganze Jahr hindurch in Plage und Mühe arbeitet, weil er an die Tenne zur Zeit der Getreideernte denkt. Ebenso, o Bruder, sind die Menschen, die da eifrig streben, siehe, sie gedenken des Paradieses mit seinem lieblichen Ruheplatz, seiner vielfachen Annehmlichkeit, seinen Jungfrauen und seinen Schlössern, seiner Speise und seines Trankes, seines Schmuckes und seiner Gewänder, wie alles Übrigen, das Gott der Allerhöchste den Seinen bereitet hat. Dann wird es leicht, beim geistlichen Leben Mühen zu überstehen oder um dessentwillen Entgang an weltlichem Genuß und Vergnügen oder Schaden, Erniedrigung, Mißgeschick und Plage zu erdulden. Man erzählt, daß, als die Gefährten des gottseligen Sufyān ath-Thawrī dessen Furcht und Eifer wie seinen armseligen Zustand sahen, sie zu ihm sagten: „O Meister, wenn du in diesem Eifer etwas nachlässest, so erreichst du dein Ziel auch, so Gott der Allerhöchste es will." Er erwiderte darauf: „Wie sollte ich nicht eifern? Mir ist doch kund geworden, daß, wenn die Paradiesbewohner in ihren Heimstätten sind, ihnen ein Licht aufscheine, das die acht Paradiese durchstrahlt. Sie stürzen dann zu Boden aus Verehrung, da sie meinen, es sei das vom Herrn dem Gepriesenen ausgehende Licht. Da wird ihnen zugerufen: ‚Erhebet eure Häupter! Dies ist nicht, was ihr meint, sondern nur das Licht einer jungen Frau, die dem Angesicht ihres Gatten zulächelt.' Sodann sprach er in Versen:

Dem schadet es nicht, dessen Wohnsitz
das Paradies ist,
Elend und Armseligkeit zu ertragen.
Du siehst ihn, bekümmert, voll Furcht und Angst
unter Armen zum Bethaus gehen.
O Seele, was ficht es dich an, brennenden Durst zu
erdulden?
Ist er vorbei, dann kommt die Zeit, daß du
(festlich) empfangen wirst!"

Ich bin der Meinung: Die Achse des geistlichen Lebens sitzt auf zwei Dingen: beharrlich die Pflichten zu erfüllen und sich der Sünde zu enthalten. Doch kommt dies nicht zustande wegen der Triebseele, die zum Bösen drängt, es sei denn, man treibe sie an und schrecke sie ab, locke und ängstige sie. Das saumselige Tragtier braucht ja jemanden, der es führt, und einen Treiber. Fällt es dann in eine Grube, so schlägt man es einerseits mit der Peitsche, und andererseits zeigt man ihm Gerste, bis es aufsteht und sich vom Boden wieder erhebt. Der ungezogene Knabe will nicht zur Koranschule gehen, wenn ihn seine Eltern nicht locken und der Lehrer ihn in Furcht setzt. So ist denn diese Triebseele auch ein Tragtier, das in die Grube der Welt gefallen ist und dessen Treiber und Peitsche die Furcht, wie sein Führer und Gerste die Hoffnung sind, und der böse Knabe wird zur Koranschule der Pflichterfüllung und Gottesfurcht gebracht. Die Erinnerung an das Höllenfeuer und seine Pein sind dabei das Schreckmittel und das Paradies mit seinem Lohn Lock- und Antriebsmittel. So muß der Mensch, der nach geistlichem Leben und dessen Übung trachtet, dafür sorgen, daß seine Triebseele jene beiden Dinge, Furcht und Hoffnung, spüre, sonst hilfst du der Ungebärdigen dabei nicht. In diesem Sinne ist uns die weise Erinnerung an alle beiden Dinge, Verheißung und Androhung nebst Anfeuerung und Abschreckungen überkommen. So bemühe dich um beides und gedenke des ehrenvollen Lohnes, dem man nicht widerstehen kann, und der schmerzlichen Strafe, die niemand aushält. Du mußt also beides auf dich nehmen, dann erlangst du das geistliche Leben, das du gewollt hast, und Mühsal zu ertragen wird dir ein Leichtes sein — und Gott der Allerhöchste verbürgt den Erfolg mit seiner Gnade und Barmherzigkeit.

Fragst du nun nach Wesen und Begriff von Furcht und Hoffnung, — so wisse: Nach Meinung unserer gottseligen Gelehrten sind es Gedankendinge, wobei vorausgesetzt ist, daß der Mensch ihrer mächtig ist. — Man sagt von der Furcht, sie sei ein Erschauern des Herzens, wenn es etwas für abscheulich ansieht, das es erfährt, während die „Scheu" (*khashya*) ihr wohl ähnlich ist, doch etwas Ehrfurcht und Bewunderung an sich hat. Der Furcht entgegengesetzt ist Verwegenheit, aber zuweilen heißt dies Sicherheitsgefühl. Man sagt ja „furchterfüllt" und „sicher", „Furcht und Sicherheit", denn es ist ja jemand, der sich sicher fühlt, der Gott gegenüber verwegen ist. Richtig ist, daß die Verwegenheit Gegenteil der Furcht ist und daß diese vier Voraussetzungen hat:

Die erste ist, sich der vielen früheren Sünden zu erinnern sowie der zahlreichen Geschädigten, die (von dir) Unrecht erlitten haben, während du die Pflicht hast, noch das herauszugeben, von dem du weißt, daß es zu begleichen sei.

Die zweite ist, der harten Strafe Gottes zu gedenken, gegen die du machtlos bist.

Die dritte ist, daran zu denken, wie schwach deine Seele ist, die Strafe zu ertragen.

Die vierte ist der Gedanke an die Macht Gottes dir gegenüber, wann und wie er will.

Die Hoffnung aber ist die Freude des Herzens, weil man die Güte Gottes des Gepriesenen kennt und ahnt, wie weit die Barmherzigkeit Gottes reicht.

Dies sind alles Gedanken an das, worüber der Mensch nichts vermag. Hoffnung aber steht in der Macht des Menschen, während er der Güte und weiten Barmherzigkeit Gottes gedenkt. Man hat die Hoffnung auch als Willen bezeichnet, etwas zu wagen, soweit Gott es will. Hier sprechen wir von der ersteren Bedeutung, nämlich voll Freude und Erwartung an etwas zu denken.

Dessen Gegenteil ist die Verzweiflung, die sich Gedanken macht, daß Gottes Güte und Barmherzigkeit vorüber sind und das Herz dies verloren hat. Es ist dies Sünde schlechthin. Hoffnung zu haben ist Pflicht, und nur durch sie kann der Mensch der Verzweiflung entgehen. Im übrigen ist sie ein überpflichtiger Akt, der dem Glauben an Gottes Güte und an die Weite seiner Barmherzigkeit folgt.

Die Hoffnung hat vier Voraussetzungen:

Die erste ist der Gedanke an die früheren, dir ohne Fürsprecher und vorausgehendes Verdienst gewährten Gnaden.

Die zweite ist, daran zu denken, welch reichen Lohn und große Gnadengaben Gott verheißen hat, ohne daß du dich durch ein Werk ihm gegenüber würdig gemacht hättest. Würde dies nämlich einem Werk entsprechen, so wäre es das geringste Ding und die bescheidenste Sache.

Die dritte ist, daß du dich der vielen Gnaden Gottes gegen dich gegenwärtig bei deinem religiösen und weltlichen Leben erinnerst, nebst mancherlei Hilfe und Hulderweis, die du weder verdient noch erbeten hast.

Die vierte ist der Gedanke an die Weite der Barmherzigkeit Gottes des Allerhöchsten, „die seinem Zorne vorausgeht“ [W. II. 239]. Wahrlich, er ist der Barmherzige, der Erbarmer, der Reiche, der Edelmütige, der mit seinen gläubigen Dienern gütig ist.

Denkst du fleißig an beides, dann führt es dich dahin, daß du in jeder Lage Furcht und Hoffnung spürst — und Gott der Allerhöchste mit seiner Gnade hilft zum Erfolg.

O Mann, du mußt also diese Steigung ganz vorsichtig, behutsam und äußerst umsichtig überwinden, denn diese Steigung ist ein besonderer Pfad und gefährlicher Weg. Er ist nämlich ein Weg, der zwischen zwei anderen führt, die erschrecken und Verderben bringen.

Der eine davon ist der der (falschen) Sicherheit und der andere der der Verzweiflung, während zwischen den beiden Irreführenden der Weg von Furcht und Hoffnung der gerade ist. Überwiegt bei dir die Hoffnung, so daß du gewiß die Furcht verlierst, dann gerätst du auf den Weg falscher Sicherheit, da doch jene, die untergehen, „*sich vor der Unbegreiflichkeit* (List, *makr*) *sicher wähnen*“ [K. 7:99].

Überwiegt bei dir die Furcht, so daß du die Hoffnung gänzlich verlierst, so gerätst du auf den Weg der Verzweiflung, „*und an Gottes Güte verzweifeln nur ungläubige Menschen*“ [K. 12:87]. Hast du Furcht und Hoffnung vereinigt und hältst an beiden fest, so ist das der rechte gerade Weg, der Pfad der Heiligen und Erwählten Gottes, die er der Allerhöchste mit seinem Wort geschildert hat: [K. 21:90] „*Wahrlich, sie suchten einander in Guttaten zu übertreffen und baten uns in Flehen und Furcht und waren demütig.*“ So erscheinen vor dir bei dieser Steigung drei Wege: Der der falschen Sicherheit und der Verwegenheit, der der Verzweiflung und Hoffnungslosigkeit und der von Furcht und Hoffnung, der sich zwischen beiden ersteren erstreckt. Weichst du nun einen Schritt nach rechts oder links ab, so gerätst du auf einen der beiden verderbenbringenden und „kommst mit den Verlorenen um“. Ferner verhält es sich so, daß die beiden verderblichen Irrwege breiten Durchzug bieten und einladen und leichter zu begehen sind als der gerade Weg. Blickst du nämlich nach der falschen Sicherheit hin, so siehst du soviel von der weiten Barmherzigkeit Gottes, von seiner reichen Güte und übergroßen Edelmütigkeit, daß du keine Furcht mehr hast, dich ganz darauf verläßt und dich sicher wähnst. Blickst du nach der Furcht hin, so siehst du soviel von Gottes gewaltiger Macht, seinem Ernst, vielem, das Ehrfurcht erweckt wie seinem unerbittlichen Befehl und äußerst genauen Abrechnung mit seinen Heiligen und Auserwählten, daß dabei kaum Hoffnung übrig bleibt, du völlig verzweifelst und alles Hoffen verlierst. So darfst du also nicht allein auf die umfassende Barmherzigkeit Gottes blicken, dich darauf verlassen und sicher wähnen, noch auch lediglich auf seinen Ernst und seine Abrechnung, um hoffnungslos zu verzweifeln. Vielmehr mußt du auf beide die Blicke richten, von jedem etwas nehmen und einen genauen Weg zwischen beiden festlegen. Gehst du diesen, so bist du sicher, denn der Weg der Hoffnung allein ist bequem, weit und breit, und verfolgst du ihn, so führt er dich in Sicherheitswahn und Schaden, während der Weg der Furcht allein (auch) weit und breit ist und dich schließlich in die Irre bringt. Der rechte Weg führt zwischen beiden, womit ich den von Furcht und Hoffnung meine. Ist dieser auch schmal und schwierig, so ist er ein rechter Pfad und eine klar vor Augen liegende Straße, die zu Vergebung und Wohlwollen führt, dann aber zum Paradies und zur Freude wie zur Begegnung mit dem barmherzigen König dem Gepriesenen hinleitet.

Du hörst doch das Wort des Allerhöchsten über die, welche diesen Weg wandeln: [K. 32:16] „*Sie flehen ihren Herrn in Furcht und Begierde an*“, ferner [K. 32:17] „*Niemand weiß, welche Augenweide für sie als Belohnung verborgen ist für ihr Tun.*“ Betrachte dies alles gründlich, beeile dich und gibt auf die Sache acht, denn bequem erhältst du sie nicht.

Dann wisse auch, es ist nicht leicht, diesen Weg zu wandeln, und treibe deine störrische, träge Triebseele zum Guten an, indem du ihr entziehst, was ihr lieb ist, und die Pflichten erfüllst, die ihr schwerfallen. Dabei halte an drei Grundsätzen fest, denke daran, den Weg beharrlich ohne Unterlaß und Lässigkeit zu gehen.

Einer davon ist, der Worte des Allerhöchsten, Gepriesenen über Abschreckung und Lockung zu gedenken. Der andere ist der Gedanke an das, was der Gepriesene vorwirft und vergibt. Der dritte ist die Erinnerung daran, wie er seine Diener im kommenden Leben belohnt und bestraft. Es bedarf vieler Buchseiten, über diesen Abschnitt alle Einzelheiten zu bringen, und deshalb haben wir das Buch „Aufmunterung der Gleichgültigen" (*Kitāb tanbīh al-ghāfilīn*) verfaßt. In diesem Buche weisen wir auf die Worte hin, die dir bei deinem Streben zum Erfolg verhelfen — so Gott will, der Erhabene und Gewaltige, und Gott hilft zum Erfolg.

Erster Grundsatz über die Worte des Allerhöchsten und Gepriesenen: Bedenke, o Mann, was das erhabene Buch an Locken und Abschrecken, Hoffnungwecken und Furchteinflößen enthält: Da sind Verse der Hoffnung als Wort des Allerhöchsten: [K. 39:53] „*Verzweifelt nicht an Gottes Barmherzigkeit, wahrlich Gott vergibt die Sünden allesamt.*" — [K. 3:135] „*Wer vergibt die Sünden außer Gott?*" — [K. 40:3] „*Der die Sünden vergibt und Reue annimmt.*" — [K. 42:25] „*Er ist es, der von seinen Dienern die Reue annimmt und die Missetaten vergibt.*" — [K. 6:12] „*Euer Herr hat sich selbst die Barmherzigkeit vorgeschrieben.*" — [K. 7:156] „*Meine Barmherzigkeit erstreckt sich über jedes Ding, und ich werde für die Gutes niederschreiben, die mich fürchten.*" — [K. 2:143] „*Wahrlich, Gott ist mit den Menschen mild und erbarmungsvoll.*" — [K. 33:43]

„Und er war mit den Gläubigen barmherzig." — So gibt es diese und ähnliche Hoffnung erweckende Verse.

Verse über die Furcht und die Strenge enthalten die Worte des Allerhöchsten: [K. 39:16] *„O meine Diener, fürchtet mich!"* — [K. 23:115] *„Habt ihr gemeint, wir hätten euch nur zum Scherz erschaffen, und nicht, daß ihr zu uns zurückkehret?"* — [K. 75:36] *„Glaubt der Mensch, daß er ohne Verantwortung gelassen wird?"* —[K. 4:123] *„Weder eure Wünsche noch die Wünsche der Schriftbesitzer (werden in Erfüllung gehen), wer Böses tut, wird bestraft, und er findet außer Gott weder Schützer noch Helfer."* — [K. 18:104] *„Und sie meinen noch, etwas Gutes zu tun!"* — [K. 39:47] *„Und von Gott wurde ihnen offenbar, was sie nicht vermutet hätten."* — [K. 25:23] *„Wir werden hintreten zu dem Werke, das sie getan, und es zu zerstreutem Staub machen."* — Wir bitten Gott den Allerhöchsten, er wolle uns durch sein Erbarmen sichern.

Freundliche Verse, die Furcht und Hoffnung zugleich behandeln, sind die Worte Gottes des Allerhöchsten: [K. 15:49] *„Verkünde meinen Dienern, daß ich der Verzeihende, Barmherzige bin"*, weiterhin: [K. 15:50] *„und daß meine Strafe eine schmerzliche Strafe ist!"* — Auf daß die Hoffnung dich nicht ganz beherrsche, höre das Wort Gottes des Allerhöchsten: [K. 2:165 und öfter] *„streng beim Strafen."* Dann: [K. 40:3] *„... der Helfer ist — kein Gott ist außer ihm."* Damit die Furcht dich nicht ganz beherrsche, bewundere das Wort des Allerhöchsten und Gepriesenen: [K. 3:68] *„Gott selbst behütet euch."* Ferner: [K. 3:30] *„Und Gott ist gütig mit denen, die ihm dienen."* Und bewundere das Wort des Allerhöchsten, des Gepriesenen: [K. 50:33] *„Wer insgeheim den Barmherzigen fürchtet."* Es ist hier das Wort „Furcht" (Schaudern) mit dem Namen „der Barmherzige" verbunden, nicht mit den Namen „der Gewaltige“, „der Ahndende“, „der Stolze“ und ähnlichen, damit die Furcht zugleich mit dem Gedanken der Barmherzigkeit verbunden sei. Die Furcht soll nicht gänzlich dein Herz verstört machen, es soll ein Furchterwecken sein bei (gleichzeitiger) Sicherheit und bei Aufrütteln der Bequemlichkeit, so wie du sagst: „Fürchtest du nicht die barmherzige Mutter? Hast du nicht Angst vor dem mitleidigen Vater?“ und: „Nimmst du dich nicht in acht vor dem edelmütigen Fürsten?“ Der Sinn hiervon ist, daß der Weg der rechte sein soll und du weder in Sicherheitswahn noch ohne Hoffnung gehest.

Möge Gott durch seine Barmherzigkeit euch über die weise Erinnerung nachdenklich machen und darnach handeln lassen, denn er ist der edle Großmütige — und keine Macht und Kraft gibt es, außer bei Gott dem Hohen, dem Gewaltigen.

Der zweite Grundsatz ist, (betrachte) die Taten und das Verfahren des Erhabenen, Gewaltigen:

Betreffs der Furcht wisse: Der Satan (*Iblīs*) hatte ihm achtzigtausend Jahre lang gedient und, wie man sagt, nie einen Schritt getan, ohne dabei sich vor Gott dem Allerhöchsten niederzuwerfen. Dann befolgte er einen einzigen Befehl nicht, und er trieb ihn zu seiner Türe hinaus, und die achtzigtausend Jahre Dienst verwarf er, verfluchte ihn bis zum Gerichtstage und bereitete ihm eine schmerzliche Strafe für die Ewigkeit. Es wird sogar erzählt, der Glaubwürdige, Getreue, der Hochgebenedeite habe den gebenedeiten Jibrīl (Gabriel) gesehen, wie er sich an die Vorhänge des Ka‘baheiligtums anklammerte und dabei rief: „Mein Gott, mein Herr, ändere nicht meinen Namen und wechsele nicht meinen Leib.“ Da ist ferner der hochgebenedeite Ādam, den er erwählt und als Propheten bestimmt hatte, den er mit seiner Hand erschaffen hatte und vor dem er die Engel sich niederwerfen hieß [K. 2:34 u. a.] und den diese auf ihrem Nakken in seine Nähe trugen. Er war vergnügt und aß eine einzige ihm unerlaubte Speise. Da wurde ihm zugerufen: „Nicht sei mir Nachbar, der gegen mich aufsässig gehandelt hat!" Und er befahl den Engeln, die seinen Thron trugen, ihn von Himmel zu Himmel hinabzudrängen, bis sie ihn auf die Erde stürzten. Man erzählt, seine Reue sei erst angenommen worden, als er zweitausend Jahre lang darüber geweint hatte und ihn viel Verachtung und Leid geplagt hatten, während seiner Nachkommenschaft dessen Folgen für immer blieben.

Da ist ferner der gebenedeite Nūḥ (Noah), der Scheich der hochgebenedeiten Gesandten, der um seiner Religion willen soviel erduldet hatte. Er hat nur ein einziges unziemliches Wort gesprochen, und siehe, ihm wurde zugerufen: [K. 11:46] „*Erfrage doch nicht von mir, wovon du kein Wissen hast. Ich mahne dich, kein Törichter zu sein.*" In einigen Überlieferungen wird sogar erzählt, vierzig Jahre lang habe er aus Scham vor Gott nicht sein Haupt zum Himmel gewendet.

Dann war es der hochgebenedeite Ibrāhīm (Abraham), „der Freund Gottes", der nur einen einzigen Fehler begangen hatte, und wie fürchtete er sich und flehte: [K. 26:82] „ ... *und von dem ich hoffe, er werde am Tage des Gerichtes mir meine Sünde vergeben.*" Man hat sogar erzählt, er habe aus schwerer Furcht geweint, so daß Gott der Allerhöchste ihm den getreuen gebenedeiten Jibrīl sandte, der ihm sagte: „Hast du einen Freund gesehen, der seinen Freund mit dem Höllenfeuer bestraft?", worauf er sprach: „O Jibrīl, wenn ich meiner Sünden gedenke, so vergesse ich das Paradies."

Sodann ist da der hochgebenedeite Mūsā (Moses) ibn ʿImrān, der nur einen einzigen Schlag versetzt hatte. Wie groß war dessen Furcht und wie flehte er und bat um Vergebung: [K. 28:16] „*Mein Herr, wenn ich mir selbst Unrecht antat, so vergib mir!*"

Zu seiner Zeit war da Balʿam ibn Bāʿūrā' (Bileam), der den Thron schaute, wenn er zum Himmel sah. Ihn meint das Wort des Allerhöchsten: [K. 7:175] „*Künde ihnen von dem, dem wir unsere Zeichen gegeben haben — doch er wandte sich davon ab.*" Dabei ist von ihm nichts weiter bekannt, als daß er sich einmal der Welt und deren Volk zugewandt und einem von seinen Heiligen keine Ehrung erwiesen hatte. Da beraubte ihn Gott seiner Erkenntnis und behandelte ihn wie einen verjagten Hund mit den Worten: [K. 7:176] „*So war er einem Hunde gleich, stürzest du dich auf ihn, so schnauft er, läßt du ihn, so schnauft er.*" Und damit warf er ihn ins Meer der Irrung und des Verderbens auf ewig, worauf ich die Meinung eines Gelehrten hörte, der sagte: „Zu Beginn seiner Sache waren zwölftausend Tintenfässer für die Schüler da, die ihm nachschrieben. Dann war er der erste, der ein Buch verfaßt hat und darin erwähnt, die Welt habe keinen Schöpfer, der sie gemacht habe."

Wir flehen Gott um Hilfe, und abermals um Hilfe an vor seinem Zorne, vor seiner peinvollen Strafe und daß er uns nicht furchtbar uns selber überlasse, wogegen wir nichts vermögen.

Sieh die Bosheit und das Unheil der Welt, das sie besonders über Gelehrte kommen läßt, und merke auf! Die Sache ist ernst, das Leben kurz, im Handeln begeht man Fehler, und der Beobachter ist scharfsichtig, denn wenn er unsere Werke gut enden läßt, so vergibt er uns die begangenen Fehltritte, dies ist ihm ja nicht schwer.

Da ist dann der hochgebenedeite Dāwūd (David), sein Stellvertreter auf seiner Erde, der eine einzige Sünde beging und darüber so weinte, daß aus seinen Tränen das Gras auf der Erde wuchs. Er sprach: „Mein Gott, erbarmst du dich nicht meines Flehens und Weinens?“, worauf ihm die Antwort kam: „O Dāwūd, deine Schuld habe ich vergessen und deines Weinens gedacht.“ Seine Buße von vierzig Tagen wurde nicht angenommen, und man sagt, es seien vierzig Jahre gewesen.

Sodann ist da sein Prophet, der gebenedeite Yūnus (Jonas), der ein einziges Mal ungehörig zürnte. Da kerkerte er ihn vierzig Tage lang im Inneren eines Seetieres am Meeresgrunde ein, während er rief: [K. 21:87] *„Außer dir gibt es keinen Gott, und ich war ein Sünder!“* Da hörten die Engel seine Stimme und sprachen: „Unser Gott und Herr, da ist eine Stimme von einem unbekannten Orte her“, worauf Gott der Allerhöchste sagte: „Dies ist die Stimme meines Dieners Yūnus.“ Die Engel baten für ihn, doch trotz alledem änderte er dessen Namen und sprach: „O Dhū n-Nūn“ („der mit dem Fisch“), auf sein Gefängnis hindeutend. Ferner sagte er: [K. 37:142–144] *„Verschlungen hat ihn der Fisch, denn er war zu tadeln. Und hätte er nicht Lobpreis dargebracht, so bliebe er in dessen Bauche, bis sie auferstehen.“* Sodann sprach er von seiner Güte und Gnade: [K. 68:49] *„Hätte ihn die Gnade seines Herren nicht aufgenommen, so wäre er schimpflich ans nackte Ufer geschleudert worden.“* — Sieh nur, o Armer, auf diese Bestrafung!

Und so geht es fort bis zum Herrn der Gesandten (Muḥammad), den er mit den meisten Gnaden erschaffen hatte und zu dem er sprach: [K. 11:112] *„So sei standhaft, wie dir geboten war, und ebenso, wer sich mit dir bekehrte, und seid nicht widerspenstig, denn er sieht, was* *ihr tut*", bis der hochgebenedeite Prophet sagte: „(Die Sure) Hūd und ihre Schwestern haben mein Haar weiß gemacht [W. III. 224]. Diese und ähnliche Verse werden über mich im Koran gesagt." Und es sprach Gott der Allerhöchste: [K. 40:55 und 47:19] „*Und bitte wegen deiner Schuld um Vergebung*", bis Gott ihm gnädig Vergebung gewährte und sprach: [K. 94:2–3] „*Wir haben dir deine Last abgenommen, die deinen Rücken drückte*", ferner: [K. 48:2] „... *daß dir Gott deine früheren und späteren Sünden vergibt.*" Und darnach pflegte der Hochgebenedeite nachts das Ritualgebet zu verrichten, daß ihm die Füße schwollen und man ihm sagte: „O Gesandter Gottes, tust du dies, da dir doch Gott deine frühere und spätere Schuld vergeben hat?", worauf er erwiderte: „Soll ich nicht ein dankbarer Diener sein?" Er hat sich auch geäußert: „Wenn ich und 'Īsā (Jesus) für das bestraft würden, was diese beiden erworben haben, so würden wir bestraft wie keiner aus den beiden Welten." Er verrichtete nachts das Ritualgebet, weinte und sprach: „Vor meiner Strafe suche ich Zuflucht bei deiner Vergebung wie vor deinem Zorne bei deinem Wohlwollen. Vor dir nehme ich Zuflucht. Das dir dargebrachte Lob hat ja nicht das Maß dessen, mit dem du dich selber preist."

Dann ist die „Gefährtenschaft" (des Propheten), die das beste Zeitalter der besten Gemeinde sind. Als bei ihnen etwas Scherzen auftrat, da wurde das Wort des Allerhöchsten geoffenbart: [K. 57:16] „*Ist es nicht Zeit, daß die, welche glauben, ihre Herzen demütigen vor dem Gedenken Gottes und der geoffenbarten Wahrheit und daß sie nicht jenen gleichen, die früher die Schrift erhielten, und da die Zeit der Nachsicht für sie lange währte, ihre Herzen verhärteten, und viele von ihnen sind Übeltäter?*" Dann wurden in dieser Gemeinde, obwohl sie Barmherzigkeit empfangen hatte, die gesetzlichen Strafen (*ḥudūd*), härteste Maßregelung nebst scharfen Zurechtweisungen festgesetzt, so daß Yūnus ibn 'Ubayd sagte: „Das beste Glied (die Hand) an dir ist nicht davor sicher, wegen fünf Dirham abgehackt zu werden, schon morgen kann seine Strafe eine solche sein.“ Bitten wir Gott den Allerhöchsten, den Erbarmer, den Gütigen und Gepriesenen, daß er uns nach seiner Güte behandeln wolle, wahrlich, er ist der Erbarmungsvollste!

Was nun die Hoffnung betrifft, so künde von der umfassenden Barmherzigkeit Gottes, und du bist sicher. Wer kennt deren Grenze, kann sie beschreiben und kennt ihr Ende? Er ist es ja, der für eine Stunde Glauben siebzig Jahre Unglauben vergibt. Gott der Allerhöchste hat gesagt: [K. 8:38] „*Sprich zu denen, die nicht glauben, daß, wenn sie (vom Widerstand) ablassen, er ihnen das Vergangene vergibt.*“ Siehst du nicht in der Sache mit den Zauberern des Fir'awn [Pharao, K. 7:111 ff., 26:45 ff.], die gekommen waren, ihn (Gott) zu bekämpfen, und bei der Ehre Fir'awns, seines Feindes, geschworen hatten, doch kaum sahen sie das Wunderzeichen des gebenedeiten Mūsā (Moses), da erkannten sie die Wahrheit und sprachen: „Wir glauben an den Herrn der Welten.“ Es wird dann nicht erwähnt, sie hätten noch weiteres wider ihn vollführt. Sieh sodann, wie oft er sie in seinem heiligen Buche lobend nennt! Und wieviel Großen und Kleinen hat er wegen einer Stunde, ja, wegen eines Augenblickes Glauben verziehen! Sie hatten ja nur gesagt: „Wir glauben an den Herrn der Welten“, und zwar aus ehrlichem Herzen heraus. Wie hat er sie aufgenommen und ihnen alles Frühere verziehen! Wie hat er sie zu Häuptern der Blutzeugen gemacht für alle Ewigkeit im Paradiese! Hier handelt es sich ja um solche, die ihn erkannten und nach all jenem Zauber, Unglauben, Irren und Verderbnis seine Einheit bezeugten. Wie geht es dann jemandem, der sein Leben im Bekenntnis seiner Einheit verbringt? Wird er dann einen anderen als ihn in den beiden Welten als würdig ansehen? —

Siehst du nicht die „Leute der Höhle" (*ahl al-kahf*, die Siebenschläfer, K. 18), wie sie ihr Leben in Unglauben verbracht hatten? [K. 18:14] „*Siehe, sie standen auf und sprachen: Unser Herr ist der Herr der Himmel und der Erde, keinen anderen Gott als ihn werden wir anrufen!*" Und zu ihm nahmen sie Zuflucht, und wie hat er sie angenommen und beschenkt, worauf er sie erhöhte und mit den Worten ehrte: [K. 18:18] „*Und wir ließen sie zur Rechten wie zur Linken sich umwenden* (*in der Höhle*)." In welchem Höchstmaß hat er sie nicht geehrt und mit Hoheit und Würde bekleidet, so daß er zum Edelsten seiner Geschöpfe (Muḥammad) sagte: [K. 18:18] „*Hättest du sie wahrgenommen, so hättest du dich vor ihnen zur Flucht gewendet und aus Furcht vor ihnen gezittert.*" Wie hat er sogar einen Hund geehrt, der ihnen gefolgt war, daß er ihn mehrmals in seinem heiligen Buche erwähnte und ehrenvoll im Jenseits ihn ins Paradies gelangen ließ. Dies ist seine Huld gegen einen Hund, der einige Schritte mit Leuten gegangen war, die ihn erkannt und als einen bezeugt hatten, einige Tage lang ohne Kult und Dienst. Wie ist dann erst seine Huld gegen seinen gläubigen Diener, der ihm siebzig Jahre lang gedient, ihn bezeugt und verehrt hat? Und wie, würde er siebzig Jahre leben und hätte die Absicht, Gott zu verehren?

Siehst du nicht, wie er den gebenedeiten Ibrāhīm (Abraham) getadelt hat, weil er über Missetäter den

Untergang herabrief? Und wie hat er Mūsā wegen Qārūn (Korah) getadelt und gesagt: „Er bat um meine Hilfe, doch du hast ihm nicht geholfen, und bei meiner Ehre, hätte er mich um Hilfe gebeten, ich hätte ihm geholfen und verziehen!" Und wie hat er den gebenedeiten Yūnus (Jonas) seines Volkes wegen getadelt: „Du bist traurig wegen einer Kürbispflanze, die ich in einer Stunde habe wachsen lassen und in einer Stunde vertrocknen ließ. Und du bist wegen hunderttausend und noch mehr nicht traurig?" [K. 37:146–147]* Wie hat er nachher deren Bitte um Vergebung angenommen und von ihnen seine schwere Strafe abgewendet, nachdem er sie hatte in die Irre gehen lassen! [vgl. Sure 10:98]

Wie tadelte er den Herren der Gesandten, den Gott mit seinem ganzen Hause segne! In der Überlieferung über ihn heißt es, er sei durch das Tor der Banī Shayba (bei der Ka'ba) eingetreten und sah eine Schar Leute lachen. Er sagte zu ihnen: „Warum lacht ihr? Ich sehe euch nicht lachen", bis er zu ihnen beim schwarzen Steine zurückgekehrt war und ihnen sagte: „Jibrīl (Gabriel) ist zu mir gekommen und hat mir gesagt: ‚O Muḥammad, wahrlich, Gott der Allerhöchste sagt dir: „Warum läßt du Meine Diener an Meiner Barmherzigkeit verzweifeln? *Künde Meinem Diener, daß ich der Verzeihende, Barmherzige bin* [K. 15:49]."'"

* Die angegebene Koranstelle lautet: „*Und Wir ließen eine Kürbispflanze über ihm wachsen. Und Wir sandten ihn zu Hunderttausend oder mehr.*" Der Zusammenhang und die Geschichte über die Kürbispflanze und die Traurigkeit des Propheten Yūnus gehen nicht direkt aus den genannten Koranversen hervor. Hier scheint der Autor Erläuterungen einfließen zu lassen, die genauer in den Hadithen und islamischen Erzählungen zu finden sein dürften. [Anm. d. Verl.]

Und der hochgebenedeite Gesandte Gottes des Allerhöchsten sagt: „Gott hat mit seinem gläubigen Diener mehr Erbarmen als die treubesorgte Mutter mit ihrem Kinde [W. II. 240]." In der berühmten Überlieferung des Hochgebenedeiten heißt es, daß Gott der Allerhöchste hundert Arten des Erbarmens habe. Eine davon hat er unter Geistern (*jinn*), Menschen und Tieren verteilt, die dadurch gegeneinander wohlwollend und barmherzig sind, doch neunundneunzig davon hat er sich aufbewahrt, um dadurch am Tage der Auferstehung an seinen Dienern Barmherzigkeit zu üben [W. II. 339].

Siehe, er hat dir aus jener einen Barmherzigkeit die köstlichen, großmütigen Gaben gewährt, die Erkenntnis des Gepriesenen, die Zugehörigkeit zur Gemeinde, „die Barmherzigkeit erhält", nebst Kenntnis der Sunna und der Gemeinschaft bis zu allen äußeren und inneren Gnaden, die du besitzest. Von seiner erhabenen Güte erhoffen wir, daß er dies vollende, denn wer das Gute begonnen hat, muß es vollbringen, und daß er dir reichlichen Anteil an den neunundneunzig Arten der Barmherzigkeit geben möge. So bitten wir Gott, er wolle unsere Hoffnung auf seine erhabene Huld nicht enttäuschen — er ist ja der edelmütige, freigebige und barmherzige Herr.

Der dritte Grundsatz ist die Erinnerung an das fürs Jenseits Verheißene und Angedrohte. Hierbei beherzige fünf Dinge: Tod, Grab, Auferstehung, Paradies und Höllenfeuer und die große Gefahr, die jedes davon birgt für Gehorsame und Aufsässige, Versagende und Eifrige.

Den Tod betreffend, bedenke, wie es zwei Männern erging. Über einen von beiden erzählt Ibn Shubruma: „Ich trat mit ash-Sha'bī bei einem Kranken ein, ihn zu besuchen. Er lag in seinem Zustande da, und ein

Mann war bei ihm, der ihn unterwies zu sprechen: ‚Es ist kein Gott außer Gott, er ist einzig und hat keinen Genossen.' Ash-Sha'bī sagte ihm: ‚Sei gütig mit ihm.' Der Kranke begann zu reden und sagte: ‚Ob du mich belehrst oder nicht — ich gebe das nicht auf.' Dann rezierte er: [K. 48:26] ‚*Er bestärkte in ihnen festen Glauben und Gottesfurcht, denn sie waren dessen am würdigsten und wertesten.*' Da sprach ash-Sha'bī: ‚Gott sei Lob, der unseren Gefährten gerettet hat.'"

Der andere ist, wie man von einem Schüler des Fuḍayl ibn 'Iyāḍ erzählt, den der Tod antrat. Fuḍayl trat bei ihm ein, setzte sich zu dessen Häupten nieder und rezitierte die Sure Yāsīn [K. 36]. Da sagte der Kranke: „O Meister, rezitiere dies nicht", und schwieg. Darauf flüsterte er ihm ein und sagte ihm vor: „Es ist kein Gott außer Gott." Doch jener versetzte: „Ich sage es nicht, denn ich habe nichts damit zu tun", und starb darauf. Al-Fuḍayl begab sich zu seiner Wohnung und weinte vierzig Tage lang, ohne sein Haus zu verlassen. Darauf sah er jenen im Traume, wie er in die Hölle geschleppt wurde, und sagte ihm: „Weswegen hat Gott dir die Erkenntnis weggenommen, wo du doch mein gelehrtester Schüler warst?" Da erwiderte jener: „We-gen dreier Dinge: das erste war die Verleumdung, denn zu meinen Gefährten habe ich gesagt, was dem wider-sprach, was ich dir sagte. Das zweite ist der Neid, ich war meinen Gefährten gegenüber neidisch, das dritte war, daß ich eine Krankheit hatte. Ich ging zum Arzt und befragte ihn hierüber. Er sagte mir: ‚Trink in jedem Jahre einen Becher Wein, tust du es nicht, so bleibt die Krankheit an dir.' So pflegte ich ihn zu trinken." — Wir rufen Gott um Hilfe an vor seinem Zorne, gegen den wir nichts vermögen.

Dann beherzige das Geschick zweier anderer Männer. Man berichtet über den gottseligen ʿAbdallāh ibn al-Mubārak, daß er im Sterben liegend zum Himmel schaute, lachte und sagte: [K. 37:61] *„Für solches lohnt sich frommes Tun.“*

Ich hörte, wie der gottbegnadete Imām al-Haramayn (al-Juwaynī) von dem gottseligen Meister Abū Bakr erzählte, daß dieser gesagt habe: „In den Tagen, da ich lehrte, hatte ich einen Gefährten. Der war ein Anfänger, voll Eifers im Lehren, rein, fromm, doch trotz seines Eifers erlangte er nur wenig, so daß wir uns über seinen Zustand wunderten. Da wurde er krank und blieb im Konvent (*ribāṭ*), ohne ins Krankenhaus zu gehen. Er mühte sich mit seiner Krankheit ab, und sein Zustand verschlimmerte sich, während ich an seiner Seite war. Während er so dalag, siehe, da richtete er den Blick zum Himmel und sagte dann: ‚Für solches lohnt sich frommes Tun‘, worauf er starb — Gott sei ihm barmherzig.“

Der andere aber gleicht dem, von welchem der gottselige Mālik ibn Dīnār erzählt. Er trat bei einem seiner Nachbarn ein, der im Sterben lag und ihm sagte: „O Mālik, vor mir sind zwei Feuerberge, die ich übersteigen muß.“ Er fragte darüber dessen Angehörige, die erwiderten: „Er hatte zwei Maße, mit einem davon maß er aus, und mit dem anderen maß er, wenn er etwas bekam.“ Da rief er nach den beiden und schlug eines am anderen entzwei und fragte sodann den Mann, der antwortete: „Die Sache wird mir nur noch schrecklicher.“

Was das Grab (und seine Pein, *ʿadhāb*) nach dem Tode anlangt, so denke dabei an die Lage zweier Männer: Der eine ist so, wie man es durch einen Frommen weiß, der sagte: „Ich sah Sufyān ath-Thawrī nach dessen Tode im

Traum, und auf meine Frage: ,Wie geht es dir, o Abū ‘Abdallāh?‘ (Vater des A.), sagte er mir abweisend: ,Es ist dies nicht die Zeit der Beinamen.‘ Ich fragte: ,Wie geht es dir, o Sufyān?‘ Da sprach er die Verse:

,Deutlich sah ich meinen Herren.
Da sagte er mir: Glück dir, du hast mein Wohlgefallen, o Ibn Sa‘īd!
Wenn die Nacht sich niedersenkte, erhobest du dich zum Gebet
unter Tränen der Sehnsucht und gebrochenen Herzens.
Siehe, wähle dir ein Schloß aus, das du wünschest,
und besuche mich, denn unweit bin ich von dir.‘“

Der zweite Mann ist so, wie er im Traume erschien, abgezehrten Aussehens, die Hände an den Hals gefesselt. Auf die Frage, was Gott mit ihm getan habe, sprach er den Vers:

„Es verging eine Zeit, da wir mit ihm spielten,
nun ist die Zeit, da er mit uns spielt.“

Dann das Geschick von zwei anderen Männern: Von dem einen erzählt ein Frommer: „Ich hatte einen Sohn, der als Glaubensheld gestorben ist, und sah ihn im Traum erst in der Nacht, da der gottbegnadete (Umayyadenkalif) ‘Umar (II) ibn ‘Abd al-‘Azīz verschied. Als ich ihn in jener Nacht schaute, sagte ich zu ihm: ,O mein Sohn, bist du nicht tot?‘, worauf er erwiderte: ,Nein, sondern ich starb als Glaubensheld, lebe bei Gott und bin versorgt.‘ Ich fragte: ,Was ist dir geschehen?‘, und er erwiderte: ,Unter den Himmelsbewohnern wurde ausgerufen, jeder Prophet, Getreue und Glaubensheld ohne Ausnahme solle sich zum Gebet für ʿUmar ibn ʿAbd al-ʿAzīz einfinden, und so kam ich, das Sterbegebet zu verrichten, und dann bin ich gekommen, euch zu begrüßen.'"

Von einem anderen hat Hishām ibn Ḥassān erzählt: „Ein Sohn von mir ist jung verstorben. Da sah ich ihn im Traum, und siehe, er war weißhaarig geworden. Auf meine Frage: ‚O mein Sohn, was bedeutet dies weiße Haar?', gab er zur Antwort: ‚Als. N. N. zu uns trat, da stieß die Hölle einen Rauch aus, und ohne Ausnahme wurden wir weißhaarig!'" Nehmen wir unsere Zuflucht zu Gott dem Barmherzigen vor der peinvollen Strafe!

Was die Auferstehung anlangt, so überdenke das Wort Gottes des Allerhöchsten: [K. 19:85–86] *„Der Tag, an dem wir die Frommen zum Barmherzigen hin versammeln wie eine Gesandtschaft — und da wir die Übeltäter wie Vieh zur Tränke zur Hölle treiben …"* Da ersteht einer aus seinem Grabe, und am Grabe sind schon (das Reittier) al-Burāq, die Krone, die Gewänder bereit. Er kleidet sich an und reitet zu den Gärten des Paradieses, zu Fuß zum Paradies zu gehen, entspräche nicht seiner Würde. Und ein anderer ersteht aus seinem Grabe, und siehe, da sind schon die Racheengel, die Fesseln und Bande. Sie lassen den Missetäter nicht zu Fuß zum Höllenfeuer gehen, sondern auf seinem Gesicht wird er zum Grauen des Inferno geschleift. Wir nehmen zu Gott unsere Zuflucht vor seinem Zorne!

Ich hörte einen Gelehrten das Wort des hochgebenedeiten Propheten berichten: „Wenn der Tag der Auferstehung kommt, so ersteht eine Schar aus ihren Gräbern, die edle Reittiere zum Besteigen haben mit grünen Flügeln. Sie überfliegen mit ihnen die Weiten der Auferstehung, bis sie zu den Mauern des Paradieses kommen. Wenn die Engel sie sehen, fragen sie einander, wer diese seien. Man sagt ihnen: ‚Wir wissen das nicht, vielleicht gehören sie zur Gemeinde Muḥammads des Hochgebenedeiten.' Einige Engel kommen zu ihnen mit der Frage: ‚Wer seid ihr, und was ist eure Gemeinde?' Da geben sie an: ‚Wir sind von der Gemeinde Muḥammads des Hochgebenedeiten.' Auf die Frage der Engel, ob sie Rechenschaft abgelegt hätten, antworten sie: ‚Nein.' Dann fragen die Engel: ‚Seid ihr gewogen worden?' Dies verneinen sie, und ebenso verneinen sie es, wenn die Engel fragen, ob sie ihre Rechenschaftsbücher gelesen hätten. Dann erfolgt der Spruch der Engel: ‚Geht zurück, all dies liegt hinter euch.' Dann werden sie sagen: ‚Habt ihr uns etwas gegeben, daß wir darüber abrechnen sollen?'" Nach anderer Überlieferung heißt es: „Wir haben nichts besessen, so daß wir gerecht oder ungerecht gehandelt hätten, wir haben vielmehr unserem Herrn gedient, bis er uns rief und wir ihm geantwortet haben." Ein Ausrufer läßt sich vernehmen: „Meine Diener haben die Wahrheit gesagt: [K. 9:91] *Nichts (spricht) gegen die Wohltuenden um Gottes Willen, und Gott ist verzeihend, barmherzig.*" Hörst du nicht das Wort des Allerhöchsten: [K. 41:40] „*Wer in das Höllenfeuer geworfen wird, ist der besser daran oder wer am Tage der Auferstehung sicher herkommt!*" Wie groß ist da ein Mann, der diese Schrecknisse, Erdbeben und Ereignisse wohl wahrnimmt, während er in Sicherheit ist, kein Schreck sein Herz befällt und dies durch nichts bedrückt wird! Bitten wir Gott den Erhabenen, daß er uns und euch jenen Glückseligen beigeselle!

Was aber Paradies und Höllenfeuer anlangt, so beherzige hierüber zwei Verse aus dem Buche Gottes des Allerhöchsten. Erstens hat der Allerhöchste gesagt: [K. 76:21–22] „*(Ihr Herr) wird ihnen einen reinen Trank reichen*

— *und dies ist für euch ein Lohn, denn euer Eifer verdient Dank.*“ Der Allerhöchste hat über andere gesprochen: [K. 23:107–108] „*Führe uns heraus von hier, und wenn wir es wieder tun, dann wollen wir Übeltäter sein.*“ — Doch er sagt: „*Hinweg mit euch, da hinein, und redet nicht* (*weiter*).“

Man hat darüber berichtet, sie würden Hunde dabei, die im Höllenfeuer sich anheulen. Wir nehmen Zuflucht zu Gott dem Gnädigen, dem Barmherzigen, vor seiner peinvollen Strafe. Die Sache ist so, wie der gottselige Yaḥyā ibn Mu'ādh ar-Rāzī gesagt hat: „Ich weiß nichts, welches von beiden Unheilen das größere ist, Verlust des Paradieses oder ins Höllenfeuer eintreten? Schon ohne Paradies kann es niemand ertragen, aber das Höllenfeuer kann überhaupt keiner aushalten.“ Jedenfalls ist Verlust der Seligkeit leichter als die Peinen der Hölle. Dann ist da das Jüngste Gericht und das schwerste Unglück, die Ewigkeit. Wenn die Sache jedenfalls ein Ende hätte, so wäre es leichter, jedoch liegt das Gewicht auf der nie endenden Ewigkeit. Welches Herz erträgt es, und welche Seele erduldet es?

Darum hat der gebenedeite 'Īsā (Jesus) gesagt: „An die Ewigkeit zu denken zerschneidet die Herzen derer, die sich fürchten.“ Bei al-Ḥasan (al-Baṣrī) wird erwähnt: „Der letzte, der das Höllenfeuer verläßt, wird ein Mann sein namens Hannād, der tausend Jahre bestraft worden ist und rief: ‚O Gütiger, o Gnädiger!‘“ Darauf weinte al-Ḥasan, und als man sich darüber wunderte, sprach er: „Gibt es nicht einen Tag, an dem man herauskommt?“

Nach meiner Meinung geht die Sache auf einen Grundsatz zurück, und dies ist der springende Punkt, der die Rücken beugt, die Gesichter erbleichen läßt, die Herzen zum Schmelzen bringt, das Innere zerschneidet und die Augen der Gottesdiener bluten läßt. Es ist dies die Furcht, die Gotteserkenntnis (Glauben des Islam) zu verlieren, und dies ist das Ziel, auf das die Furcht derer, die sie hegen, hinausläuft und worüber die Augen weinen.

Jemand hat gesagt: Es gibt Sorge um drei Dinge: daß die ausgeführten Pflichten nicht angenommen werden und die Sünde nicht verziehen wird sowie die Sorge um Entzug der Gotteserkenntnis. Die Lautersten aber meinen, daß die Sorge in Wirklichkeit vielmehr eine einzige sei: Verlust der Gotteserkenntnis, jede andere Sorge ist leicht, sie endet einmal.

Vom gottseligen Yūsuf ibn Absāṭ wird berichtet: „Ich trat beim gottseligen Sufyān ein, und da weinte er die ganze Nacht. Auf meine Frage, ob er der Sünde wegen so weine, erwiderte er, einen Strohhalm aufhebend: ‚Die Sünden sind bei Gott leichter als dies, ich fürchte nur, daß Gott mir den Islam wegnimmt.'" — Bitten wir Gott unseren Herrn, den Gnädigen, Gepriesenen, daß er uns kein Unheil sende, durch seine Huld uns viel Gnade erweise und uns in der Gemeinde des Islam abscheiden lasse. Er ist ja der barmherzigste Erbarmer!

Wir haben die Ursache und die Bedeutung eines üblen Endes in dem Buche „Wiederbelebung der Religionswissenschaften" [Bd. IV, S. 93] dargelegt. So betrachte dort, denn hier sich in dies zu versenken, würde zu Weitschweifigkeit führen. Denn bedenke reiflich, was hier zusammengefaßt ist, die Einzelschilderung würde mehr sein, als man sich vorstellt und überdenkt, und vielleicht hast du Glück, wenn Gott dir beisteht und gütig zum Erfolg verhilft.

Wenn du fragst: „Welchen der beiden Wege soll ich wandeln, den der Furcht oder den der Hoffnung?", —

so ist die Antwort: Besser den aus beiden bestehenden. Man hat schon gesagt, daß der ganz von der Hoffnung Beherrschte zum Murji'iten werde, ja vielleicht gar zum Bösewicht, der von der Furcht Beherrschte aber werde zum Vergrämten. Das heißt also, keines kann ohne das andere sein, denn in Wirklichkeit kann echte Hoffnung von echter Furcht nicht getrennt werden und umgekehrt echte Furcht nicht von echter Hoffnung. Man hat daher gemeint, die Hoffnung, nicht der Sicherheitswahn sei ganz für die Furchterfüllten da wie die Furcht ganz für die Hoffenden und nicht die Verzweiflung.

Sagst du: „Ist die eine der anderen vorzuziehen, oder soll man an eine davon öfters denken?", — so wisse: Ist der Mensch gesund und rüstig, so ist die Furcht vorzüglicher, doch wird er krank und schwach, besonders wenn er ins Jenseits hinüberblickt, dann ist die Hoffnung das Bessere. So habe ich die Meinung der Gelehrten gehört. Meine Ansicht ist, daß es so sei, weil man berichtet, Gott der Allerhöchste und Gepriesene sage: „Ich bin mit denen, die aus Furcht vor mir gebrochenen Herzens sind." So wird für ihn also zu jener Zeit die Hoffnung vorzuziehen sein, da sein Herz gebrochen ist und wegen der Furcht, die er hatte, als er gesund und kräftig war und als es ihm leichtfiel. Man sagt ihnen daher: [K.41:30] „*Fürchtet euch nicht und trauert nicht.*"

Sagst du: „Gibt es nicht viele Überlieferungen dafür, daß es ein Anreiz hierfür ist, ein (vermessenes) Zutrauen zu Gott zu haben?", — so wisse: Das Zutrauen zu Gott bedeutet, daß man sich vor der Sünde hüte, seine Strafe fürchte und in seinem Dienste eifrig sei. Wisse: Es gibt hierfür einen wahren Grundsatz und wertvollen Gedanken, worin viele Leute irren, und zwar ist dies der Unterschied zwischen Hoffnung und Sicherheitswahn. Die Hoffnung ist begründet, während der (bloße) Wunsch unbegründet ist. Wenn zum Beispiel jemand etwas aussät, sich Mühe gibt, die Ernte einbringt und dann sagt: „Ich hoffe, davon hundert Qafīz (ca. 333 l) zu erhalten“, so ist dies seine Hoffnung. Ein anderer sät nicht aus, arbeitet nicht einen Tag, geht hin, schläft und ist ein Jahr hindurch nachlässig, doch wenn die Erntezeit kommt, sagt er: „Ich hoffe, davon hundert Qafīz zu erhalten“, so fragt man ihn dann: „Woher hast du diese Hoffnung, das ist doch nur ein unbegründeter Wunsch?“ Desgleichen verhält es sich mit dem Menschen, wenn er im geistlichen Leben eifrig und vom Zuwiderhandeln gegen Gott weitab gekommen war. Er sagt: „Ich hoffe, Gott nimmt von mir diese Kleinigkeit an und ergänzt dieses Unzulängliche, gibt mir den Lohn reichlich, vergibt die Fehltritte und beurteilt mich gut.“ Daraus schöpft er dann Hoffnung. Hat er aber dies vernachlässigt, den Gottesdienst unterlassen, Sünden begangen und sich weder um den Zorn Gottes des Allerhöchsten noch um sein Wohlgefallen, seine Verheißung und Androhung bekümmert und beginnt dann zu sagen: „Ich erhoffe von Gott das Paradies und die Errettung vom Höllenfeuer“, so ist dies sein unbegründeter Wunsch, den er als Hoffnung bezeichnet hat, und bedeutet „vermessenes Vertrauen“. Es ist dies aber ein Fehler und Irrtum, worüber jemand gedichtet hat:

„Du erhofftest Rettung, ohne den Weg dahin zu gehen!
Wahrlich, das Schiff fährt nicht auf dem Trockenen!“

Eine Überlieferung vom hochgebenedeiten Propheten macht diesen Grundsatz deutlich. Er soll gesagt haben: „Klug ist der, dessen Triebseele schwach ist und der für das (Leben) nach dem Tode gearbeitet hat. Schwach ist der, der sich der Begierde überließ, doch dabei an Gott den Hohen und Gewaltigen Wünsche richtet.“ Al-Ḥasan al-Basrī hat hierüber gesagt: „Es gibt Menschengruppen, die ihr (bloßer) Wunsch nach Vergebung dahin führt, daß sie mittellos ohne ein gutes Werk aus der Welt scheiden. Da sagt solch einer: ‚Ich verlasse mich auf meinen Herrn‘, und dabei lügt er, hätte er Zutrauen zu seinem Herrn, so hätte er Gutes getan.“ Dann zitierte er das Wort des Allerhöchsten: [K. 18:110] „*Wer da wünscht, mit seinem Herrn zusammenzutreffen, der handele recht, und bei der Verehrung seines Herrn geselle er diesem kein anderes Wesen bei*“, ferner: [K. 41: 23] „*Und was ihr von eurem Herren (fälschlich) geglaubt habt, das hat euch ins Verderben gestürzt, und ihr gingt verloren.*“

Vom gottseligen Ja‘far aḍ-Ḍuba‘ī heißt es: „Ich sah den Gottesdiener Abū Maysara, an dem infolge seines Bußeifers schon die Rippen sichtbar geworden waren. Ich sagte ihm: ‚Gott erbarme sich deiner. *Wahrlich, weit ist Gottes Barmherzigkeit*‘ [K. 6:147]. Da wurde er unwillig und sprach: ‚Hast du an mir etwas gesehen, das Hoffnungslosigkeit verrät? *Wahrlich, die Barmherzigkeit Gottes ist denen nahe, die Gutes tun*‘ [K. 7:56].“ Ja‘far sagte dann: „Sein Wort brachte mich zum Weinen.“ Wenn alle Propheten, Auserwählten (*abdāl*) und Heiligen trotz ihres Eifers im Gottesdienste und obwohl sie sich vor der Sünde hüteten, sich gebunden fühlten, warum sagst du dann: „Hatten sie nicht Zutrauen zu Gott?“ Freilich, denn sie wußten mehr um die Weite seiner Barmherzigkeit und vertrauten auf seine Güte mehr als du, da ohne eigenes Bemühen dies bloßer Wunsch und Hochmut sei. Beachte diesen Punkt, denke über deren Lage nach und erwache aus deinem Schlafe — und Gott ist Helfer zum Erfolg.

Die Sache ist zusammengefaßt folgende: Denke daran, wie weit die Barmherzigkeit Gottes des Allerhöchsten geht und jedes Ding umfaßt, sodann, daß du zur Gemeinde (des Islam) gehörst, die Erbarmen erlangt und hochgeehrt bei Gott dem Allerhöchsten ist, dann an seine mächtige Güte, die über alles Maß ist, und wie edel und vollkommen er ist, dann, daß er ja seiner Schrift an dich (Koran) als Titel vorangesetzt hat: „Im Namen Gottes des Allbarmherzigen, des Erbarmer“, dann, wie oft er dir geholfen und wie er dir ohne Fürsprecher und vorausgehendes (Verdienst) innere und äußere Gnade erwiesen hat. Bedenke dann andererseits, wie vollkommen seine Majestät, seine Größe, seine gewaltige Herrschermacht und seine Würde sind, dann sein heftiger Zorn, gegen den Himmel und Erde nichts vermögen — und nun darauf deine völlige Gleichgültigkeit, deine vielen Sünden und unziemliches Benehmen, wo sein Gebot doch ganz genau lautet, und die Unsicherheit, wie er mit dir verfahren wird, da er alles erkennt und Fehler wie Geheimes durchschaut. Dann sind da sein freundliches Verheißen und Belohnung, die alle Vorstellung übertrifft, sowie seine strenge Androhung und peinvolle Strafe, an die zu denken die Herzen nicht ertragen. Du schaust bald auf seine Huld, bald auf seine Strafe, bald auf seine Güte und Erbarmung und bald auf deine Seele mit ihrem ungebührlichen Verhalten und ihren Vergehen. Tust du dies, so führt dich das alles zu Furcht und Hoffnung, und du wandelst auf der Straße zum

Ziel und bist in der Mitte von beiden verderblichen Seiten, dem Sicherheitswahn und der Verzweiflung. Du irrst nicht mit den Irrenden umher, gehst nicht mit den Verlorenen unter und trinkst den Mischtrank der Gerechtigkeit. Weder vernichtet dich die Kälte der eitlen Hoffnung noch das Fieber der Furcht. Es ist, als ob ich mit dir ans Ziel mit Erfolg gelangt sei, du von beiden Krankheiten gesundet seiest und du deine Seele fändest, wie sie zur Pflichterfüllung angetrieben wird und du dich beharrlich Tag und Nacht ohne Unterlaß und Gleichgültigkeit dem Dienste widmetest und dich der Sünden und Übeltaten gänzlich enthieltest und sie aufgegeben hättest. Darüber hat Nawf al-Bikālī gesagt: „Wahrlich, wenn Nawf des Paradieses gedachte, so währte seine Sehnsucht lang, doch gedachte er des Höllenfeuers, so floh ihn der Schlaf." Du bist dann ein besonders auserwählter Gottesdiener geworden, die Gott der Allerhöchste mit seinem Worte nannte: [K. 21:90] „*Wahrlich, eilends verrichteten sie Guttaten, flehten uns an in Demut und Furcht und waren demütig gegen uns.*" Du hast dann diesen gefährlichen Anstieg hinter dir gelassen mit der Erlaubnis Gottes des Allerhöchsten und dessen Erfolgshilfe. Wieviele Süßigkeit und Köstliches hast du in der Welt, und wieviel herrlichen Vorrat und gewaltigen Lohn im Jenseits! Und Gott der Allerhöchste und Gepriesene sei gebeten, er möge dir und uns gütig zum Erfolge helfen und uns unterstützen, denn er ist ja der Barmherzigste der Erbarmer und der Freigebigste der Spender — und keine Macht und keine Kraft gibt es außer bei Gott dem Erhabenen.

DER SECHSTE ANSTIEG

DIE ABLENKUNGEN

O MEIN BRUDER — möge Gott dir und uns gütig zum Erfolg helfen —, nachdem der Weg vor dir klar aufgeschienen ist und die Wanderung gerade fortging, da liegt es dir ob, dein Bemühen zu trennen und zu hüten von dem, das schadet und es zunichte macht. Dies mußt du durch die „lautere Absicht“ (*ikhlāṣ*) ausführen, der Gnade gedenken und dich von deren Gegenteil wegen zweier Dinge enthalten:

Das erste ist der Nutzen, der in diesem Tun liegt, nämlich, daß es von Gott dem Allerhöchsten gütig angenommen und der Lohn gewonnen werde. Andernfalls würdest du zurückgewiesen und der Lohn dir ganz oder teilweise entgehen. Durch den hochgebenedeiten Propheten wird das berühmte Wort Gottes des Allerhöchsten und Gepriesenen überliefert: „Ich bin am allerwenigsten der Vielgötterei bedürftig. Wenn jemand ein Werk ausführt und dabei noch einen anderen als mich hinzugesellt (als Gott), so gehört diesem, was mir zukommt, denn ich nehme nur das an, was mir ganz gehört.“ Man sagt, Gott werde am Tage der Auferstehung seinem Diener sagen, wenn dieser um seinen Lohn bittet: „Hat man dir in den Versammlungen nicht viel Platz eingeräumt? Bist du Oberhaupt der Welt gewesen? Wurde dir der Handel nicht einträglich gemacht? Wurdest du nicht geehrt?“; dieses und ähnliches an Gefahr und Schaden (wird Gegenstand des Befragens).

Nach meiner Meinung liegen in der Augendienerei (*riyā'*) zwei schädliche und unheilbringende Dinge. Das eine ist geheim, es ist der Tadel vor den Engeln. Man berichtet nämlich, daß die Engel freudevoll mit dem Werk des Menschen emporsteigen. Doch Gott der Allerhöchste sagt ihnen: „Weist ihn zurück ins Höllenfeuer. Er hat nämlich mich damit zurückgewiesen." Somit sind dieses Werk und der Mensch bei den Engeln in Schande geraten.

Dann folgt die zweite, die öffentliche Schande, die am Auferstehungstag vor den Menschen geschieht. Vom hochgebenedeiten Propheten wird der Ausspruch überliefert: „Der Augendiener wird am Tage der Auferstehung mit vier Namen gerufen werden: O Ungläubiger, Sittenloser, Verräter, Verlorener! Dein Bemühen ging irre und dein Lohn verloren, heute gibt es für dich kein Glück. Erbitte den Lohn von dem, für den du dich bemüht hast, o Betrüger!" Man überliefert noch, daß am Auferstehungstage ein Ausrufer sich vernehmen läßt, daß die Menschen es hören: „Wo sind jene, die den Menschen gedient haben? Stehet auf, nehmet euren Lohn von dem, für den ihr gearbeitet habt! Ich nehme nämlich kein Werk an, dem etwas beigemischt ist."

Die beiden Unglücksfälle sind: Erstens, daß das Paradies entgeht, und hierüber wird vom hochgebenedeiten Propheten überliefert, daß das Paradies selber gesprochen habe: „Ich bin verboten für jeden Geizigen und Augendiener." Diese Botschaft hat zweierlei Sinn: Einer ist, daß dieser Geizige mit dem besten Worte geizte, nämlich: „Es ist kein Gott außer Gott — Muḥammad ist der Gesandte Gottes, es segne ihn Gott und schenke ihm Heil." Und dann ist da jener Augendiener, der dies am schändlichsten übte: der Heuchler, der durch seinen Glauben wie durch sein Bekenntnis von Gottes Einheit sich nach außen zeigte. In diesem Worte liegt eine Aufmunterung!

Der zweite Sinn ist: Wer Geiz und Augendienerei nicht einstellt, noch sich um seine Seele kümmert, für den bestehen zwei Gefahren. Die erste ist, daß ihn deren Unheil folgt und er in Unglauben verfällt, so daß ihm ohne weiteres das Paradies entgeht — wovor uns Gott behüte. Die zweite ist Leugnung des Glaubens, womit er sich das Höllenfeuer verdient — und wir nehmen zu Gott Zuflucht vor seinem Unwillen und heftigen Zorn.

Das zweite Unglück ist, daß er ins Höllenfeuer kommt. Hierüber berichtet der gottbegnadete Abū Hurayra vom hochgebenedeiten Propheten das Wort: „Der erste, der am Tage der Auferstehung gerufen wird, ist ein Mann, der den Koran gesammelt hat, der zweite, der für Gottes Sache gekämpft hat und gefallen ist, und ein Mann von großem Vermögen. Gott der Allerhöchste wird dem Sammler des Korans sagen: ‚Habe ich dich nicht gelehrt, was ich meinen Gesandten geoffenbart habe?' Jener wird antworten: ‚Ja, o mein Herr!' Dann wird er fragen: ‚Was hast du mit dem Gelernten getan?' ‚O mein Herr, Tag und Nacht habe ich mich damit abgegeben', wird die Antwort sein, worauf Gott sagen wird: ‚Du hast gelogen!', und die Engel werden sagen: ‚Du hast gelogen.' Dann wird Gott sprechen: ‚Du hast vielmehr gewollt, daß man dich Koranleser nennen solle!' So lautet dieser Spruch. Dann führt man den Besitzer von Vermögen vor, und er sagt ihm: ‚Habe ich dir nicht soviel gewährt, daß ich nicht zuließ, daß du jemanden nötig hättest?' Jener sagt: ‚Ja, o mein Herr', darauf fragt er: ‚Was hast du mit dem getan, das ich dir gab?' Da wird jener antworten: ‚Ich pflegte Barmherzigkeit und spendete Wohltaten.' Doch wird Gott sprechen: ‚Du hast gelogen!', und die Engel werden sagen: ‚Du hast gelogen!' Gott der Gepriesene sagt dann: ‚Du wolltest vielmehr edelmütig genannt werden!' So lautet dieser Spruch. Sodann bringt man den, der um Gottes Sache gefallen ist. Gott wird ihn fragen: ‚Was hast du getan?' Er wird erwidern: ‚Du hast den Glaubenskrieg (*jihād*) befohlen für deine Sache. So habe ich gekämpft, bis ich getötet wurde.' Doch Gott der Allerhöchste wird ihm sagen: ‚Du hast gelogen!', und die Engel werden sagen: ‚Du hast gelogen!', während Gott spricht: ‚Du wolltest, man solle sagen: ‚N. N. war mutig und tapfer.' So lautet dieser Spruch." (Der Erzähler) sprach: „Und dann schlug mich der hochgebenedeite Gesandte Gottes mit der Hand aufs Knie mit den Worten: ‚O Abū Hurayra, jene sind die ersten Menschen, mit denen Gott das Höllenfeuer anzündet!" [s. *Iḥyā'*, Bd. 4, S. 385]

Vom gottbegnadeten Ibn ʿAbbās wird berichtet, er habe den hochgebenedeiten Gesandten Gottes sagen hören: „Wahrlich, das Höllenfeuer und seine Bewohner brüllen wegen der Augendiener." Auf die Frage: „O Gesandter Gottes, und wie brüllt das Höllenfeuer?", erwiderte er: „Wegen der Feuerhitze, mit der sie gepeinigt werden." In diesen Schandbildern liegt für die Einsichtigen ein warnendes Beispiel — und Gott der Gepriesene hilft huldvoll bei der Leitung.

Sagst du: „Künde uns, was das Wesen von Lauterkeit und Augendienerei ist, was man davon denkt und wie es das Tun beeinflußt!" — Nach Meinung der Gelehrten gibt es zwei Arten der „Lauterkeit", Lauterkeit im Handeln und Lauterkeit beim Verlangen nach Lohn.

Lauterkeit im Handeln ist der Wille, dabei Gott dem Erhabenen und Gepriesenen nahezukommen, sein Gebot hochzuschätzen und seinem Anruf zu antworten. Der Antrieb hierzu ist der rechte Glaube.

Im Unterschied zu dieser Art der Lauterkeit steht die Heuchelei (*nifāq*). Sie bedeutet nämlich, etwas anderem als Gott nahezukommen. Unser gottseliger Scheich hat gesagt: „Die Heuchelei ist ein ungültiger Glaube, den der Heuchler über Gott den Gewaltigen und Erhabenen hegt." Aus einem von uns anderwärts behandelten Grunde gehört dies nicht zu den Willensakten.

Die Lauterkeit beim Verlangen nach Lohn ist, wenn man durch das gute Handeln jenseitigen Lohn erstrebt. Unser gottseliger Scheich pflegte zu sagen: „Sie ist das Verlangen nach jenseitigem Gewinn durch sittlich Gutes. Wem nichts anderes möglich ist, der wird nicht abgewiesen, weil er dadurch jenen Nutzen erhofft hat." Die Bedingungen hierzu haben wir schon erläutert.

Die Apostel sprachen zu ʿĪsā ibn Maryam (Jesus, Sohn Mariens) dem Gebenedeiten: „Welches Werk ist lauter?" Er erwiderte: „Derjenige, der es für Gott tut, hat nicht gern, daß ein anderer ihn hierfür lobe." [vgl. *Math.* 6. 2; *Iḥyāʾ*, Bd. 4, S. 382.] Dies genügt, um von der Augendienerei abzulassen. Er hat es besonders erwähnt, weil dies eine der stärksten Ursachen ist, die die Lauterkeit beeinträchtigen.

Junayd hat gesagt: „Lauterkeit ist es, wenn die Werke von Trübung geklärt werden." Al-Fuḍayl sagte: „Lauterkeit ist es, wenn man (sich) ständig beobachtet und alle Vergnügen vergißt." Hiermit ist sie vollständig erklärt. Es gibt hierüber viele Aussprüche, und noch mehr anzuführen ist nutzlos, nachdem deren Wesen sich gezeigt hat.

Der hochgebenedeite Herr der Ersten und Letzten (Muḥammad) sagte: „Fragt man nach der Lauterkeit, so antworte: ‚Mein Herr ist Gott der Allerhöchste', und dann bist du auf dem rechten Wege im geistlichen Leben, wie es geboten wurde." Das heißt: Bete weder deine Leidenschaft noch dich selbst an, verehre nur deinen Herrn, und du bist recht bei seinem Dienste. Es ist dies ein Hinweis darauf, daß man aus dem Blickfelde alles entferne, was nicht Gott ist, und dies ist echte Lauterkeit.

Die Augendienerei hat zwei Arten: reine und gemischte Augendienerei. Die reine ist es, wenn du dabei den weltlichen Nutzen und nur diesen begehrst. Gemischt ist sie, wenn du beide mitsammen willst, weltlichen Nutzen und jenseitigen Gewinn. Dies ist die Definition beider. Beider Wirkung aber ist (folgende): Wenn es Lauterkeit beim Handeln ist, daß du es tust, um (Gott) nahezukommen, und es Lauterkeit beim Lohnverlangen ist, daß du es wirkst als (Gott) wohlgefällig, reich an Lohn und Ehrung, so macht die Heuchelei (*nifāq*) das Werk ungültig und läßt es nicht (Gott) nahekommen, so daß es des Lohnes würdig sei, den Gott der Allerhöchste verheißen hat.

Die reine Augendienerei macht das Werk nicht verdienstlich. Nach Meinung einiger Gelehrter macht sie die Hälfte des Lohnes ungültig. Nach anderen ist die reine Augendienerei zuweilen verdienstlich und nimmt die Hälfte des Lohnes hinweg, während die gemischte ein Viertel des Lohnes wegnehme. Unser gottseliger Scheich hatte die richtige Meinung, nämlich: „Die reine Augendienerei ist ohne Verdienst, wenn man an das Jenseits denkt, und gehört zur ‚Achtlosigkeit' (Zerstreuung beim Gebet). Es ist richtiger zu sagen: Die Augendienerei bewirkt, daß (das Werk) nicht wohlgefällig sei und den Lohn schädigt, wobei man aber nicht nach Hälfte und Viertel abschätzen soll." Die Erläuterung dieser Fragen dauert lange, und wir haben sie schon im Buch: „Wiederbelebung der Religionswissenschaften" gründlich erörtert [*Iḥyā'*, Bd. 4, S. 329, Index § 70] und die Sache erschöpfend in „Der innere Sinn der religiösen Handlungen" behandelt.

Fragst du: „Was ist Gegenstand der Lauterkeit, bei welcher religiösen Handlung ist sie Pflicht und fällig?", — so wisse: Nach Meinung einiger Gelehrter gibt es drei Klassen von Werken: Eine ist die, bei der die zwei Arten der Lauterkeit fällig sind, das sind die inneren und äußeren Kultakte. Dann gibt es eine Klasse, bei der keine von beiden fällig wird, das ist die eigentliche innere Gottesverehrung. Ferner gibt es eine Klasse der Lauterkeit im Lohnverlangen, ohne daß diese beim Tun fällig wird. Es ist dies der Fall bei den erlaubten Dingen, die zur Vorbereitung dienen. Unser gottseliger Scheich hat gesagt: „Wahrlich, jedes eigentlich gottesdienstliche Werk, das möglicherweise auf etwas anderes als Gott gerichtet ist, erfordert die Lauterkeit beim Tun, und diese ist bei den meisten innerlichen religiösen Akten nötig."

In bezug auf die Lauterkeit beim Lohnverlangen haben die Scheiche der Karrāmīya gemeint, sie sei bei den inneren religiösen Akten nicht fällig, da nur Gott der Gepriesene in diese Einsicht habe und somit bei ihnen Beweggründe zur Augendienerei ausgeschlossen sind. Daher brauche man die lautere Absicht beim Lohnverlangen nicht zu erwecken.

Unser gottseliger Scheich sagt jedoch: „Wenn der Mensch, der Gottes Nähe sucht, durch die inneren religiösen Akte weltlichen Vorteil erstrebt, so ist dies auch Augendienerei." Ich glaube, es liegt nahe, daß man beide Arten der Lauterkeit bei vielen solchen inneren Akten üben muß. Ebenso muß man bei vielen solchen inneren Akten im Anfang beiderlei Lauterkeit gemeinsam haben. Bei den erlaubten Dingen, die als Hilfsmittel dienen, wird jedoch nur lauteres Lohnverlangen ohne Lauterkeit beim Tun fällig, denn in sich selbst dienen sie ja nicht der Gottesnähe, sondern sind Mittel dazu.

Wenn du nun sagst: „Dies ist ihr Gegenstand, und erläutere uns, wann sie zu erwecken sei", — so wisse: Die Lauterkeit beim Tun muß mit der Handlung selbstverständlich gleichzeitig da sein, nachträglich ist sie unmöglich. Indessen kann letzteres bei der Lauterkeit des Lohnverlangens zuweilen der Fall sein. Einige Gelehrte nehmen nach vollbrachter Handlung noch eine Zeitspanne an, Lauterkeit oder Augendienerei zu wollen, bis diese verstrichen sei. Doch ist die Sache vorüber, so kann sie nicht nachträglich in Ordnung gebracht werden.

Nach Ansicht anderer von den Scheichen der Karrāmīya heißt es, daß, solange der durch Augendienerei erstrebte Nutzen nicht erreicht sei, könne man noch die lautere Absicht bei dieser Handlung erwecken, doch sei dies vorbei, wenn der Zweck erreicht wurde. Einige Gelehrte meinen, man könne die lautere Absicht für die religiöse Pflicht bis zum Tode erwecken. Bei überpflichtigen Werken jedoch sei dies unmöglich. Es gibt Gruppen unter ihnen, die meinen, daß Gott der Allerhöchste den Menschen die Pflicht auferlegt habe und somit von ihm Erleichterung und Huld zu erhoffen sei.

Beim überpflichtigen Werk aber habe der Mensch dies selbst übernommen und sich dazu verpflichtet, so werde das Übernommene von ihm rechtens gefordert werden.

Meine Meinung ist: In der Frage liegt ein Nutzen, nämlich, wenn jemand ein Werk vollbracht hat und dabei augendienerisch war oder die lautere Absicht dabei unterließ, so kann er dies wieder in Ordnung bringen und irgendwie verbessern, wie wir es früher erwähnt haben. Mit der Erwähnung verschiedener Richtungen bei diesen Subtilitäten hatten wir im Auge, daß wir jetzt wenige kennen, die so wandeln wollen, und wenige, die es wünschen, daß der Anfänger im geistlichen Leben hierüber Belehrung erhalte. Findet er in dieser Abhandlung keine Arznei für seine Krankheit, so findet er sie im Jenseits, weil die Krankheiten, Neigungen, die Gebrechen des Tuns und dessen Schäden verschieden sind. Verstehe dies recht, so Gott der Allerhöchste es will.

Sagst du: „Bedarf jedes Werk einer eigenen lauteren Absicht?", — so wisse: Es gibt hierüber verschiedene Ansichten, teils, daß jedes Werk eine eigene lautere Absicht verlange, teils daß eine einzige für die gesamten gottesdienstlichen Handlungen erlaubt sei. Bei Verrichtung der Grundpflichten, wie Ritualgebet und Waschung, genügt eine einmalige lautere Absicht, weil beide gegenseitig ihre Gültigkeit oder Ungültigkeit bedingen und sie gewissermaßen eine einzige Handlung darstellen.

Sagst du nun: „Erstrebt man durch ein gutes Werk von Gott Nutzen, doch von den Menschen weder Lob noch (guten) Ruf oder Vorteil, ist dies dann Augendienerei?", — so wisse: Dies ist reine Augendienerei.

Unsere gottseligen Gelehrten meinen: Das als Augendienerei Bezeichnete liegt in dem, was bezweckt wird, nicht in dem, der es bezweckt. Suchst du also durch das gute Werk einen irdischen Nutzen, so ist dies Augendienerei, gleichviel, ob du diesen von Gott oder von den Menschen erstrebst. Gott der Allerhöchste hat gesagt: [K. 42:20] „*Wer die Aussaat für das Jenseits erstrebt, dessen Aussaat werden wir reichlich werden lassen, und wer die Aussaat für die Welt bezweckt, dem werden wir sie geben, und im Jenseits hat er keinen Anteil.*" Es handelt sich nicht um den Ausdruck „Augendienerei" (*riyā'*, eigentlich „hinsehen", „zur Schau stellen"), der von „Hinsehen" abgeleitet wird. Man bezeichnet damit nur den verkehrten Zweck, da dieser am häufigsten vorkommt und von den Leuten und deren „Hinsehen" stammt. Erkenne es wohl!

Fragst du nun: „Ist es Augendienerei, falls du ein Weltgut von Gott erstrebst und dabei beabsichtigst, dich von den Leuten zurückzuziehen und dich für das geistige Leben zu rüsten?", — so wisse, daß die Zurückhaltung nicht in viel Vermögen, hoher Stellung und vergänglichem Gut liegt, sondern sie liegt in der Genügsamkeit und dem Vertrauen darauf, daß Gott der Gepriesene dir ausreichend zuteilen wird. Erstrebt man aber die Zurüstung zum Dienste Gottes des Allerhöchsten, so ist dies nicht Augendienerei, weil es ja mit der jenseitigen Sache und deren Mitteln zusammenhängt, die ja ausschließlich bezweckt wurden. Habe ich also beim guten Werk dies als Zweck, so ist dies nicht Augendienerei. Ebenso ist es, wenn du willst, die Leute mögen dich achten und die Scheiche und Imāme dich lieben, und dabei die Absicht hast, die Lehrrichtung der Gottsuchenden zu stärken oder sündhafte Neuerer zurückzuweisen, Wissen zu verbreiten, die Leute zum geistlichen Leben anzuregen usw., ohne dabei im Auge zu haben, daß du selbst geehrt werdest oder irdisches Gut erlangest. All dies ist ja rechter Zweck und löbliche Absicht, wovon nichts Augendienerei ist, da man ja hierdurch wirklich auf das Jenseits zielt.

Wisse, einst habe ich einen unserer Scheiche gefragt, daß es doch Gewohnheit der Heiligen war, die Sure al-Wāqi'a [K. 56] „*die unvermeidliche eintreffende*" (Gerichtsstunde) in Notzeiten zu rezitieren, ob dabei nicht bezweckt sei, Gott möge jene Not von ihnen abwenden und ihnen weltliches Gut zuwenden, wie es üblich ist, und wie dann das Streben nach irdischem Gut mit dem Werke für das Jenseits seine Richtigkeit habe? Der Gottselige erwiderte folgendermaßen: „Ihre Absicht ist doch, Gott möge ihnen den bescheidenen Unterhalt geben oder Nahrung, um zum Gottesdienst bereit und zum Lehren kräftig zu sein. Dies alles sind gute, nicht weltliche Zwecke. Wisse, daß dieses Verhalten, nämlich in der Not jene Sure zu rezitieren, um Unterhalt und Lebensnotwendiges zu erlangen, der Überlieferung vom hochgebenedeiten Propheten und den gottbegnadeten Gefährten entstammt. So hat Ibn Mas'ūd, getadelt, weil er seinem Sohne nichts vererbe, gesagt, er habe ihm doch die Sure al Wāqi'a hinterlassen. Weil dies seinen Ursprung in der Gewohnheit von Muḥammads Gemeinde hat, so ist es ein schöner Zug im Leben unserer gottseligen Gelehrten geworden. Andernfalls hätten sie ja außer acht gelassen, in Freud und Leid der Welt Gott zu preisen. Sie sind es doch, die Not und Beschwerde in der Welt als Gut ansahen und unter sich hierbei bis zum äußersten gingen. Sie schätzten es als große Gnade Gottes und fürchteten sich, wenn an ihnen von Gott gegebener weltlicher Wohlstand sich zeigte — was die meisten Menschen als Wohltat und Huld betrachten —, daß dies von Gott dem Allerhöchsten ablenke und ein Unglück sei. Und wie war ihre Vertrautheit mit den inneren Graden der Mystik und mit dem Verborgenen in allen Lagen! Ihre Vorläufer sagen ja: ‚Der Hunger ist unser Kapital.'"

Dies ist die Richtung der Sufi, es ist die meine und die meiner Scheiche, und so verfloß das Leben unserer Altvordern (im Frühislam). Es ist nicht der Rede wert, daß einige Spätere versagt haben. Wir haben dieses Kapitel nur behandelt, damit kein Gegner in Unwissenheit darüber sei, was die Sufischule im Sinne hat, und zu deren Angelegenheiten Bemerkungen mache oder daß ein gutgesinnter Anfänger, der noch nicht das rechte Wissen erworben hat, hierüber im Irrtum sei.

Sagt man nun: „Und wie paßt dies zum Stande der Gelehrten, der Weltflüchtigen und Büßer, den Beharrlichen und Asketen?", — so wisse: Dies entstammt der Gewohnheit (*sunna*) des Propheten, und ferner ist der Zweck dabei Genügsamkeit und Bereitschaft zum geistlichen Leben, wobei man nicht der Begierde folgt, noch schwach beim Ertragen von Ungemach und Beschwerde ist. Das dir am meisten sichtbare Ergebnis dabei ist, daß das Herz genügsam ist und der Hund des Hungers verschwindet und es dich Speise und Verlangen vergessen läßt. Erkenne dies Ganze mit Erfolg, so Gott der Allerhöchste es will.

Die zweite Ablenkung ist der Eigendünkel (*'ujb*). Du bist hierbei verpflichtet, dich zweier Dinge deswegen zu enthalten: Erstens entzieht er Erfolgshilfe und Stärkung durch Gott den Allerhöchsten, denn der Dünkelhafte ist verlassen. Wenn der Mensch Hilfe zum Erfolg und Stärkung durch Gott den Allerhöchsten verliert, wie schnell verfällt er dann dem Untergang! Daher hat der hochgebenedeite Prophet gesagt: „Der verderblichen Dinge sind drei: Sparsam sein in der Pflichterfüllung, der Leidenschaft folgen und der Eigendünkel des Mannes."

Zweitens läßt er das gute Werk ungültig werden. Da-her hat der gebenedeite Masīḥ (Messias) gesagt: „O ihr Apostelschar, wie viele Lampen hat der Wind verlöscht, und wie viele Gottesdiener hat der Dünkel verdorben!" Wenn der Zweck und Nutzen (der Werke) das geistliche Leben sind, so beraubt diese Gewohnheit den Menschen, so daß er nichts Gutes erlangt, und erlangt er Gutes, so hat er dessen wenig, er verdirbt es, bis ihm nichts mehr davon verbleibt. So ist es denn recht, sich davor zu hüten — und Gott der Allerhöchste hilft zum Erfolg und schützt.

Sagt man: „Was ist das Wesen des Eigendünkels, was bedeutet er, was bewirkt er, und wie wird er beurteilt? Erläutere uns dies", — so wisse: Es ist Wesen des Eigendünkels, wenn man das fromme Werk als etwas Bedeutendes betrachtet. Bei unseren gottseligen Gelehrten wird im einzelnen behandelt, wenn man beim frommen Werk meint, dies sei durch anderes als Gott den Mächtigen und Erhabenen zustande gekommen, sei es durch Menschen oder durch sich selbst. Man meint, manchmal sei der Eigendünkel dreifach, weil man von diesen dreien, dem Selbst, den Leuten und der Sache spreche. Er ist zweifach, wenn zwei, und einfach, wenn eines davon in Betracht kommt.

Das Gegenteil des Eigendünkels ist es, wenn man der Gnade gedenkt, das heißt, wenn der Erfolg Gott dem Gepriesenen zugeschrieben wird und daß er es ist, der den Menschen ehrt und dessen Lohn und Achtung erhöht. Es ist Pflicht, dies zu bedenken bei der Versuchung zum Eigendünkel, doch sonst überpflichtig.

Was nun die Wirkung auf das Handeln anlangt, so sagen einige unserer Gelehrten: „Der Dünkelhafte hat zu erwarten, daß er scheitert, er wird gerettet, wenn er es vor seinem Tode bereut, andernfalls nicht." Dies vertritt Muḥammad ibn Ṣābir, ein Karrāmīyascheich, nach welchem man insofern scheitert, als das Werk niemals als gutes bezeichnet wird, daß man dadurch weder Lohn noch Lob verdient. Nach anderer Ansicht entgeht nur der gesteigerte Lohn.

Sagst du: „Wie dunkel ist für den wissenden Menschen, zu erkennen, daß es Gott der Allerhöchste ist, der das fromme Werk gelingen läßt, seinen Wert erhöht und den Lohn durch seine Gnade und Huld vermehrt!", — so wisse: Hierin liegt ein subtiler Gedanke und ein köstlicher Schatz, nämlich, daß es drei Klassen von dünkelhaften Menschen gibt. Dies sind die Mu'taziliten und die Qadariten, die nicht meinen, daß Gott bei ihren Werken gnädig beistehe, und seine Hilfe, Erfolgverleihung und Gnade leugnen, und dies, weil sich ihrer ein Zweifel bemächtigt hat. Dann gibt es die Klasse derer, die in jedem Fall Gottes Gnade bedenken, und sie wandeln recht. Sie sind auf kein Werk stolz, weil sie Einsicht und besondere Stärkung erhielten. Die dritte Klasse sind dann die Eklektiker. Sie sind im allgemeinen Sunnaanhänger, die bald einsichtig sind und die Gnade Gottes zugeben, bald nachlässig und dabei in Eigendünkel verfallen, weil sie durch Nachlässigkeit gehindert werden, im Eifer nachlassen und es ihnen an Tiefblick mangelt.

Fragst du nun: „Worum handelt es sich bei den Mu'taziliten und Qadariten in bezug auf ihre Werke?",

— so wisse, daß es hierüber widersprechende Meinungen gibt. Man ist der Ansicht, deren Werke sind nutzlos ihrer Glaubensmeinung wegen. Doch sagt man (auch), daß in allen Richtungen des Islams das Tun nicht nutzlos werde, wenn man eine Glaubensrichtung vertrete, ja daß jedes Werk mit Eigendünkel behaftet sei. Auch wenn man die Glaubensmeinung der Sunnaanhänger teilt, vermeidet man ja nicht den Eigendünkel, bis man an die Gnade denkt.

Sagt man: „Wird das Werk auch außer durch Eigendünkel und Augendienerei noch anders beeinträchtigt?", — so wisse: Es gibt noch mehr Beeinträchtigungen außer den beiden. Wir haben sie aber besonders behandelt, da sie die Wurzel sind, um die herum die meisten Abarten erörtert werden. Der Scheich hat gesagt: „Es ist Pflicht des Menschen, beim Tun sich vor zehn Dingen zu hüten: Heuchelei, Augendienerei, Beimischung (anderer Interessen), selbstgefälligem Wohltun, Mißvergnügen, nachträglichem Bedauern, Eigendünkel, Überdruß dabei, Gleichgültigkeit und Furcht vor dem Tadel der Leute."

Unser gottseliger Scheich hat dann gegen jede dieser Untugenden und ihre Beeinträchtigung des Werkes das Gegenteil angegeben: gegen die Heuchelei die lautere Absicht beim Handeln, gegen die Augendienerei Verlangen des Gotteslohnes, gegen die Beimischung anderer Interessen die Einstellung auf das eine, gegen selbstgefälliges Wohltun die Übergabe des Werkes an Gott, gegen das Mißvergnügen das Werk zu schützen, gegen nachträgliches Bedauern Festigung der Seele, gegen den Eigendünkel das Gedenken der Gnade, gegen den Überdruß die Gelegenheit zum Guten zu ergreifen, gegen die Gleichgültigkeit Achtung vor der

Erfolgshilfe und gegen die Menschenfurcht die Gottesfurcht. Wisse, daß die Heuchelei das Werk entwertet und die Augendienerei dazu führt, daß es zurückgewiesen wird. Wenn das Werk aus Selbstgefälligkeit und mit Mißvergnügen geübt wird, so wird es überhaupt als „gutes Werk" ungültig gemacht, doch nach Meinung einiger gottseliger Scheiche wird die Erhöhung des Lohnes verscherzt. Bedauert man ein Werk nachträglich, so ist es nach aller Meinung verloren. Eigendünkel verscherzt den mehrfachen Lohn und Überdruß, Gleichgültigkeit wie Menschenfurcht nehmen ihm seine Würde und machen es geringwertig.

Meine Meinung ist folgende: Wird ein Werk angenommen oder zurückgewiesen, so bedeutet dies nach Ansicht derer, die dies studiert haben, es wird sein Wert erhöht oder vermindert. Geht ein Werk verloren, so heißt dies, der Nutzen entgeht, der sich aus dem Werk und dessen Mittel ergibt. Bald geschieht es, daß der Nutzen entgeht, und bald, daß der Lohn nicht vervielfacht wird. Der Lohn ist der Gewinn, den das Werk nebst seinen Zusammenhängen und Umständen erfordert, zusätzlich wird hier der Lohn noch vervielfacht. Die „Würde" (des Werkes) ist etwas Wertsteigerndes, das sich aus verschiedenen Zusammenhängen und Umständen notwendig ergibt, wie Wohltun gegen hervorragende Leute, dann gegen die Eltern, dann gegen einen Propheten. Hierin liegt die Würde, nicht in der Vervielfachung (des Lohnes). Dies ist eine Auskunft über die Bedeutung dessen, wonach du geforscht hast. Erkenne dies, und der Erfolg steht bei Gott.

Du mußt diesen furchterweckenden Anstieg, der Übergänge und Wüsteneien hat, äußerst vorsichtig zurücklegen. Wer nämlich die Ware der Gottesdienstübungen besitzt, der hat alle diese Anstiege überwunden und diese Mühen ertragen, bis er eine edle, köstliche Ware des geistlichen Lebens erlangt hat. Dann hat er für diese seine Ware nur noch diesen Anstieg zu befürchten, da hier Übergänge sind, bei denen er aufpasse, um nicht seiner Ware beraubt zu werden. Es gibt hier Wüsteneien, in denen er sich in acht nehme, falls dort Schaden droht, der ihm seine Gottesdienste ungültig macht. Sodann ist da die größte Gefahr dafür und was häufigsten Sturz bedeutet, jene beiden Straßenräuber: Augendienerei und Eigendünkel. Wir wollen beide überzeugende Grundsätze behandeln und sie dir besonders bieten, vielleicht genügen sie dir als Werkzeug mit Gottes Erlaubnis, wenn Gott es will.

Über die Augendienerei gedenke zuerst des Wortes Gottes des Gepriesenen: [K. 65:12] „*Gott ist es, der die sieben Himmel schuf und ebensoviele Erden, zwischen denen sein ‚Befehl' herniedersteigt, damit ihr wisset, daß Gott über jedes Ding mächtig ist und daß Gott von jedem Ding Kenntnis hat.*" Es ist, als ob Gott der Gepriesene sagt: Wahrlich, ich habe die Himmel und die Erde geschaffen, die Werke und Wunderdinge, die zwischen beiden sind, damit du weißt, daß ich mächtig und wissend bin. Du aber verrichtest zwei Rak'a mit all ihren Fehlern und Mängeln und hast nicht daran genug, daß ich dich sehe, dich kenne, dich lobe und dir danke, sondern hast es noch gern, daß es die Leute wissen und dich darob loben. Ist dies Treue, ist dies Vernunft, wird sich jemand dies gefallen lassen? Weh dir, denkst du nicht nach!

Der zweite Grundsatz ist folgender: Hat jemand eine kostbare Perle, so daß er eine Million Dīnār dafür erhalten kann, verkauft sie aber um einen Fils (oder Fals: 1/1000 Dīnār), ist das nicht ein riesiger Schaden, eine entsetzliche Torheit und klarer Beweis für niedriges Trachten, Mangel an Wissen, Schwäche des Urteils und dürftigen Verstand! Was erlangt nun der Mensch, wenn er sich um dürftiges Lob und zerbrechlichen Tand von den Menschen bemüht und das Wohlgefallen, den Dank, Lob und Belohnung des Herrn der Welten noch hinzuwünscht? Es ist doch weniger als ein Fals im Vergleich zu einer Million Dīnār und deren Vielfaches, ja im Vergleich zur Welt und was in ihr ist und noch mehr und größerem! Verliert jemand nicht offenbar, wenn er sich diese herrlichen edlen Gnadengaben entgehen läßt um jener niederen, erbärmlichen Dinge halber? Ferner, hast du dieses niedere Ziel, wenn du es nicht anders kannst, so erstrebe das Jenseitige, dann gehorcht dir das Weltliche, ja suche den Herrn allein, er möge dir beide Reiche geben, denn er besitzt beide. Das ist das Wort des Allerhöchsten: [K. 4:134] „*So jemand den Lohn dieser Welt will, nun — bei Gott ist der Lohn der Welt wie des Jenseits.*“ Der Hochgebenedeite hat hierüber gesagt: „Wahrlich, Gott der Allerhöchste gibt das Weltliche, bemüht man sich um das Jenseitige, doch gibt er nicht das Jenseitige, bemüht man sich um die Welt!“ Hast du also ganz lautere Absicht, das Jenseits als reines Ziel, so erlangst du das Jenseitige und das Weltliche zugleich. Trachtest du also nach der Welt, so entgeht dir das Jenseits sofort, während du vielleicht nicht das gewünschte Weltgut erreichst. Gewinnst du es doch, so bleibt es dir nicht, und du hast dann Welt wie Jenseits verloren. Verständiger, betrachte dies!

Der dritte Grundsatz ist folgender: Wenn die Leute, um derentwillen du dich abmühst und deren Wohlgefallen du suchst, dies wüßten, so würden sie dich hassen und verabscheuen, verachten und geringschätzen. Wie würde sich denn ein verständiger Mann um jemand' bemühen, wüßte er, daß jener, dessen Beifall er sucht, ihn verschmäht und verachtet? So arbeite denn, o Armer, um dessentwillen, der, wenn du dich für ihn mühest, durch deinen Eifer ihn im Auge hast und dadurch sein Wohlwollen erstrebst, dich dann liebt, beschenkt und ehrt, so daß er dich zufriedenstellt, dir an allem vollauf haben läßt und dir genügt! Dies ist es, und erfasse es, wenn du verständig bist.

Der vierte Grundsatz ist: Wer zu solchem Eifer gelangt ist, daß er dadurch das Wohlgefallen des mächtigsten Königs der Welt verdienen könnte, dann aber damit den Beifall eines niederen Auskehrers sucht, so beweist er damit seine Dummheit, schlechtes Urteil und sein Unglück. Man würde sagen: „Wozu brauchst du den Beifall jenes Auskehrers, da du des Königs Gunst haben kannst?" Der Auskehrer würde dich verabscheuen wegen des Zornes des Königs, und du würdest das Ganze verlieren. Dies ist der Fall beim Augendiener. Wozu braucht man die Gunst des elenden, schwachen und niederträchtigen Geschöpfes, da es doch in deiner Hand liegt, das Wohlwollen Gottes des Herrn der Welten zu gewinnen, der keines Dinges bedarf? Wenn du schwach im Streben und schlaff in der Einsicht wirst, so daß du den Beifall eines Geschöpfes suchst, dann bleibt dir nichts anderes übrig, als deinen Willen freizumachen und deinen Eifer rein auf Gott den Gepriesenen zu richten, denn in seiner Hand sind die Herzen und Stirnlocken. Er macht dir die Herzen geneigt und führt dir die Seelen zu, wie er die Gemüter zu der Liebe zu dir wendet. Damit erreichst du, was dein Eifern und Bezwecken nicht gewinnt. Handelst du nicht so und hast durch dein Tun den Beifall der

Leute neben ihm dem Gepriesenen und Allerhöchsten im Sinne, dann wendet er die Herzen von dir ab und läßt die Seelen dich verschmähen und die Leute dich verabscheuen. Damit erreichst du Gottes Abscheu mit dem der Menschen zugleich. Was für ein Schaden und Verlust ist das!

Von al-Ḥasan (al-Baṣrī) erzählt man das Wort: „Ein Mann pflegte zu sagen: ‚Bei Gott! So möchte ich Gott verehren, daß ich dadurch berühmt würde!' Er war der erste, der in die Moschee kam, und der letzte, der herausging. Zur Zeit des Ritualgebetes sah man ihn nicht anders als betend dastehen, ständig fastend und bei den Dhikrübungen sitzen. So ging es mit ihm sieben Monate lang. Doch die Leute gingen an ihm vorbei und sagten nur: ‚Daß doch Gott mit dem Augendiener verfahren möchte!' Da ging er in Selbstanklage in sich und sagte sich: ‚Wahrhaftig, ich sehe mich bei etwas anderem, ich will nun mein Werk ganz für Gott verrichten.' Er tat dann gar nichts anderes als vorher, nur stellte er die Absicht auf das Gute anders ein. Darnach gingen die Leute an ihm vorüber und sagten: ‚Gott hat mit ihm Erbarmen gehabt. Jetzt hat er sich dem Guten zugewandt.' Darauf rezitierte al-Ḥasan:

„Wahrlich, die da glauben und das Gute wirken,
denen wird der Barmherzige Liebe erweisen."

Und mit Recht hat jemand gesagt:

„Der du Lob und Lohn dir wünschest
durch ein Werk — du wünschest Unmögliches!
Den Augendiener hat Gott verlassen,
Eifer und Werke vergeblich gemacht.

Wer da Gott finden will,
der läutere, ihn fürchtend, sein Tun.
In seiner Hand sind Paradies wie Höllenfeuer,
zeig dich ihm, und er gibt dir den Gewinn.
Nichts besitzen die Menschen,
warum dann bist du irrend ihnen ein Gleißner?"

Den Eigendünkel betreffend werden wir (einige) Grundsätze behandeln. Einer ist folgender: Das (religiöse) Werk des Menschen besitzt nur soviel Wert, als es bei Gott Wohlgefallen und Annahme findet. Sonst siehst du ja den Tagelöhner, der den ganzen Tag um zwei Dirham arbeitet, und den Wächter, der die ganze Nacht um zwei Dāniq (Dāniq: 1/6 Dirham) aufbleibt. Ebenso steht es mit den Handwerkern und Gewerbetreibenden, jeder von ihnen arbeitet Tag und Nacht, und dies um eine begrenzte Zahl von Dirhams. Falls du nun das Tun auf Gott hinlenkst, den Allerhöchsten, und für Gott den Allerhöchsten einen Tag lang fastest, so geschieht dieses dein Fasten an jenem an sich wertlosen Tage, wenn er es billigt und annimmt. Gott der Allerhöchste hat gesagt: [K. 39:10] „*Den Geduldigen wird ihr Lohn ohne Maß zuteil.*" Und in der Überlieferung heißt es: „Für meine Diener, die da fasten, habe ich bereitet, was kein Auge gesehen, kein Ohr gehört und in keines Menschen Herz aufgestiegen ist." So ist es mit deinem Tage, der bei Erduldung schwerer Plage zwei Dirham wert ist und der nun doch all jenes (Verheißene) hat, weil man das Frühstück auf den Abend verschoben hat. Wenn du in der Nacht zu Gott betest und die Gebete in lauterer Absicht ihm darbringst, so hat dies wohl keinen Wert für hohe Ehrenstellung und kostbare Dinge, doch hat Gott der Allerhöchste gesagt:

[K. 32:17] *„Keine Seele weiß, was als Lohn ihnen an verborgener Freude war für das, was sie gewirkt haben."* — Was also zwei Dāniq oder zwei Dirham wert ist, hat nun all diesen Wert und diese Wertschätzung, sei es auch, daß du Gott eine Stunde widmest, in der du zwei leichte Gebetseinheiten (*rak'a*) verrichtest, ja einen Atemzug, bei dem du sagst: „Es ist kein Gott außer Gott." Gott der Allerhöchste hat gesagt: [K. 40:40] *„Wer da recht handelt, sei es Mann oder Frau, der ist ein Gläubiger, und diese gehen ein ins Paradies, in dem ihnen beschert wird ohne Maß."* Das ist nun einer deiner Atemzüge, der weder bei dir noch bei den Leuten (sonst) etwas gilt. Wieviel davon verlierst du mit Nichtigem, und wieviel Zeit verfließt dir nutzlos, wo es doch so gewaltig hoch eingeschätzt wird, da es sich als Gott dem Allerhöchsten wohlgefällig und durch seine Gnade geachtet und sehr wertvoll zeigt! Es ziemt dem Verständigen, zu sehen, wie gering sein eigenes Tun ist und wie wenig Wert es seinetwegen hat und daß er nur die Gnade Gottes des Allerhöchsten ihm gegenüber sehe, durch die der Wert seines Werkes hervorgehoben und dessen Lohn erhöht wird. Er hat auf sein Tun zu achten, damit dies nicht in einer Weise geschehe, die bei Gott nichts gilt, noch daß es das göttliche Wohlgefallen verfehle und ihm der schon erlangte Wert verloren geht und es so eigentlich wieder den geringen Wert von Dirhams und Dāniqs, ja noch weniger und geringerem, habe.

Es ist dies gleich den Weintrauben und duftendem Basilikumkraut, die auf dem Markt zwei Dāniq kosten. Wenn sie aber jemand trotz ihres geringen Wertes zu einem König bringt und (königliches) Wohlgefallen damit erlangt, so schenkt er ihm tausend Dinare, weil es bei ihm auf günstigen Boden gefallen war, und sein

Wert, der eine Ḥabba (1/8 Dāniq) ist, steigt auf tausend Dīnāre. Gefällt die Gabe aber dem König nicht und er weist sie zurück, so ist sie wieder nur eine Ḥabba oder einen Dāniq wert. In dieser Lage befinden auch wir uns, so wache auf, sieh auf Gottes Gnade und sichere dein Werk, damit es vor Gott nicht minderwertig sei!

Der zweite Grundsatz ist folgender: Du weißt doch, daß ein irdischer König jemandem ein Gehalt an vergänglicher Speise, Trank, Kleidung oder Dirhams und Dīnāren in begrenztem Maße aussetzt, um ihn als Diener bei Tag und Nacht in aller Demut und Unterwürfigkeit zu benutzen. Er steht bei ihm, bis ihm die Füße einschlafen, und eilt ihm voraus, wenn er ausreitet. Zuweilen muß er die ganze Nacht Wache stehen, manchmal zeigt sich ihm ein Feind, mit dem er kämpfen muß, und er muß für ihn sein Leben hingeben, dem dann nichts mehr folgt. All diesen Dienst, Mühe, Gefahr und Schaden erträgt er wegen jenes geringen, hart errungenen Nutzens, obwohl dieser in Wirklichkeit von Gott dem Allerhöchsten stammt, der dies als Mittel erschaffen hat.

Dein Herr aber, der dich geschaffen hat, als du ein Nichts warst, dich dann aufzog und die beste Erziehung geboten hat, dann dir innere und äußere Gnaden für dein religiöses Leben, für dich und dein irdisches Dasein spendete, dessen Art und Weise weder dein Verstand noch deine Vorstellung erfaßt, er der Erhabene und Gewaltige hat gesagt: [K. 14:34] „*Wolltet ihr die Gnaden zählen, ihr könntet es nicht, der Mensch ist wahrlich ungerecht und undankbar.*“ Dann verrichtest du zwei Rak‘a trotz ihrer Fehler und Mängel und mit dem für die Zukunft verheißenen schönen Lohn und verschiedener Gnadengabe, damit du dieses hochschätzest und bewunderst. Wenn du nachdenkst, so ist dies gar nichts Bedeutendes für einen Verständigen. Dies ist es.

Der dritte Grundsatz ist folgender: Da ist ein König, dem es zukommt, daß die Könige und Fürsten ihm dienen, die Gewaltigen und Herren vor ihm stehen, die Weisen und Klugen seinen Dienst besorgen, dessen Lob die Gescheiten und Gelehrten suchen, vor dem die Großen und Führenden einhergehen. Wenn dieser nun nach seiner Huld und Güte es erlaubt, daß ein Marktkrämer oder Dörfler zu seiner Tür eintrete, so daß jene Könige, Fürsten, Großen und Hochgestellten sich drängen, ihm Dienst zu erweisen und sein Lob zu gewinnen, wenn er dann jenem bei sich einen Ehrenplatz einräumt und dessen Dienst mit wohlgefälligem Auge betrachtet, sei dieser auch linkisch und verlegen, würde man dann von ihm nicht sagen: „Der König hat diesem Armseligen große Huld und gewaltige Gnade erwiesen." Wenn dann jener Armselige sich gegen den König herablassend benehmen wollte und sich auf den doch mangelhaften Dienst viel einbildete und dünkelhaft wäre, sagt man dann nicht, er sei sehr dumm oder wahnsinnig, da er nicht denke? Gestehst du dies zu, so ist unser Gott der Gepriesene, der König, [K. 17:44] *„den da preisen die sieben Himmel, nebst dem, was in ihnen ist, und nichts gibt es, es preise ihn denn lobend"*, *„der Angebetete, vor dem sich niederwirft, was in den Himmeln und auf Erden ist, freiwillig oder widerwillig"* [K. 13:15] und an dessen Türe dienen: Jibrīl (Gabriel) der Getreue, Mīkā'īl (Michael), Isrāfīl und 'Azrā'īl, die Träger des Thrones, die Cherubim und Geistwesen nebst den übrigen „nahestehenden" Engeln, deren Zahl nur Gott, der Herr der Welten ermißt, an ihren hohen Orten, mit ihren reinen (unkörperlichen) Wesenheiten, dann, die an seinem Tore dienen: Adam, Nūḥ, Ibrāhīm, Mūsā, ʿĪsā und Muḥammad, der Beste der Welten mit den übrigen hochgebenedeiten Propheten und Gottesboten insgesamt auf ihren hochragenden Stufen und mit ihren herrlichen Ruhmestaten, ihren Ehrenplätzen und ihrer hervorragenden, bedeutsamen Anbetung, dann die weltentsagenden, frommen, ausgezeichneten Gelehrten auf ihren ruhmvollen Stufen in ihren reinen, makellosen Körpern mit ihrer vielen, lauteren und offenkundigen Gottesverehrung. Und da sind die niedersten Diener an seiner Pforte, die Könige und Zwingherren der Welt, die vor ihm aufs Angesicht niederstürzen, die sich in Demut niederwerfen und sich erniedrigend ihre Gesichter im Staube beschmutzen, ihre Nöte vor ihn bringen, weinen, flehen und sich unterwürfig zeigen, sich ihm gegenüber als Diener voller Mängel bekennen, sich niederwerfen und gering erscheinen, auf daß er vielleicht ihnen einen Blick zuwerfe und durch seine Huld ihnen etwas gewähre, dessen sie bedürfen, und gnädig einen ihrer Fehltritte übersehe. Und er, trotz dieser Größe, Majestät, Königsherrschaft und Vollkommenheit, hat dir in deiner Niedrigkeit trotz deiner Fehler und deiner Unreinheit Eintritt gewährt, dir, der du bei dem Ortsvorsteher um Erlaubnis bittest und vielleicht keine erhältst, und wenn du den Fürsten deines Bezirkes anredest, vielleicht nicht angesprochen wirst, und wenn du vor dem Machthaber deines Landes dich niederwirfst, vielleicht nicht beachtet wirst — dir hat der, dessen Majestät da leuchtet, erlaubt, daß du ihn preisest, anbetest und zu ihm redest, ja daß du ihm das Anliegen unterbreitest, ihm darlegst, wessen du bedürfest, um dessen Erledigung bittest und ihm deine Angelegenheiten anempfiehlst. Er ist ferner mit deinen mangelhaften zwei Gebetseinheiten zufrieden und verheißt dir einen Lohn dafür, den kein Menschenherz sich ausdenkt. Und da bist du dennoch auf deine zwei Rak'a stolz, hältst sie für viel und siehst dies als bedeutend an, ohne die dir von Gott erwiesene Gnade zu beachten, noch was für ein schlechter Diener und unwissender Mensch du bist! — Und Gott sei angerufen, und ihm klagt diese einfältige Seele, und auf ihn ist Verlaß. — Dies ist es.

Anderseits, wenn nun der mächtige König erlaubt, ihm Geschenke zu bringen, dann erscheinen vor ihm Fürsten, Große, Edle und Reiche mit verschiedenerlei Gaben an wertvollen Kleinodien, kostbaren Schätzen und herrlichen Waren. Wenn nun ein Gemüsekrämer ein Bündel Grünzeug bringt oder ein Bauer einen Korb Weintrauben, einen Dāniq oder eine Ḥabba wert, und tritt in seine Gegenwart, während jene Großen und Reichen mit ihren vielen köstlichen Geschenken sich drängen, und wenn dann dieser König das Geschenk des Armen annimmt, gnädig und billigend auf ihn blickt und befiehlt, ihm das kostbarste Ehrenkleid zu geben und dazu eine Würde, wäre dies dann nicht das Höchste an Huld und Edelmut? Wenn nun jener Arme beginnt, damit sich gegen den König herablassend zu zeigen, darauf eitel und hochmütig zu sein und dabei vergißt, die Huld des Königs zu erwähnen, sagt man dann nicht, er sei wahnsinnig und verwirrten Geistes oder dumm, von schlechten Manieren und großer Einfalt? Jetzt mußt du, wenn du dich nachts erhebst, zwei Rak'a verrichtest und diese beendest, daran denken, wie viele Gottesdiener in dieser Nacht in den Ländern der Welt zu Wasser und zu Lande, in Bergen und Städten zu Gott dem Gepriesenen gebetet haben, Geradsinnige und Wahrhaftige, die ihn fürchten und sich nach ihm sehnen, eifrig sind und in Demut flehen. Und wie viele haben demütige Seelen, lautere Zungen, weinende Augen, innerlich reiche Herzen, reine Gemüter und sind gottesfürchtige große Männer, wodurch dein Ritualgebet bei aller aufgewandten Mühe zu dessen Verbesserung, eingehaltene Vorschriften und lautere Absicht kaum vor diesem gewaltigen König etwas taugen, noch neben jenen dort dargebrachten Anbetungen bestehen (kann). Es entstammte das ja einem gleichgültigen Herzen, war mit verschiedenen Mängeln untermischt und kam aus einem durch Sündenschmutz befleckten Leibe wie einer Zunge, die mit Vergehen und überflüssigem Geschwätz sich beschmutzt hatte. Wie geziemt es sich, solches vor jene Gegenwart hinzutragen, und welchen Wert hat es als Gabe für den König der Macht? Unser gottseliger Scheich hat gesagt: „Denke nach, o Gleichgültiger! Hast du jemals eines deiner Ritualgebete so zum Himmel gesandt wie einen Tisch, den du zu den Häusern der Reichen geschickt hast?" Abū Bakr al-Warrāq pflegte zu sagen: „Ich habe kein Ritualgebet verrichtet, ich hätte mich denn darnach mehr geschämt als eine Frau nach einem Ehebruch."

Dann hat der gütige und gepriesene Herr durch seine reine Güte und Huld den Wert der beiden Rak'a erhöht und dafür solch reichlichen Lohn verheißen, während du als sein Diener unter seinem Schutze mit seiner Hilfe das Werk vollbracht hast. Trotz alledem bist du darauf stolz und vergißt die Huld Gottes dir gegenüber! — Bei Gott, dies ist der Gipfel des Eigendünkels, und so etwas kann kaum auftreten, es sei denn bei einem Einfältigen, der nicht denkt, bei einem Gleichgültigen, der keinen Verstand besitzt, und aus einem leeren Herzen, das jedes Guten bar ist. Dies ist es! — Bitten wir Gott, er möge es gütig durch seine Huld und Gnade ergänzen.

Nach dieser Zusammenfassung sage ich dann ferner noch: O Mensch, erwache aus deinem Schlafe bei diesem Anstieg, sonst hast du verloren! Es ist dies nämlich der schwierigste, bitterste, mühsamste und gefährlichste Anstieg, der dir auf diesem Wege begegnet. Bei ihm reift die Frucht aller vorhergehenden Anstiege. Bleibst du heil, so hast du gewonnen und Erfolg gehabt, andernfalls ist dein ganzes Mühen verloren, die Hoffnung zunichte und dein Leben unnütz gewesen.

Die ganze Sache ist, daß bei diesem Anstieg drei Dinge beisammen sind: Erstens ist die Sache sehr heikel, die Täuschung bitter und die Gefahr gewaltig. Das Heikle besteht darin, daß die Augendienerei und der Eigendünkel bei den Werken äußerst fein und verborgen sich abspielen, so daß beinahe nur der aufmerksam wird, der in den Dingen des religiösen Lebens volle Erfahrung besitzt, der einsichtig, wachen Herzens und behutsam ist. Wie soll da der Einfältige, Spielerische, der Nachlässige und Schläfrige es bemerken? Ich hörte einen unserer gottseligen Gelehrten in Nīsābūr sagen: „Man erzählt vom gottseligen, begnadeten ‘Aṭā’ as-Sulamī, der habe ein Kleid gewebt, das er sehr fest und gut gemacht hatte. Dann trug er es auf den Markt, doch schätzte der Stoffhändler es als sehr billig ein und sagte: ‚Es sind diese und jene Mängel daran.‘ Da nahm ‘Aṭā’ es, setzte sich nieder und weinte heftig. Nun reute es den Mann, er begann, sich bei ihm zu entschuldigen und gab ihm den verlangten Preis. Sodann sagte ihm ‘Aṭā’: ‚Dies ist nicht so, wie du es meinst. Ich arbeite in diesem Handwerk und habe mich bemüht, dieses Kleid fest, passend und schön herzustellen, so daß kein Fehler daran sei. Doch als es dem Scharfsichtigen vorgelegt wurde, da zeigten sich seine Mängel, die ich übersehen hatte. Doch wie ist es mit unseren Werken, wenn sie morgen Gott vorgewiesen werden? Wie viele Fehler und Mängel treten dann zutage, die wir heute übersehen.'"

Von einem Frommen wird die Erzählung berichtet: „Eines Nachts, als der Morgen dämmerte, war ich in einem Zimmer neben einer Straße und rezitierte die Sure Ṭāhā [K. 20]. Als ich sie beendet hatte, schlummerte ich etwas und sah eine Person vom Himmel herabsteigen, die eine Buchseite in der Hand hatte. Sie entfaltete sie vor mir, und siehe, darauf stand die Sure Ṭāhā, und unter jedem Wort waren Vorzüge bestätigt mit Ausnahme eines Wortes. Ich sah dessen Stelle ausgelöscht und nichts darunter stehen. Da sagte ich: ‚Bei Gott! Ich habe dieses Wort rezitiert, doch wurde mir dafür kein Lohn gezeigt, noch sehe ich es bestätigt.' Die Person sprach zu mir: ‚Du hast recht geredet. Du hast es rezitiert, und wir haben es aufgezeichnet. Doch hörten wir einen Rufer vom Throne her: „Löscht es aus und setzt den Lohn dafür ab!" So löschten wir es aus.'" Er erzählte: „Da weinte ich in meinem Traume und sagte: ‚Warum tatet ihr so?' Man erwiderte: ‚Ein Mann ging vorüber, und du hast um seinetwillen die Stimme dabei erhoben, so daß der Lohn dafür entgangen ist.'" Dies ist es.

Die bittere Täuschung besteht darin: weil Augendienerei und Eigendünkel gewaltiger Schaden sind, der in einem Augenblick eintreten und den Gottesdienst von siebzig Jahren ungültig machen kann. Man erzählt, ein Mann habe den gottseligen Sufyān ath-Thawrī und dessen Gefährten zu Gaste geladen und sagte zu seinen Leuten: „Bringet die Speiseplatte, nicht die bei der ersten, sondern die bei der zweiten Pilgerfahrt von mir mitgebrachte." Sufyān sah ihn an und sprach: „Armer! Hierdurch sind beide Pilgerfahrten ungültig geworden."

Ein anderer Gesichtspunkt ist bei der Täuschung, daß die geringste Kulthandlung, die von dieser Augendienerei und Dünkel frei ist, von Gott dem Mächtigen und Erhabenen unendlichen Wert erhält. Doch mag man auch Gott noch so häufig anbeten, es bleibt dies wertlos, wenn es diesen Schaden an sich hat, es sei denn, daß Gott der Allerhöchste es in Ordnung bringt, wie man vom gottbegnadeten 'Alī das Wort berichtet: „Ein Werk, das Gott angenommen hat, wird nie geringer, wie sollte es denn geringer werden?" Man fragte an-Nakha'ī nach dem Lohn eines bestimmten Werkes, da erwiderte er: „Ist es angenommen, dann ist sein Lohn unmeßbar." Von Wahb heißt es: „Unter euren Vorgängern war ein Mann, der Gott siebzig Jahre hindurch mit täglichem Fasten von Sabbat zu Sabbat gedient hatte. In einer notwendigen Sache flehte er Gott an, doch wurde er nicht erhört. Da ging er in sich und tadelte sich mit den Worten: ‚Früher bist du gekommen, wäre an dir etwas Gutes, so wäre dir gewährt worden, was du nötig hattest.' Da sandte Gott der Allerhöchste einen Engel nieder, der ihm sagte: ‚O Adamssohn, die Stunde, da du dich selber getadelt hast, ist besser als ein Gottesdienst, der vorüber ist.'"

Nach meiner Meinung möge der Verständige über diese Worte nachdenken: Ist es nicht eine Täuschung, wenn jemand sich siebzig Jahre lang müht und plagt, während ein anderer eine Stunde lang nachsinnt und dies dann bei Gott als vorzüglicher gilt denn siebzig

Jahre Gottesdienst? Ist das nicht eine große Täuschung, wenn du in einer Stunde besseres leisten kannst als in siebzig Jahren und du dies ohne Not unterläßt? Ja freilich, es ist die größte Täuschung und der ärgste Schaden, dies zu unterlassen, und du mußt dich vor einer Handlungsweise hüten, die so gewichtig und gefährlich ist, und sie vermeiden. Auf solche Feinheiten haben scharfsichtige Gottesdiener ihr Augenmerk gerichtet. Zuerst haben sie sich bemüht, solche Geheimnisse zu erkennen, dann gaben sie darauf acht und hüteten sich davor. Es war ihnen nicht genug, viel äußerliche Werke zu vollbringen. Das Wichtigste ist die Erlesenheit, nicht die große Zahl. Sie sagten: „Eine (undurchbohrte) Perle ist besser als tausend durchbohrte." Diejenigen aber, die wenige Werke verrichten und deren Blick hierbei getrübt ist, erkennen das Wesentliche nicht und sind gleichgültig gegen die Mängel in ihren Herzen. Sie mühen sich ab und plagen sich mit tiefer Verneigung (beim Ritualgebet) und der Niederwerfung sowie durch Enthalten von Speise und Trank usw., und Zahl und Menge macht sie stolz, ohne daß sie an Auserlesenheit und Gnadengaben denken. Eine Menge von Nüssen genügt nicht, und es ist damit nichts getan, ein Dach aufzusetzen, ohne die Grundmauern zu festigen. Nur Leute, die Gott erkannt haben, denen er sich enthüllt, denken über diese Wahrheiten nach — und Gott hilft durch seine Gnade zu rechter Leitung.

Die Gefahr ist verschieden groß: Da ist einmal der Anzubetende, ein König von unendlicher Macht und Herrlichkeit, der dir Gnaden ohne Maß und Zahl schenkt. Du aber hast einen Leib voll verborgener Mängel und vieler Schäden, und es ist etwas Schreckliches, wenn du Fehltritte begehst, zu denen die Triebseele schnell bereit ist. Du hast nun ein vollkommenes Werk zu vollbringen mittels eines mangelhaften Körpers und einer Triebseele, *„die zum Bösen ruft"* [K. 12:53], und zwar so, daß es dem Herrn der Welten mit seiner Macht und Herrlichkeit und seinen zahlreichen Wohltaten und Gnaden entspricht. Es soll seine Billigung und Annahme finden, sonst entgeht dir der herrliche Gewinn, den die Seele nicht übersehen darf, aber dich trifft vielleicht dabei ein unabwendbares Mißgeschick, das, bei Gott, eine ernste Sache und gewaltiges Unglück ist.

Was aber die Macht und Herrlichkeit des Königs anlangt, so stehen doch die frommen Engel Tag und Nacht, ja seit Gott der Allerhöchste sie geschaffen hat, zu seinem Dienste bereit. Einige sind in tiefer Verneigung, andere niedergeworfen, während andere ihn lobpreisen und ihm zujubeln. Und jeder Tiefgeneigte, Niedergeworfene, Preisende und Jubilierende tut dies ohne Unterlaß, bis die Gerichtsposaune erschallt. Haben sie dann diesen herrlichen Dienst vollendet, so rufen sie insgesamt: „Gepriesen seiest du, wir haben dich nicht angebetet, wie es dir gebührt!" Da ist der Herr der Gesandten, der Beste der Welten, das weiseste und tugendreichste Geschöpf, Muḥammad — Segen Gottes und sein Heil sei über ihn und sein ganzes Haus —, der gesagt hat: „Ich ermesse nicht den Lobpreis für dich, wie du selber preisest" [W. I. 474], ferner: „Niemand kommt durch sein Tun ins Paradies." Auf die Frage: „Auch du nicht, o Gesandter Gottes?", erwiderte er: „Auch ich nicht, wenn nicht Gott mich mit seinem Erbarmen umkleidet", dann: „Ich kann dich nicht preisen, wie es sich für dich gebührt, geschweige, daß ich dich anbete, wie es sich dir gegenüber ziemt."

Die Gnaden und Wohltaten aber betreffend hat der Allerhöchste gesagt: [K. 14:34] „*Und zähltet ihr Gottes Gnadenhuld, ihr könntet sie nicht ermessen.*"

Wie man überliefert, werden die Menschen vorm Jüngsten Gericht mit drei Rechnungsbüchern erscheinen: Buch der Guttaten, Buch der Übeltaten und Buch der empfangenen Gnaden. Die Guttaten werden mit den Gnaden verglichen, und keine Guttat wird vorgebracht, es sei denn, eine Gnade kommt hinzu, bis die Guttaten die Gnaden übersteigen, und die Übeltaten und Sünden bleiben übrig, wonach dann Gott der Allerhöchste die Verfügung trifft.

Die Fehler der Triebseele und deren Schäden haben wir im betreffenden Kapitel behandelt. Es ist furchterregend, daß der Mensch siebzig Jahre lang mit Gottesdienst sich müht und eifrig ist, ohne aber auf seine Fehler und Schäden (dabei) zu achten, so daß vielleicht nichts davon Annahme findet, und womöglich müht er sich Jahre hindurch, und eine einzige Stunde macht es ungültig! Die größte Gefahr ist bei alledem, daß vielleicht Gott der Allerhöchste auf den Menschen blickt, während er durch seinen Gottesdienst vor dem Menschen Augendienerei treibt, da er das äußere Werk für Gott und das Innere für die Leute verrichtet, und er ihn dann hinwegjagt, dahin, von wo es keine Rückkehr gibt — wovor Gott behüte!

Einen Gelehrten hörte ich vom gottseligen Ḥasan al-Baṣrī erzählen, daß dieser nach seinem Tode (jemandem) im Traum erschienen sei. Nach seinem Zustande befragt, sagte er: „Gott stellte mich vor sich hin und sprach: ‚O Ḥasan, denkst du an den Tag, da du in der Moschee das Ritualgebet verrichtetest, wobei die Leute dir zuschauten und du darauf dein Gebet noch schöner vollbrachtest? Wäre dein erstes Gebet nicht von lauterer Gesinnung für mich gewesen, so hätte ich dich heute von meiner Tür weggejagt und mich auf einmal von dir getrennt.'"

Da die Sache im allgemeinen ungemein heikel und schwierig ist, so haben scharfsichtige Leute darüber nachgedacht. Sie fürchteten für sich selbst, so daß einige sich gar nicht mehr um die Werke kümmerten, die vor den Leuten sichtbar sind, so daß von Rābi'a der Ausspruch erzählt wird: „Diejenigen meiner Werke, die offenkundig sind, erachte ich für nichts." Ein anderer hat gesagt: „Verbirg deine Guttaten, so wie du deine Übeltaten verheimlichst." Weiterhin sprach jemand: „Ist es dir möglich, Gutes zu verbergen, so tue es." Man erzählt, Rābi'a sei befragt worden, worum sie am meisten bei ihrem Flehen bitte, worauf sie erwiderte: „Um Verzweiflung, wenn meine Werke offenkundig werden." Man berichtet, Muḥammad ibn Wāsi' sei mit Mālik ibn Dīnār zusammengetroffen. Mālik sprach: „Entweder Gott gehorchen — oder das Höllenfeuer!", worauf Muḥammad ibn Wāsi' meinte: „Entweder Gottes Erbarmen oder das Höllenfeuer!" Mālik sagte dazu: „Wie sehr brauche ich einen Lehrer, wie du es bist!" — Vom gottseligen Abū Yazīd al-Bisṭāmī wird das Wort berichtet: „Dreißig Jahre hatte ich mich im Dienste Gottes abgemüht, da sah ich jemanden, der mir sagte: ‚O Abū Yazīd! Seine Schatzkammern strotzen von (dargebrachten) Gottesdiensten, doch willst du zu ihm gelangen, so hast du Armut und Erniedrigung zu ertragen!'" — Ich hörte den Meister Abū 'l-Ḥasan vom Meister Abū l-Faḍl erzählen — Gott habe beide selig —, der sprach: „Ich weiß, daß die Werke, die ich verrichte, bei Gott dem Allerhöchsten keine Annahme finden." Hierüber befragt, erwiderte er: „Ich weiß, was zu einem Werke gehört, damit es angenommen werde, und weiß auch, daß ich dies nicht erfülle, und demnach weiß ich, daß es keine Annahme findet." Auf die Frage, warum er es dann vollbringe, gab er zur Antwort: „Vielleicht versöhnt sich Gott eines Tages mit mir, und dann wird meine Seele an das gute Werk gewöhnt sein, und ich brauche sie dann nicht erst daran zu gewöhnen." Dies ist die Lage der Wissenden, die eifrig, ernst und kühn sind. Du aber bist wie der Dichter sagt:

„Für dich suche andere Gefährten als sie,
dann stellt Verzweiflung sich ein, und die Hoffnungen werden enttäuscht.
Siehe, nimm dir Zeit, so triffst du auf Edle,
die sich mühen, das hilft zum Erfolg."

Ferner halte ich es für gut, hier das Gute, das vom Wahrhaftigen, Zuverlässigen überliefert wird — Gottes Segen und Heil sei über ihn und sein Haus —, zu bekräftigen. Wir haben es schon in einem anderen Buche behandelt.

Ibn Mubārak, der Gottselige, berichtet die Erzählung eines Mannes Khālid ibn Ma'dān, der zu Mu'ādh (ibn Jabal) sagte: „Berichte mir einen Ausspruch, den du vom hochgebenedeiten Gesandten Gottes gehört und dir gemerkt hast, an den du alle Tage wegen seines Ernstes und seiner Feinheit denkst." Er antwortete: „Ja", weinte darauf lange und sprach: „Oh, welche Sehnsucht habe ich nach dem hochgebenedeiten Propheten Gottes und nach seinem Wiedersehen!" Dann erzählte er: „Als ich beim hochgebenedeiten Gesandten Gottes war, siehe, da bestieg er ein Reittier und ließ mich hinter ihm aufsitzen. Wir zogen dann dahin, und er erhob seinen Blick zum Himmel und sagte: ‚Preis sei Gott, der in seiner Schöpfung ausführt, was er will, o Mu'ădh!' Ich sprach: ‚Hier bin ich, o Herr der Gesandten!' Da sagte er: ‚Ich künde dir einen Ausspruch, der dir nützen wird, wenn du ihn dir merkst, vergißt du ihn, dann verlierst du deine Rechtfertigung vor Gott dem Mächtigen, dem Gewaltigen. O Mu'ădh, Gott der Gepriesene und Allerhöchste hat sieben Engel erschaffen, bevor er die Himmel und die Erde erschuf, für jeden Himmel einen Engel als Türhüter und Schatzbewahrer. Vor jedes der Himmelstore setzte er einen Engel (*malak*) als Hüter je nach Rang und Würde des Tores. Die ‚Wächter' (*ḥafaẓa*, Wacheengel) steigen mit dem Tun des Menschen, das wie die Sonne glänzt und strahlt, empor, bis sie zum untersten Himmel kommen, und halten es für viel und rein. Kommen sie zum Tore, so sagt der Engel zu den Wächtern: ‚Schlagt mit diesem Tun seinen Täter ins Gesicht! Ich habe die Aufsicht über die Verleumdung, und mein Herr hat mir befohlen, kein Werk eines Verleumders der Leute von mir zu einem anderen durchgehen zu lassen.' Dann steigen die Wächter am folgenden Tage mit dem Tun eines Frommen voll Licht empor, das die Wächter als viel und geläutert ansehen, bis sie zum zweiten Himmel gelangen. Da sagt der Engel: ‚Haltet an und schlagt dieses Tun seinem Täter ins Gesicht, denn er hat damit weltliche Ehre gesucht! Mein Herr hat mir geboten, sein Werk nicht von mir zu einem anderen durchgehen zu lassen.' Da fluchen ihm die Engel, bis es Abend wird. Die Wächter steigen empor mit dem Werke des Menschen, der sich darüber freut, voll Almosen, Fasten und vielem Wohltun, und halten es für viel und geläutert.

Doch kommen sie zum dritten Tore, dann spricht der Engel dort: ‚Schlagt mit dem Tun seinen Täter ins Gesicht! Ich bin der Engel, der den Stolz unter sich hat, und mein Herr hat mir geboten, ich soll sein Werk nicht zu einem anderen durchgehen lassen, da er in den Versammlungen hochmütig gegen die Leute war.' Die Wächter bringen ein Werk des Menschen empor, das glänzt wie die Sterne und funkelnde Himmelskörper. Es birgt lauter tönendes Gotteslob, Preis, Fasten und Ritualgebet, große und kleine Wallfahrt (*ḥajj* und *'umra*). Als sie zum vierten Himmel gelangten, da sprach der damit betraute Engel: ‚Haltet an und schlagt dieses Tun seinem Täter ins Gesicht. Ich bin der Engel, der den Eigendünkel unter sich hat, und mir hat mein Herr geboten, sein Werk nicht zu einem anderen durchgehen zu lassen. Wahrlich, als er sein Tun vollbrachte, war er von Eigendünkel durchdrungen.' Die Wächter steigen mit dem Werke des Menschen empor, als hielte eine Braut den Einzug bei ihrer Familie, bis sie zum fünften Himmel gelangen mit diesem Tun, voll an Glaubenskrieg (*jihād*), großer und kleiner Wallfahrt und lichtvoll, gleich der Sonne. Da sagt der Engel: ‚Ich bin der Engel, der den Neid unter sich hat, und dieser hat die Leute wegen der ihnen von Gott erwiesenen Gnade beneidet. Was Gott wohlgefällig war, das hat er gehaßt. Mein Herr hat mir geboten, sein Tun nicht zu einem anderen durchgehen zu lassen.' Und die Wächter steigen mit dem Werke des Menschen empor, das von tadelloser (kultischer) Reinigung, häufigem Ritualgebet, Fasten, großer und kleiner Wallfahrt voll ist, bis zum sechsten Himmel empor. Da sagt der mit dem Tor betraute Engel: ‚Ich habe die Barmherzigkeit unter mir. Schlagt dieses Tun seinem Täter ins Gesicht, denn er hatte nie Erbarmen mit einem Menschen, und traf einen Menschen ein Unglück, dann hat er ihn beschimpft. Mein Herr hat mir geboten, sein Tun nicht zu einem anderen durchgehen zu lassen.‘ Und die Wächter tragen das Tun eines Menschen empor, voll zahlreicher Spenden, Fasten, Ritualgebet, Gottesfurcht, dessen Stimme wie der Donner hallt, und dessen Licht dem Blitze gleicht. Kommen sie damit zum siebenten Himmel, so sagt der damit betraute Engel: ‚Ich habe das Lob unter mir, nämlich Ruf und Ehre unter den Menschen. Der dieses Werk verrichtet hat, suchte dadurch Lob in den Versammlungen, hohes Ansehen bei den Nahestehenden und Ehrenplatz bei den Großen. Mein Herr hat mir geboten, sein Tun nicht weiter zu einem anderen durchgehen zu lassen. Jedes Werk, das nicht rein für Gott geschieht, ist Augendienerei, und Gott der Mächtige und Gewaltige nimmt eines Augendieners Werk nicht an.‘ — Und die Wächter steigen mit dem Tun des Menschen empor, das voll von Ritualgebet, Pflichtalmosen, Fasten, großer und kleiner Wallfahrt, guter Sitte, Gedenken Gottes des Allerhöchsten ist, und die Engel des siebenten Himmels geleiten es, bis die Vorhänge auf dem Wege zu Gott alle auseinandergehen. Dann halten sie vor dem mächtigen und gewaltigen Herrn an und bezeugen, dies sei frommes, lauteres Werk für Gott den Allerhöchsten. Doch Gott der Allerhöchste spricht: ‚Ihr habt das Tun meines Dieners bewacht, doch ich habe das beobachtet, was in seiner Seele ist. Er hat nicht mich mit diesem Tun gemeint, sondern einen anderen, noch hat er es lauter für mich gewirkt. Ich weiß besser, was er mit seinem Tun bezweckte. Auf ihm sei mein Fluch! Die Menschen wie euch hat er getäuscht, doch nicht mich, da ich die geheimen Dinge kenne und weiß, was in den Herzen ist. Mir bleibt nichts verborgen, und nichts entgeht meinem Wissen über das Vergangene, so wie ich weiß, was gewesen und künftig ist und ebenso das, was ewig bleibt. Ich kenne die Ersten und die Letzten und weiß ums Geheime und Verborgenste. Wie kann mein Diener mich durch sein Tun täuschen? Wahrlich, er täuscht die einfältigen Leute, doch ich weiß ums Geheime — mein Fluch sei auf ihm!' Da sprechen die sieben Engel wie die dreiunddreißig im Geleite: ‚O unser Herr! Dein Fluch sei auf ihm und unser Fluch!' Und die Bewohner der Himmel sprechen über ihn ihren und Gottes Fluch.' — Da weinte ich unter heftigem Schluchzen und sagte: ‚O Prophet Gottes! Wo ist dann Rettung vor dem, was du erzählt hast?' Er erwiderte: ‚O Mu'ādh! Ahme deinen Propheten gewiß nach.' Ich sprach hierauf: ‚Du bist der Prophet Gottes, und ich bin Mu'ādh ibn Jabal. Wie kann mir Rettung und Erlösung werden?' Er gab zur Antwort: ‚Ja, o Mu'ādh! Hat dein Werk also einen Mangel, so hüte deine Zunge, vor den Leuten von deinen Brüdern, besonders unter den Koranlesern, Übles zu reden. Das, was du an eigenem Mangel weißt, das wird dich vom Gerede unter den Leuten zurückhalten. Rechtfertige dich nicht selbst, indem du deine Brüder tadelst, und erhebe dich nicht selbst durch Herabsetzung deiner Brüder. Übe dein Werk nicht als Augendiener, um bei den Leuten bekannt zu sein. Begieb dich nicht ins Weltgetriebe, das dich das Jenseitige vergessen läßt. In Gegenwart eines anderen vertraue keinem Mann etwas an. Überhebe dich nicht über die Leute, sonst entgeht dir das Gut der Welt wie des Jenseits. Sei in der Gesellschaft nicht unzüchtig, damit man sich nicht vor deinen schlechten Sitten hüte. Begünstige die Leute nicht und zerreiße sie nicht mit deiner Zunge, sonst zerreißen dich die Höllenhunde, denn das Wort des Allerhöchsten heißt: [K. 79:2] „*Bei denen, die sanft dahingleiten!*" (Schwur) Er wird sagen: „Du reißt das Fleisch von den Knochen."' Ich sprach darauf: ‚O Prophet Gottes! Wer kann denn diese Tugenden haben?' Er erwiderte: ‚O Muʿādh! Der, den ich dir geschildert habe, damit er handle als einer, dem Gott es erleichtert hat. Dir genügt einfach dabei, daß du den Menschen das wünschest, was du für dich wünschest, und ihnen nicht das aufzwingest, was du selber nicht magst, dann bist du sicher gerettet.'" Khālid ibn Maʿdān sprach dann: „Muʿādh hat nicht so oft den Koran rezitiert, als er in seinem Kreise dieses Prophetenwort erzählt hat."

Du, o Mann, und ihr alle habt jenen Mann diesen erhabenen Prophetenausspruch erzählen hören mit seiner Herrlichkeit, leidbringenden Gefahr, seinem Eindruck, der die Herzen fliegen läßt und den Verstand überwältigt. Es fällt den Gemütern schwer, dies zu ertragen, und die Seelen erschauern ob dessen Schrecken.

So nimm denn Zuflucht zu deinem Herrn, dem Gott der Welten, harre an der Tür mit Flehen, Bitten und Weinen bei Tag und Nacht zusammen mit denen, die da flehen und bitten, denn es kann niemand hiervon errettet werden, außer wenn er sich erbarmt, und es gibt kein Heil aus diesem Meere, wenn er nicht aufmerkt, erfolgreich hilft und sorgt. So erwache aus deinem achtlosen Schlafe, tue, was sich hier gebührt, und strenge dich selbst bei dieser furchterweckenden Steigung an, vielleicht gehst du dann nicht mit den anderen unter. — Auf jeden Fall sei Gott um Hilfe angerufen, denn er ist der beste Helfer, der barmherzigste Erbarmer, und keine Macht und keine Kraft gibt es außer bei Gott dem Gewaltigen.

Bei beiden Dingen handelt es sich kurz um folgendes: Wenn du gut nachdenkst, so siehst du, wie sehr man Gott Gehorsam leisten muß, und siehst auch, wie schwach, unfähig und unwissend die Menschen sind. So schenke ihnen auch keine Beachtung in deinem Herzen, entsage ihrem Lob und Preis wie ihrer Wertschätzung, die ja ohne Nutzen ist, und trachte durch die Erfüllung religiöser Pflichten nicht nach dergleichen. Siehst du, wie niedrig und erbärmlich die Welt ist, wie rasch sie vergeht, so suche sie auch nicht durch deine Pflichtreue von Gott zu erlangen. Sage zu dir selbst: „O Seele! Lob und Dank vom Herrn der Welten ist besser als das Lob von machtlosen, unwissenden Geschöpfen, die doch in Wirklichkeit den Wert deines Werkes und dessen, was du dabei erträgst, gar nicht erkennen, noch bieten, was du mit deinem Tun und Ertragen verdienst. Vielleicht ziehen sie dir jemanden vor, der tausend Grade unter dir steht, versagen sich dir, wenn du am meisten bedürftig bist, und vergessen deiner, und handeln sie nicht so, was steht wohl in ihrer Macht, und wie weit reicht ihre Kraft? Ferner läßt Gott der Allerhöchste sie sterben, um sie hingehen zu lassen, wie er will und wohin er es will. Denke nach, o Seele, und laß nicht durch sie deine wertvolle Pflichtreue verlorengehen. Dir entgeht ja nicht das Lob dessen, von dem gelobt zu werden aller Ruhm und dessen Gabe alles Schätzbare ist.“ Es hat jemand mit Recht gesagt:

„Wenn die Augen für anderes als dein Antlitz wachen, so ist es nutzlos,
und ebenso deren Weinen, gilt es, um anderes als dich verloren zu haben!“

Sage: „O Seele! Ist das ewige Paradies besser, oder ist es das Schändliche vom Verbotenen in der Welt nebst deren fraglichem Gut, das beschwerlich und vergänglich ist? Dabei ist es dir doch möglich, durch deine Pflichttreue dieses unvergängliche Paradies zu erlangen. So strebe nicht nach Niederem, wolle nichts Böses und tue nichts Gemeines. Siehst du nicht, daß die Taube höher gewertet und mehr geschätzt wird, wenn sie hoch hinaufsteigt? So richte all dein Streben hoch zum Himmel und mache dein Herz frei für Gott den Allerhöchsten, in dessen Hand doch das Ganze liegt, und verliere nicht um ein Nichts das durch deine Pflichttreue Erworbene. Wenn du gut nachdenkst, so siehst du auch erstens Gottes des Allerhöchsten Hilfe und gewaltige Gnaden bei Erfüllung deiner Pflicht, so daß er dieses dir ermöglicht und dir dazu die Glieder gegeben hat. Zweitens hat er vor dir alle Hindernisse entfernt, damit du für diese Pflichttreue frei seiest. Drittens hat er dir Erfolg gewährt, dich gestärkt, hat dir Freude daran gegeben und es in deinem Herzen lieblich aufscheinen lassen. Viertens hat er, trotz seiner Majestät und Größe und trotz der vielen dir gewährten Gnaden, um dir dieses Tun zu erleichtern, auch noch das herrliche Lob und den reichlichen Lohn bereitgestellt, dessen du nicht würdig bist. Dann fünftens hat er dir dafür gedankt und dich ob dieses leichten Werkes willen sehr gelobt und dir dadurch seine Liebe gezeigt, und dies alles nur allein durch seine große Huld, ohne daß du es verdient hättest oder daß dein geringes mangelhaftes Tun Wert habe. Gedenke, o Seele, der Gnadenhilfe deines edelmütigen, barmherzigen und gepriesenen Herrn dazu, wie er dir so bei der Erfüllung dieser Pflichten Güte erzeigt hat, und schäme dich, auf ein Werk hinzuweisen, anstatt auf die Huld und Gnade Gottes des Allerhöchsten dir gegenüber in jeder Lage." Nach Erfüllung dieser Pflichten obliegt es dir nur noch, Gott den Gepriesenen anzuflehen und zu bitten, er wolle dies annehmen. Hörst du nicht das Wort des gebenedeiten Gottesfreundes Ibrāhīm (Abraham), nachdem er seinen Dienst geleistet und das Haus Gottes (die Ka'ba) erbaut hatte, wie er zu Gott flehte, er möge es gnädig annehmen?: [K. 2:127] „*Unser Herr, nimm es gnädig von uns an, denn du bist der Hörende, der Wissende*", und nach dieser Bitte sprach er: [K. 14:40] „*Unser Herr, nimm meine Bitte an.*" Würdigt er sich, dieses geringe Gut anzunehmen, so hat er damit eine vollkommene Gnade und herrliche Huld erwiesen, und welche Seligkeit, Reichtum, Macht und Erhöhung liegen darin, und wie zieren sie! Dieses Ehrenkleid, Gnadenerweis, Reichtum und Ehrung sind für dich! Ist es aber anders, o welcher Schaden, Täuschung und Verlust! So sei besorgt und mühe dich um dieses. Wenn du dich solcherart befleißest und es oft deinem Herzen einprägst und nach Erfüllung der Pflicht Gott den Mächtigen und Herrlichen um Hilfe anrufst, so lenkt er dich hinweg von der Anhänglichkeit an die Leute und an die Triebseele und deiner Hingabe an Augendienerei und Eigendünkel und treibt dich dazu an, deine Pflichten rein und lauter für Gott den Allerhöchsten zu leisten, wie dazu, ständig in jeder Lage an die Gnade zu denken, die Gott der Allerhöchste dir erwiesen hat. So kommst du zu wünschenswerter Reinheit und Makellosigkeit deines gottesdienstlichen Tuns sowie zu lauteren guten Werken, frei von Fehlern, und zu Gott wohlgefälligen Kulthandlungen ohne Mängel. Ja, wenn du es im Leben zum Beispiel auch nur einmal erreichst, die Pflicht so zu leisten, dann ist dies wirklich viel! Und — bei meinem Leben — sei dies auch gering an Zahl, so ist es doch reich an Gehalt, von hohem Wert, vielfachem Nutzen und guten Folgen. Wahrlich, Gott hat dem Menschen dazu gewaltig Hilfe geleistet und große Gnade erwiesen. Welches Geschenk ist herrlicher als die Gabe, die der Herr der Welten annimmt, und welcher Eifer ist edler als der, den jener vergilt, der die Bedürftigen erhört und den der Herr der Welten belobt, welches Gut ist teurer als das, welches der Herr der Welten sich erwählt und daran Wohlgefallen hat?

So betrachte denn dies, o Armer, und nimm dich vor Täuschung in acht! Verläuft die Sache im ganzen dann so, so bist du vor Gott dem Gepriesenen ein Lauterer, ein Gottesfürchtiger, der seiner Gnaden gedenkt und Wohlgefallen erlangt. Du hast darnach diese furchterregende Steigung hinter dir gelassen und hast durch deren Übel keinen Schaden erlitten. Du bist dann als Sieger mit deren Gütern und Früchten vorangekommen für immer nebst deren Ehrung und Seligkeit.

Und Gott der Gepriesene hilft zum Erfolg und schützt durch seine Gnade — und es gibt keine Macht und keine Kraft außer bei Gott dem Hohen, dem Gewaltigen.

DER SIEBENTE ANSTIEG

LOBPREIS UND DANK

DANACH LIEGT ES DIR OB — Gott möge dir und uns gütigst Erfolg verleihen —, nach Bewältigung dieser Anstiege und wenn das Ziel, nämlich dieses von Übeln freie geistliche Leben erreicht ist, Gott dem Gepriesenen für diese gewaltige Gnade und edle Huld Lob und Dank darzubringen. Zwei Dinge verlangen dies: Das erste ist, damit die große Gnade dauernd sei, und das zweite, damit man noch mehr davon erlange.

Dauer der Gnade heißt es, weil der Dank dafür Bedingung ist, daß die Gewährung der Gnade ständig sei und bleibe, unterläßt man ihn, so hört sie auf und geht vorbei. Gott der Gepriesene hat gesagt: [K. 13:11] „*Und Gott ändert seine Gnade nicht für eine Gruppe von Menschen, sie hätten denn sich vorher selbst gewandelt*", ferner: [K. 16:112] „*Sie (die Stadt Mekka) hat die Wohltaten Gottes abgeleugnet, und daher ließ Gott sie von Hunger und Furcht umgeben sein für das, was sie getan haben*", und: [K. 4:147] „*Wie sollte Gott über euch Strafe verhängen, wenn ihr dankt und gläubig seid?*". Der hochgebenedeite Prophet hat gesagt: „Zu den Gnadengaben gehören Wunder wie Zugvögel, haltet sie fest durch Danksagung".

Mehr zu erlangen bedeutet: Da der Dank das Band der Wohltat ist, so läßt er sie mehr Frucht bringen. Gott der Gepriesene hat gesagt: [K. 14:7] *„Sagt ihr Dank, so gebe ich euch noch mehr hinzu“* und: [K. 19:76] *„Die der Leitung folgten, die führte er noch weiter“* und: [K. 29:69] *„Die sich für uns mühten, wollen wir unsere Wege führen“*.

Wenn der weise Herr sieht, daß sein Diener eine Wohltat recht gebraucht, so gewährt er ihm eine weitere und sieht ihn als dessen würdig an, sonst entzieht er sie ihm.

Es gibt zwei Arten von Gnadengaben: weltliche und religiöse. Die weltlichen sind zweifach: Nützliche und abwehrende (behütende). Er erweist dir nützliche Wohltaten dadurch, daß er dir die passenden und nützlichen Dinge schenkt. Es sind zweierlei nützliche: gesunde Körperkraft bei Wohlsein und Rüstigkeit nebst den leiblichen Genüssen wie Speise, Trank, Kleidung, Ehe und andere nützliche Dinge.

Behütende Gnaden sind, daß er Verderbliches und Schädliches von dir abwendet, und zwar zweifach, eines in dir selbst, so daß du vor langdauerndem Leiden, Übeln und Krankheiten bewahrt seiest. Das andere heißt, daß von dir verschiedene Schädigungen und Hindernisse abgewehrt werden, Menschen oder Geister (*jinn*), wilde Tiere, Tollheit oder dergleichen, die dir Böses antun wollen.

Die religiösen Gnaden sind zweifach, solche zum Erfolg und andere zum Schutz. Die Erfolgsgnade besteht darin, daß dir Gott erstens zum Islam verholfen hat, dann zur Sunna und ferner zur Erfüllung der Pflichten. Es war Schutzgnade, daß er dich erstens vor dem Unglauben und der Mehrgötterei, dann vor unbegründeten Lehren (*bid'a*) und Irrtum bewahrt hat und ferner vor den übrigen Sünden. Nur der allwissende Herr, der die Gnade erwiesen hat, ermißt die Einzelheiten dabei, wie er der Mächtige und Gewaltige gesagt hat: [K. 14:34] „*Und zähltet ihr Gottes Gnadenhuld, ihr könntet sie nicht ermessen*". Wahrlich, deine Vorstellungskraft kann weder ermessen und errechnen, wie lange all diese Gnaden andauern, nachdem er sie gütig gegeben hat, noch wieviel mehr er noch von jeder Art hinzugegeben hat. Und all dies hängt von einer Sache ab, vom Dank und Lobe Gottes. Gibt es also eine Tugend, die so wertvollen Vorteil bietet, so ist es rechtens, daß du sie aufmerksam bewahrst. Es ist für dich ein köstliches Kleinod und teures Elixir. — Und Gott in seiner Güte und Barmherzigkeit hilft zum Erfolg.

Wenn man sagt: „Was ist das Wesen von Dank und Lobpreis, was bedeuten und verlangen sie?", — so wisse: Die Gelehrten unterscheiden bei ihrem Nachforschen zwischen Lob und Dank. Der Lobpreis ist eine Art der Verherrlichung (*tasbīḥ*) und des Zujubelns, die zu den äußeren Leistungen gehört. Der Dank gehört zur Geduld und dazu, daß man (alles) Gott anheimstellt, er ist eine innere Leistung. Der Dank ist Gegensatz zur Undankbarkeit und der Lobpreis Gegensatz zum tadelnden Vorwurf, der Lobpreis ist allgemeiner und häufiger, während der Dank seltener ist und sich auf Besonderes bezieht. Gott der Allerhöchste hat gesagt: [K. 34:13] „*Wenige meiner Diener sind dankerfüllt*". Es steht fest, daß sie sich der Bedeutung nach unterscheiden. Dann ist das Lob die jemandem für eine gute Tat zuerkannte Anerkennung. Dies ergibt sich folgerichtig aus dem Wort unseres gottseligen Scheichs: „Man hat über die Bedeutung von ‚danken' geredet und viele Worte gemacht". Vom gottbegnadeten Ibn ʿAbbās wird überliefert: „Danken heißt innerlich und äußerlich mit allen Gliedern dem Herrn der Geschöpfe gehorsam sein". Und ähnlich ist die Meinung eines unserer Scheiche: „Dank bedeutet, alle inneren und äußeren Pflichtleistungen erfüllen", und fügt dann noch hinzu, er bedeute, alle äußeren und inneren Sünden zu unterlassen. Ein anderer sagt: „Dank heißt, sich vor freiwilligen Sünden gegen Gott hüten". So nimm denn dein Herz, deine Zunge und deine Glieder in acht, daß du nicht Gott dem Mächtigen und Gewaltigen irgendwie zuwiderhandelst. Der Unterschied zwischen dieser und der Meinung des ersteren gottseligen Scheichs liegt darin, daß das Wort „sich hüten" eine feste Bedeutung hat, die über die von „sich der Sünden enthalten" hinausgeht. Sich der Sünde enthalten heißt nur, sie nicht tun, falls man dazu versucht wird. Es liegt darin kein zu erlernender Begriff, mit dem der Mensch sich zu befassen hätte, um vor Undankbarkeit bewahrt zu sein. Unser gottseliger Scheich hat gesagt: „Es ist Dank, wenn man den Wohltäter seiner Wohltat entsprechend hochschätzt, so daß man davor bewahrt bleibt, gegen den Wohltäter abgeneigt und undankbar zu sein".

Sagt man „Hochschätzung des Wohltäters angesichts seines Wohltuns", so ist dies richtig, da es etwas Gutes ist, wenn der Diener Gott dankt. Es gibt darüber Einzelfragen, die wir bereits im Buche „Wiederbelebung der Religionswissenschaften" [*Iḥyā'*, 4. Bd., S. 80, Index, § 136] erörtert haben.

Was nun die Frage anlangt, daß beim Danken der Mensch etwas hochschätzt, wodurch er davon abgehalten wird, dem Wohltäter abgeneigt zu sein, wenn er an dessen Wohltat denkt sowie auch daran, wie gut die Haltung des Dankenden und wie übel die des Undankbaren ist, so ist meine Ansicht: Das Mindeste, wozu man dem Spender für seine Wohltaten verpflichtet ist, ist das, daß man nicht durch dieselben in Sünde fällt. Wie übel ist doch die Haltung jemandes, der aus der Wohltat des Spenders eine Waffe herstellt, um ihm zuwiderzuhandeln! Also hat der Mensch die Pflicht zu danken, und dazu ist wesentlich, Gott den Gepriesenen so hoch zu schätzen, daß dies von der Sünde wider ihn abhält, soweit man seiner Gnaden gedenkt. Vollbringt er dies, dann hat er das Wesentliche geleistet. Er entspricht dem sodann ernstlich durch Pflichttreue und Eifer, wenn er den Dienst vollbringt. Dazu verpflichtet die Wohltat sowie daß man die Sünde vermeide, und bei Gott steht der Erfolg.

Fragst du nun nach dem, wofür der Dank gilt? — so wisse: Es sind dies die religiösen (geistlichen) und weltlichen Gaben ihrem Range nach. Was nun Ungemach und Heimsuchungen in der Welt am eigenen Leibe, in der Familie und am Vermögen anlangt, so hat man sich hierüber die Frage gestellt: Ist der Mensch hierfür zum Dank verpflichtet? Einige meinen, der Mensch habe hierfür nicht zu danken, sondern dabei sei Geduld zu üben, Dank gebühre hingegen nur der Wohltat. Es wurde auch die Ansicht vertreten: Es gibt kein Ungemach, es seien denn auch Gnaden Gottes des Allerhöchsten damit verbunden, und somit bestehe neben dem Ungemach selbst auch die Dankespflicht für die damit verknüpften Gnaden. Von diesen Gnaden hat der gottbegnadete Ibn ʿUmar gesagt: „Niemals betraf mich ein Leid, es hätte denn Gott der Allerhöchste dabei mir nicht vier Gnaden erwiesen: Es hat mein geistliches Leben nicht berührt, es war nicht noch schwerer (als ohnehin), ich verlor dabei nicht die Ergebung (in den göttlichen Ratschluß), und ich erhoffte mir Lohn dafür". Man hat auch gesagt: „Es ist eine dieser Gnaden, daß jenes Ungemach vergeht und nicht dauernd ist und daß es nur auf Gott den Allerhöchsten zurückgeht, auch wenn ein Geschöpf Ursache dafür war, denn das Ungemach ist dein Schuldner, und du schuldest ihm nichts. So ist der Mensch also zur Danksagung verhalten wegen der mit dem Widrigen verbundenen Gnaden. Andere meinen, und nach unserem gottseligen Scheich ist dies das erste: Für die Härten in der Welt schuldet der Mensch Dank, weil diese in Wirklichkeit Gnaden sind. Sie bieten ja dem Menschen gewaltige Vorteile und reichliche Belohnungen sowie herrlichen Ersatz am Ende, wovor die Plage dieser Widrigkeit verschwindet, und gibt es wohl eine größere Gnade als diese?

Zum Gleichnis diene dir jemand, der dir gegen eine schwere Krankheit eine widerwärtige, bittere Arznei zu trinken gibt oder dich wegen eines bedenklichen, gefährlichen Leidens schröpft und zur Ader läßt, was ja zu seelischer Gesundheit, leiblichem Wohlsein und reinem Leben führt. Fügt er dir durch bittere Arznei oder durch die Wunde beim Schröpfen und Aderlassen Schmerz zu, so ist dies in Wirklichkeit eine hohe Gnade und sichtlicher Hulderweis, mag deren äußere Form auch widerwärtig sein, vor der die Natur schaudert und die Triebseele abgestoßen wird. Der dich so behandelt, den lobst du ja, ja erweist ihm Gutes nach Möglichkeit, und ebenso ist es mit den Widerwärtigkeiten. Du siehst ja, wie der hochgebenedeite Prophet Gottes für die Härten Lob und Preis zollte und für die Freuden dankte mit den Worten: „Preis sei Gott für Leid und Freud, die er gab!“ Du siehst doch, wie der Erhabene gesagt hat: [K. 2:216] „*Vielleicht gefällt euch etwas nicht, in das Gott viel des Guten gelegt hat*“. Was aber Gott gut nannte, das übersteigt deine Vorstellung. Dieses Wort versichert auch, daß die Gnade in Wirklichkeit nicht der Genuß ist, noch das, wonach es die Triebseele der Natur nach gelüstet. Sie ist nur dasjenige, wodurch die Rangstufe erhöht wird, weshalb man das Wort „Gnade“ in der Bedeutung von „noch mehr geben“ gebraucht. So wird folglich das Ungemach eine Ursache zur Erhöhung der Ehre des Menschen und zur Steigerung dessen Ranges. Was man äußerlich für Härten und Mühen ansieht, ist wesentlich Gnade selbst. Erkenne dies mit Erfolg!

Sagst du nun: „Wer hat mehr an Tugend, der Dankbare oder der Geduldige?“, — so wisse, daß man gesagt hat: Der Dankbare ist vorzuziehen auf Grund des Wortes des Allerhöchsten: [K. 34:13] „*Wenige meiner Diener sind dankerfüllt*“, er hat diese also besonders herausgehoben. Zum Lob des gebenedeiten Nūḥ (Noah) sprach er: [K. 17:3] „*Wahrlich, er war ein dankerfüllter Diener*“, und über den gebenedeiten Ibrāhīm (Abraham) [K. 16: 121] „*... dankbar für seine Gnaden*“. Weil er nämlich in Gunst und Wohlsein steht, so sagt man: „Mit Gunst beschenkt zu sein und zu danken ist mir lieber, als zu dulden und Geduld zu üben.“ Es gibt aber die Meinung, der Geduldige sei vortrefflicher, weil er die größere Plage hatte, so habe er größere Belohnung und höheren Rang. Gott der Allerhöchste hat gesagt: [K. 38:44] „*Wir fanden ihn (Hiob) geduldig, — was für ein vortrefflicher Diener!*“ ferner: [K. 39:10] „*Ohne Maß wird den geduldig Ausharrenden ihr Lohn zuteil*“ und: [K. 3:146] „*Und er liebt die geduldig Ausharrenden*“.

Meine Ansicht ist: In Wirklichkeit ist der Dankbare derselbe wie der Geduldige, und ebenso ist der Geduldige wirklich nur der Dankbare. Dem Dankbaren mangelt nämlich an der Stätte der Prüfung nicht die

Plage, die er sicherlich geduldig erträgt, ohne ungeduldig zu sein. Der Dank ist ja die Wertschätzung des Spenders in dem Maße, als er davon abhält, wider ihn zu sündigen, und Ungeduld ist ja Sünde. Dem Geduldigen fehlen die Gnadengaben wie erwähnt nicht, so daß die Widrigkeiten in Wirklichkeit Gnaden sind im weiteren Sinn des Wortes. Erträgt man sie, so ist dies wirklicher Dank, und hält man sich vor Ungeduld zurück, so dient dies zu Gottes des Allerhöchsten Ehre. Das Wesentliche beim Dank ist, daß er ein Hochschätzen bedeutet, das vom Sündigen abhält, weil der Dankbare sich ja des Undankes enthält. Er hält der Sünde stand und treibt sich selbst zum Danken an, er verrichtet mit Ausdauer den Gottesdienst und wird wirklich ein Geduldiger, und der Geduldige verherrlicht Gott den Allerhöchsten. Dadurch aber wird er vor Ungeduld im Leiden zurückgehalten und zur Geduld geführt, und so hat er Gott gedankt und ist ein Dankbarer in Wahrheit. Ungeduld zu vermeiden, obwohl die Triebseele dazu neigt, ist etwas Hartes, das der Dankbare geduldig trägt. Wird der Geduldige mit Erfolg beglückt und behütet, so ist dies eine Gnadengabe, für die der Geduldige dankt, wobei keines vom andern getrennt werden kann. Die Einsicht, die zu beiden führt, ist nämlich ein und dieselbe. Man sieht ein, daß die Meinung einiger unserer Gelehrten richtig ist, und in dieser Hinsicht sagten wir, „keines kann vom anderen getrennt werden". Erkenne all dies, doch der Erfolg steht bei Gott.

O Mann, du hast dich zu bemühen, diesen leichten Anstieg zu bewältigen, der groß an Nutzen, lieblicher Natur und hoch an Wert ist, und betrachte zwei Grundsätze:

Einer ist: Die Gnade wird nur dem zuteil, der ihren Wert erkennt, und nur der Dankbare erkennt ihren Wert. Der Beweis hierfür ist das Wort des Gepriesenen bei der Erzählung von den Ungläubigen und deren Zurückweisung: [K. 6:53] „*(So haben wir die einen durch die anderen anfechten lassen, daß sie sagen:) ‚Sind diese es unter uns, denen Gott huldvoll ist?' — Kennt Gott wohl nicht die Dankbaren?*" Jene Unwissenden waren der Meinung, die große Gnade und gütige Huld werde denen erwiesen, die das meiste Vermögen besitzen, sowie den Vornehmsten an Ansehen wie der Abstammung nach, und sagten: „Was fällt diesen Armen (Muslimen) ein, die da behaupten, daß Sklaven und Freien diese große Gnade gewährt worden sei und nicht uns, wie ihr es behauptet." So sprachen sie hochmütig und spöttisch: „Sind diese es, denen Gott unter uns Huld erweist?" Doch darauf antwortete Gott ihnen durch diesen hellleuchtenden Satz: „Kennt Gott wohl nicht die Dankbaren?" Zu diesem Wort ist hinzuzudenken, daß der gütige Herr nur dem seine Wohltat erweist, der ihren Wert erkennt, und nur der erkennt ihn, der mit Herz und Seele sich darum kümmert, sie anderem vorzieht und nicht darnach fragt, welche Lasten von Schwierigkeiten er zu ertragen hat, um sie zu erhalten. Dann steht er noch am Tore und dankt dafür. Wir (Gott) wußten es vorher schon, daß die Schwachen den Wert dieser Wohltat erkennen und dafür danken. Sie waren ja dieser Gnadengabe würdiger als ihr, und weder euer Reichtum und Vermögen noch eure Stellung und Ansehen in der Welt werden beachtet, noch eure Abstammung in den Sippen und edle Herkunft. Ihr meint, das Weltgut sei die gesamte Gnadengabe, also dessen vergängliche Werte sowie Herkunft, edle Abstammung und deren hohes Ansehen, nicht jedoch das Geistliche, das Wissen, die Wahrheit und deren Erkenntnis, nur jenes andere schätzt ihr hoch und rühmt euch dessen. Seht ihr nicht, daß ihr dieses Geistliche, das Wissen und die Wahrheit fast nur durch eine Gnadengabe erhalten könnt, die dem gespendet wurde, der sie bringt (der Prophet)? Dies geschieht darum, weil ihr jenes verachtet und euch darum wenig Sorge macht. Und wahrlich, diese Schwachen ließen sich dafür töten und gaben ihr Herzblut dafür hin, unbekümmert um die Verluste und um ihre Gegner, damit ihr wißt, daß sie es sind, die den Wert dieser Gnadengabe erkannt haben und in deren Herzen diese Achtung dafür eingegraben ist. Es fiel ihnen leicht, wenn ihnen alles andere entging, und es war ihnen köstlich, dabei alle Härte zu ertragen, und sie verbrachten ihr ganzes Leben, um dafür zu danken. Daher waren sie in unserem Vorwissen dieser herrlichen Gnade und edlen Huld würdig, und so haben wir sie besonders vorgezogen. Dies ist es.

Ich bin nun der Ansicht, Gott der Allerhöchste hat jeder Gruppe von Menschen eine besondere geistliche Gnade gespendet bei der Erkenntnis wie beim Handeln, denn du findest, daß wirklich die am meisten unter allen Menschen um deren Wert wissen, die am ernstesten sich darum bemühen, sie zu erlangen, sie am höchsten schätzen und am beharrlichsten dafür danken. Versagt Gott aber einigen dies, so geschieht dies, weil sie sich wenig darum kümmern und sie selten nach Gebühr schätzen nach vorhergehender Zuteilung. Würde Erkenntnis und geistliches Leben in den Herzen der großen Menge und der Marktkrämer so geschätzt wie bei den Gelehrten und Asketen, so würden jene ihren Markt nicht vorziehen, und es fiele ihnen leicht, ihn aufzugeben.

Siehst du nicht, daß ein Rechtsgelehrter (*faqīh*) beim Studium eines Problems, das ihm dunkel war, wenn er es erfaßt hat, beruhigten Herzens ist, wie sehr er sich freut und wie hoch er dessen Rang in seinem Gemüte einschätzt, so daß er vielleicht tausend Dīnār, die er fände, diesem nicht gleichsetzen würde? Manchmal beschäftigt ihn der Gegenstand einer Frage in Sachen der Religion, und er denkt ein Jahr, sogar zehn Jahre lang und mehr darüber nach, ohne dies als zuviel anzusehen und für langweilig zu halten, bis vielleicht Gott der Allerhöchste ihm gewährt, es zu begreifen. Er betrachtet es als köstliche Huld und größte Gnade und hält sich dadurch für reicher als jeder Reiche und für edler als jeder Edle. Ja vielleicht erläutert er etwas wie dieses Problem einem Marktkrämer oder einem faulen Schüler, der seiner Meinung nach gleiches Verlangen nach Erkenntnis und Liebe dazu hat, ihm aber nicht zuhört, wie es recht wäre. Solchen erscheint vielleicht die Rede zu lang, er langweilt sich, schläft ein und meint, die Erörterung sei nichts Bedeutsames.

Ebenso verhält es sich mit jemandem, der sich zu Gott dem Allerhöchsten bekehrt hat. Wie müht er sich und hält sich zu geistlicher Übung, Bewahrung der Seele gegen Leidenschaften und Genüsse, nebst Beherrschung der Glieder bei Tätigkeit und Ruhe, damit Gott ihn zwei Rak'a vielleicht ordnungsgemäß und in kultischer Reinheit vollbringen lasse. Wie fleht er zu Gott, er möge ihm eine Stunde lang lauteres und süßes Herzensgebet gewähren. Und erreicht er dies einmal im Monat, ja einmal im Jahre, selbst einmal im Leben, so hält er dies für höchste Huld und herrlichste Gnade, und wie freut er sich und dankt Gott dem Allerhöchsten. Er kümmert sich auch nicht darum, welche Plage ihm zustoße, erträgt die Nächte und flieht deren Ergötzungen. Sodann siehst du jemanden, der behauptet, nach dem geistlichen Leben zu verlangen, und wünscht davon etwas zu erlangen, und selbst wenn das Streben nach so reinem geistlichen Leben es diesem nötig machte, einen Bissen seines Abendessens zu verlieren oder ein Wort zu vermeiden, das ihn nichts angeht, oder für eine Stunde sich den Schlaf von den Augen zu vertreiben, so gestattet er sich solches nicht, noch erfreut er sein Herz damit, und selbst wenn es ihm gelingt, was selten ist, einen Gottesdienst in Lauterkeit zu vollbringen, so erachtet er es nicht für etwas Besonderes und stattet dafür wenig Dank ab. Doch wenn sie einen Dirham gewinnen, freuen sie sich mächtig und loben (Gott) äußerlich sehr, oder wenn ihnen ein Stück Brot übrigblieb oder eine Fleischbrühe schmeckte, oder wenn sie eine lange Zeit sich leiblich wohl befanden und ihre Ruhe hatten, da sagen sie: „Preis sei Gott, dies war durch Gottes Gnade!“ Wie sollen diese Nachlässigen, Unfähigen jenen Ernsthaften, Glückseligen gleichen? Daher wurde diesen Armseligen jenes Gut entzogen, während den anderen dabei geholfen wurde, die es gewannen und siegten. So hat der Oberste der Herrscher, gepriesen sei er, die Sache verteilt, er, der allwissend ist, und dies ist die genaue Auslegung von des Allerhöchsten Wort: „Kennt Gott wohl nicht die Dankbaren?“ Nun verstehst du es, beachte es gebührend und wisse: Du kannst ein Gut nur durch dich selbst verlieren, das du ersehnt hattest! So wende denn deinen Fleiß auf, damit du die Gnade Gottes des Allerhöchsten schätzen lernst und sie hochhältst, wie sie es wert ist, dann bist du ihrer wert, so daß sie dir gegeben werde. Er möge dir dann huldvoll sein, damit sie bleibe, wie es zum Beginne war. Dies werden wir beim zweiten Grundsatz behandeln — wahrlich er ist der Vergebende, der Barmherzige!

Der zweite Grundsatz ist: Sie wird dem weggenommen, der ihren Wert nicht erkennt, und das ist der Undankbare, der sie verleugnet und nicht dafür Dank darbringt. Der Beweis hierfür ist das Wort des Allerhöchsten: [K. 7:175–176] „*Künde ihnen von dem, dem wir unsere Zeichen gegeben haben, doch er wandte sich davon ab. Da folgte ihm der Satan, und so war er ein Verführter. Hätten wir gewollt, so hätten wir ihn dadurch erhoben, doch wandte er sich der Erde zu, und so folgte er seiner Leidenschaft. So war er einem Hunde gleich, stürzest du auf ihn, so schnauft er, läßt du ihn, so schnauft er.*" Der Sinn des Wortes ist so aufzufassen: Wir haben diesem Menschen (Bal'am) herrliche Gnaden geschenkt und ihm große Hilfe gewährt in bezug auf Religion, womit wir ihn gekräftigt haben, um ihn hohen Rang und erhabene Stellung an unserem Tor gewinnen zu lassen, auf daß er bei uns erhaben sei, mächtiges Ansehen und große Würde habe. Er jedoch hat den Wert unserer Gnadengaben nicht erkannt, sondern sich niederem, gemeinem Weltgut zugewandt und seine niedrige, gemeine Begierde vorgezogen. Er hat nicht erkannt, daß bei Gott die ganze Welt nicht so viel wie die geringste geistliche Gnade wiegt und bei ihm nicht dem Flügel einer Mücke gleichkommt. Hierin stand er auf der Stufe des Hundes, der Ehrung und Ruhe nicht von Verachtung und Plage unterscheiden kann, noch Erhöhung und Ehre von Niedrigkeit und Erbärmlichkeit, sondern in beiden Lagen schnauft. Bei ihm gilt die ganze Ehrung soviel wie ein Brocken Brot, das du ihn fressen läßt, oder wie ein Knochen, der ihm vom Tisch aus zugeworfen wird. Es ist ihm gleich, ob du ihn mit dir auf einem Bett sitzen läßt oder ihn vor dir in Schmutz und Staub stehen läßt, denn sein ganzes Begehren, Ehre und Wohltat besteht nur in jenem.

Das ist der schlechte Diener, wenn er den Wert unserer Gnade nicht erkennt, noch das, was unsere Ehrung wirklich ist, die wir ihm gewährten. So ist seine Einsicht schwach geworden, und er hat wider den Anstand verstoßen, da er den Platz in unserer Nähe innehatte, indem er sich einem anderen als uns zuwandte und sich mit niederem Weltgut und gemeinem Vergnügen ablenkte, statt unserer Gnade zu gedenken. Da nun warfen wir ihm einen strafenden Blick zu, brachten ihn vor Gericht und verurteilten ihn mit Strenge. Wir nahmen ihm alle unsere Ehrengewänder und Gunsterweise ab und entzogen seinem Herzen unsere (mystische) Erkenntnis. So wurde er aller Gnaden entkleidet, die wir ihm gespendet hatten, und wurde einem weggejagten Hunde und dem gesteinigten rebellischen Teufel gleich. — Wieder und wieder nehmen wir Zuflucht zu Gott vor seinem Zorne und seiner peinvollen Strafe, denn wahrlich er ist gegen uns verzeihend, barmherzig.

Dann begnüge dich mit dem Gleichnis vom König, der einem Sklaven Ehrung erwies, ihn mit besonderem Ehrengewand bekleidete, ihn in seine Nähe zog und über alle seine übrigen Diener und Kämmerer stellte sowie ihn zum Gefolgsmann an seinem Hofe machte. Darauf befahl er, ihm an einem anderen Orte Schlösser zu erbauen, für ihn Thronsitze zu errichten und Tische zuzubereiten sowie Sklavinnen und Pagen zu schmücken und aufzustellen. Bis er vom Dienste zurückkehrte, ließ er einen angesehenen König dort als

Gebieter sitzen. Zwischen seinem Stand als Diener und dem als König lag nur eine Tagesstunde oder noch weniger. Wenn aber der Diener neben der Pforte dieses Königs einen Knecht zur Besorgung der Reittiere sieht, der ein Brot verzehrt, oder einen Hund, der an einem Knochen kaut, sich vom Königsdienst ablenkt, da auf jenen schaut und unbekümmert um erhaltene Würde und Ehrengewänder auf ihn zugeht, zu jenem Pferdepfleger eilt, seine Hand ausstreckt und ihn um einen Brocken Brot bittet, oder sich mit dem Hunde nach einem Knochen drängt, beide beneidet und deren Stand für etwas Hohes hält, wird da nicht der König, sieht er ihn in dieser Lage, sagen: „Das ist ein Tor, auf Niederes bedacht. Er hat weder den Wert unserer Ehrung erkannt, noch wie sehr wir ihn durch unsere Ehrenkleider erhöht haben sowie dadurch, daß wir ihn in unsere Gegenwart zogen, nebst der ihm erwiesenen Gunst, noch was auf unseren Befehl hin ihm an Schätzen und Wohltaten zuteil wurde. Dieser ist ein niedriggesinnter Mensch, von größter Unwissenheit und geringem Verstand. Nehmt ihm die Ehrenkleider ab und treibt ihn hinweg von unserer Pforte!“

Dies ist die Lage des Gelehrten, wenn er sich dem Weltlichen zuneigt, und des Gottesdieners, wenn er der Leidenschaft folgt, nachdem ihn Gott gnädig zu seinem Dienste berufen und ihm die Erkenntnis seiner Wohltaten, seiner Offenbarung wie seiner Gebote geschenkt hat. Er hat dann dessen Wert nicht erkannt und ist vor Gott dem Hohen, dem Erhabenen zum niedrigsten und erbärmlichsten Ding geworden. Er verlangte nach ihm, ersehnte ihn, er sollte in seinem Herzen am herrlichsten und lieber sein als all die köstlichen Gnadengeschenke an Wissen, Weisheitssprüchen und Wahrheiten.

Ebenso ist jemand, dem Gott der Allerhöchste besonders zum Erfolg verholfen und behütet hat, den er mit den Lichtern seines Dienstes und seiner Verehrung geziert hat, auf den er unablässig erbarmungsvoll am meisten geschaut, dessen er vor seinen Engeln sich gerühmt, dem er an seinem Hofe die führende Stellung und Würde gab, ihm das Amt eines Fürsprechers einräumte, ihm die herrlichsten Offenbarungen sandte, bis er soweit kam, daß er ihm willfahrte und ihn erhörte, wenn er ihn anrief, und ihm gab und ihn bereicherte, wenn er ihn bat, und wenn er in einer Welt Fürsprache einlegte, ihn dafür eintreten ließ und ihn zufriedenstellte und es hielt und erfüllte, wenn er ihn beschwor, und kam ihm etwas in den Sinn, dann schenkte er es ihm, ehe seine Zunge darum gebeten hatte. Und wer ist es, dessen Lage so war? Und sodann erkennt er nicht, wie groß diese Gnaden sind, und denkt nicht daran, wie hoch dieser Rang ist, wendet sich zur Begierde der boshaften, schamlosen Triebseele oder zu einem Löffelvoll vom niederen Erdengut, das keinen Bestand hat. Er erinnert sich auch nicht jener Gunsterweise, Ehrengewänder, Geschenke, Gnaden und Gaben, ferner des herrlichen Lohnes und reichen beständigen Glückes im Jenseits, das er verheißen und ihm bereitet hat. Wie erbärmlich ist sonach eine Seele und wie übel ein solcher Diener, wie ungeheuer seine Gefahr, wollte er dies erkennen, wie unsittlich sein Handeln ist, wollte er es verstehen! Bitten wir Gott den Gütigen, den Barmherzigen, er möge in seiner großen Milde und umfassenden Barmherzigkeit uns bessern, denn wahrlich, er ist der barmherzigste Erbarmer!

Dir, o Mann, liegt es ob, dich zu bemühen, damit du erkennst, wieviel Gnaden Gott der Allerhöchste dir erwiesen hat. Er hat dir die Gnade der Religion geschenkt, hüte dich davor, der Welt und ihrem vergänglichen Gut deine Beachtung zu schenken. Dies geschieht nämlich dadurch, daß du irgendwie die geistlichen Gnaden leicht nimmst, die Gott dir gespendet hat. Hörst du nicht, wie der Allerhöchste zum Herrn der Gesandten (Muḥammad) gesagt hat: [K. 15:87–88] „*Wir haben dir sieben Verse offenbart, die oft wiederholt werden mögen, nebst dem erhabenen Koran. — Richte deine Augen nicht begehrlich auf die Güter, die wir einigen Ungläubigen unter ihnen gegeben haben, trage keinen Kummer darum und breite schützend deine Flügel über die Gläubigen.*“ Der Sinn hiervon ist, daß, wer den Koran erhalten hat, verpflichtet ist, nie mit Wohlgefallen und Billigung diese niedere Welt zu betrachten, geschweige, sie zu begehren. Nie soll der Dank gegen Gott enden, denn es ist dies jene Gnade, welche der hochgebenedeite Freund Gottes Ibrāhīm (Abraham) für seinen Vater gewährt haben wollte, was nicht geschah. Sie hat sein Liebling, der Erwählte, der Hochgebenedeite (Muḥammad) ersehnt, er möge sie seinem Onkel Abī Ṭālib gewähren, was er nicht tat. Das vergängliche Gut aber, die Welt, gibt er reichlich jedem Ungläubigen und Pharao, Irrlehrer und Freigeist, Unwissenden und Verdorbenen, die noch seine verächtlichsten Geschöpfe sind, auf daß sie darin versinken. Doch entzieht er dies jedem Propheten, Auserwählten, Wissenden und Asketen, die ihm die liebsten Geschöpfe sind, so daß sie kaum einen Brocken Brot und einen Fetzen finden, und er begnadet sie, damit sie sich nicht daran beflecken.

So hat der Erhabenste der Sprechenden (Gott) zu den gebenedeiten Mūsā (Moses) und Hārūn (Aaron) gesagt: „Wenn er gewollt hätte, euch so zu schmücken, daß Fir'awn (Pharao) bei ihrem Anblicke wisse, seine Macht vermöge dagegen nichts, so hätte er es getan. Doch ich entziehe euch das Weltliche und lenke euer Begehren davon ab. Ebenso tue ich es mit meinen Heiligen, die ich wahrlich von weltlicher Annehmlichkeit wegtreibe, gleich wie der besorgte Hirt seine Kamele von räudeverseuchten Rastplätzen wegtreibt, und halte sie wahrlich davon ab, dort zu ruhen und es sich wohl sein zu lassen. Dies geschieht nicht, weil ich sie gering schätze, sondern, damit sie ihren Anteil an meiner Gnadengabe vollkommen machen sollen."

Der Allerhöchste hat gesagt: [K. 43:33–34] „*Wenn die Menschen nicht eine ungläubige Masse werden sollten, so würden wir denen, die den Barmherzigen leugnen, an ihren Häusern Dächer von Silber aufsetzen und ebenso die Treppen, die sie hinaufsteigen, und die Türen ihrer Häuser wie die Ruhelager, auf die sie sich lehnen.*" Bist du einsichtig, so denke an den Unterschied beider Dinge und sage: „Preis sei Gott, der für uns seine Heiligen und Erwählten begnadet hat, von ihnen die Anfechtung durch ihre Feinde abwehrte, damit wir in Gunst stehen und durch reichlichen Dank und großen Lobpreis hervorragen sollen wie durch größte Huld und herrlichste Gnade, die da ist der Islam!" Sie nämlich ist die erste und die letzte, wofür du unablässig Tag und Nacht danken sollst. Solltest du ihren Wert nicht erkennen können, so wisse in Wahrheit: Wärest du zu Beginn der Welt erschaffen worden und hättest zu der Zeiten Beginn angefangen bis in Ewigkeit für die Gnade des Islam Dank zu sagen, so könntest du dies doch nicht zu Ende bringen, und nicht einen Teil der Pflicht hättest du geleistet, soviel gewaltige Gnade ist dabei! Ich sage, wisse, der Gegenstand läßt nicht zu, mein Wissen über den

Wert dieser Gnade zu behandeln, und füllte ich Tausende von Blättern damit. Doch weiß ich mehr davon, obwohl ich gestehe, daß der Umfang meines Wissens neben dem, was ich nicht weiß, wie ein Spucken in alle Weltmeere ist.

Hörst du nicht — wehe dir — das Wort des Allerhöchsten an den hochgebenedeiten Herren der Gesandten: [K. 42:52] *„Du kanntest weder das Buch noch den Glauben"*, bis er ihm sagte [K. 4:113] *„Und er lehrte dich, was du nicht wußtest, und Gottes Gnade war gewaltig über dir."* Zu einer Schar hat der Allerhöchste gesagt: [K. 49:17] *„Gott vielmehr ist gütig gegen euch, daß er euch zum Glauben führt, wenn ihr aufrichtig seid."*

Du hörst doch das Wort des Hochgebenedeiten, das er, als er einen Manne sagen hörte: „Preis sei Gott für den Islam", zu ihm sprach: „Wahrlich, du lobst Gott für eine herrliche Gnade!" Und als der Frohbote zum gebenedeiten Yaqū'b (Jakob) trat, fragte dieser: „In welcher Religion hast du ihn (Josef) gelassen?", und jener erwiderte: „In der Religion des Islam." Da sagte er: „Jetzt ist die Gnade vollkommen."

Man sagt, kein Wort sei Gott dem Allerhöchsten lieber und keines enthält vollkommeneren Dank an ihn, als wenn der Mensch sagt: „Lob sei Gott, der uns begnadet und zur Religion des Islam geführt hat." Hüte dich, nachlässig im Dank für den Islam zu sein und dir selbst etwas einzubilden, weil du im Islam bist, Erkenntnis besitzt und Erfolg und Schutz hast. Es besteht trotzdem kein Grund dafür, sich sicher zu wähnen und nachlässig zu sein, denn die Dinge richten sich nach ihrem Ende. Der gottselige Sufyān ath-Thawrī pflegte zu sagen: „Jeder, der sich in seiner Religion sicher wähnt, der verliert sie." Unser gottseliger Scheich meinte immer: „Wenn du über die Ungläubigen hörst, daß sie auf ewig im Höllenfeuer sind, so sei deiner selbst nicht sicher, denn die Sache ist ungewiß. Du kennst weder den ewigen Ausgang noch das Urteil, das ja schon vorher über dich gefällt worden ist. Sei nicht stolz, wenn die Zeiten glücklich sind, denn unter ihnen liegen die Mißgeschicke." Ein Frommer sprach: „O ihr Schar derer, die auf ihre reinen Tugenden stolz sind, es liegen wahrlich darunter mancherlei Strafen. Gott hat ja Iblīs (*Diabolus*) mit verschiedenen Tugenden geschmückt, während er schon bei ihm in Wahrheit seinem Fluch unterlag, und den Bal'am (Bileam) hatte er mit den Lichtern der Heiligkeit geziert, während er in Wahrheit schon ihm feindlich war." Vom gottbegnadeten 'Alī wird das Wort überliefert: „Wie mancher wird ins Verderben gelockt durch empfangene Wohltaten, wie mancher wird verführt, weil über ihn gut gesprochen wurde, und wie viele sind eingebildet, weil man mit ihnen nachsichtig verfuhr!" Man fragte Dhū n-Nūn: „Was ist das Äußerste, womit der Mensch betrogen wird?", worauf er sagte: „Durch Wohlwollen und Wundergaben." Daher hat der Gepriesene gesagt: [K. 7:182] „*Wir werden sie stufenweise ins Elend stürzen, so daß sie es nicht merken.*" Die zur Erkenntnis gelangten Weisen (Gnostiker) sagen: „Wir überhäufen sie mit Gnaden und lassen sie den Dank vergessen", nach dem Worte des Dichters:

„Da die Tage schön waren, hieltst du sie für schön
und hast das Schlimme nicht gefürchtet, das das Schicksal bringt!
Für friedlich hieltest du die Mächte, doch sie täuschten dich,
und das Trübe tritt ein, wenn die Nächte klar sind."

Wisse: Je mehr du Gott nahe kommst, um so mehr ist für dich zu befürchten, und um so schwieriger wird es; die Sache wird härter und heikler und die Gefahr für dich größer. Je mehr sich nämlich die Sache der Höhe nähert, um so schwerer ist der Absturz, wenn sie fällt, wie man gesagt hat:

„Kein Vogel fliegt und steigt hoch hinauf,
er stürzte denn so tief, als er in die Höhe flog."

Folglich ist es unmöglich, sich sicher zu wähnen und den Dank zu vernachlässigen und es zu unterlassen, um Bewahrung zu flehen. Ibrāhīm ibn Adham pflegte zu sagen: „Wie kannst du sicher sein, da doch der hochgebenedeite Freund Gottes Ibrāhīm (Abraham) spricht: [K. 14:35] *‚Bewahre mich und meine Söhne vorm Götzendienst.'*" Der gebenedeite, wahrhaftige Yūsuf (Josef) sagt: [K. 12:101] *„Laß mich als Muslim sterben."* Sufyān ath-Thawrī sagte immer wieder: „Mein Gott, rette, rette mich!", als ob er auf einem Schiff wäre und zu versinken fürchtete. Vom gottseligen Muḥammad ibn Yūsuf wird das Wort berichtet: „Ich sah Sufyān zu, wie er die ganze Nacht hindurch weinte, und sagte ihm: „Weinst du so über deine Sünden?" Da nahm er einen Strohhalm und sprach: „Die Sünde ist bei Gott leichter als dies, doch fürchte ich davor, daß Gott mir den Islam entzieht — was Gott verhüte!" Ich hörte jemanden, der Gott (mystisch) erkannt hatte, sagen: „Einer der gebenedeiten Propheten fragte Gott den Allerhöchsten, warum Bal'am nach so vielen Wunderzeichen und Gnadenerweisen hinweggejagt worden sei? Und Gott der Allerhöchste erwiderte: ‚Nicht einen Tag hat er mir für meine Gaben gedankt. Hätte er mir ein einziges Mal gedankt, hätte ich sie ihm nicht entzogen.'"

O Mann, sei auf der Hut und übe fleißig die Danksagung als Grundstütze. Preise Gott für seine geistlichen Wohltaten, deren höchste der Islam und Erkenntnis und deren niederste zum Beispiel Erfolgshilfe, Lobpreis und Bewahrung vor einem unziemlichen Worte sind. Vielleicht vollendet er dann an dir sein Gnadenwerk und läßt dich nicht dessen bitteren Verlust erleiden, denn es ist ja das Bitterste und Schwerste bei allem, verachtet zu sein nach der Ehrung, vertrieben zu werden, nachdem man herangezogen worden war, und nach der Vereinigung getrennt zu sein. — Und Gott der Allerhöchste ist herrlich, gütig, verzeihend und voll Erbarmen.

Das Ganze bei der Sache ist folgendes: Wenn du gut auf die großen, edlen Gnadengaben Gottes des Allerhöchsten hinschaust, die er dir gewährt hat, die weder dein Herz ermißt noch deine Vorstellung umfaßt, so daß du die schwierigen Aufstiege hinter dir gelassen und Wissen nebst Einsicht gefunden hast, du von Sünden und großen Vergehen gereinigt wurdest, die Hindernisse überwunden und die Versuchungen vertrieben hast, angeregt worden und vor Ablenkungen sicher bist, ja welch edle Tugend und hervorragenden Rang hast du dann erreicht! Deren erste ist Erleuchtung und Belehrung, und deren letzte sind Gottesnähe und Ehrung, wenn du hierüber nachdenkst, soweit deine Vernunft und dir gewährte Hilfe es vermögen, und nach Kräften Gott dem Allerhöchsten dankst, da er deine Zunge zu seinem Lob und Preis bewegt und dein Herz mit Herrlichkeit und Glanz erfüllt, in solchem Maße, daß er dir verwehrt, ihm zuwiderzuhandeln, und dich zu seiner Anbetung anregt. Du bekennst dabei, soweit es dir möglich ist und du es vermagst, die Mängel, die noch der Würdigung seiner Gnade und Wohltat anhaften, wie oft du den Dank dafür schuldig bliebest, lau warst oder gestrauchelt bist, doch wieder begannest, eifrig warst, zu ihm flehtest und mit Inbrunst batest, und sagst dann: „O mein Herr, wie du ohne Verdienst mit deiner Gnade begonnen hast, so vollende du es auch mit deiner Gnade ohne Verdienst", und rufst zu ihm, wie seine Heiligen es taten, welche durch seine Führung gekrönt wurden und die Süßigkeit seiner (mystischen) Erkenntnis verkosteten. Sie fürchteten sich noch vor der Qual, vertrieben und verachtet zu werden, wie in der Ferne verlassen zu sein und irrezugehen, nebst der Bitterkeit der Trennung, und daß dies zu Ende gehe. Da flehten sie vorm Tore, riefen um Hilfe und streckten bittend die Hände aus, während sie laut in den stillen Zellen riefen: [K. 3:8] *„Unser Herr, laß unser Herz nicht mehr irregehen, hattest du uns doch rechtgeleitet, und schenke uns deine Barmherzigkeit, denn du bist ja der Spendende."*

Der Sinn hiervon ist: „Bei Gott, ich weiß, daß wir von dir Gnade erhielten und nach weiterer verlangen, denn du bist der freigebige Spender. Wie du uns im Anfang vorzügliche Gaben gespendet hast, so gewähre uns auch am Ende erbarmungsvoll das Vollbringen." Hörst du nicht — wehe dir — daß das erste Bittgebet, das der Herr der Welten seine Diener, die Muslime lehrte, die er sich aus seiner Schöpfung erwählte, diese Bitte nach dem Wort des Allerhöchsten ist: [K. 1:6] *„Führe uns die gerade Straße"*, das heißt, mach uns darin fest und beharrlich. So flehe zu ihm, denn die Sache ist wichtig. Man sagt, die Weisen haben die

Mißgeschicke in der Welt betrachtet und auf insgesamt fünf zurückgeführt: Kranksein in der Fremde, Armut im Alter, Tod in der Jugend, Blindheit, nachdem man sehend gewesen war, und Unwissenheit, nachdem man Erkenntnis hatte. Schön hat dies jemand ausgedrückt:

„Für jedes Ding gibt es Ersatz, verläßt du es,
doch nichts ersetzt es, wenn du Gott verläßt."

Und ein anderer:
„Wenn die Welt dem Menschen seine Religion beläßt,
was ihm sonst darin entging, es war kein Schade!"

So ist es auch mit jeder Gnade, die dir zuteil ward und mit jeder Hilfe, die du erfuhrst, als du die Steigung bewältigtest, damit das Gewonnene fest bleibe und noch über das hinauswachse, was du erstrebt und gewünscht hast. Hast du dies getan, dann hast du diese gefährliche Steigung überwunden, dann hast du zwei köstliche, herrliche Schätze gewonnen, es sind rechter Wandel und Weiterstreben. So bleiben dir die vorhandenen Gaben, die er dir geschenkt hat, ohne daß du deren Verlust zu befürchten hast. Er gewährt dir noch Gnaden, die fehlen, die du noch nicht bekamst, solange du schön darum bittest und danach trachtest. Dann bist du einer, der Gott erkannt hat, ein Wissender, tätig im Glauben, reuig, rein, weltentsagend, frei für den Dienst (Gottes), den Satan bezwingend, im Herzen voll wahrer Frömmigkeit und Grundlagen, der Vermessenheit entsagend, ratspendend, demütig, unterwürfig, Gott ergeben, ihm alles anheimstellend, dich bescheidend, geduldig, voll Furcht und voll Hoffnung, lauter, der Gnade eingedenk, dankbar für die Huld deines Herren, des Herrn der Welten. Sodann bist du einer der Rechtwandelnden, der Geehrten und Wahrhaftigen. So betrachte dieses Wort, und Gott ist Helfer zum Erfolg.

Wenn du sagt: „Steht die Sache so, dann gibt es wenige Menschen, die den Anbetungswürdigen verehren und zu diesem Ziel gelangen. Wer ist denn stark genug, diese Mühen (zu ertragen) und diese Bedingungen und Satzungen zu erfüllen?", — so wisse: Gott der Allerhöchste hat so gesagt: [K. 34:13] „*Wenige meiner Diener sind dankerfüllt*" und: [K. 2:243] „*Aber die meisten Menschen danken nicht.*" — Sie danken nicht, noch erkennen sie es. Es ist ja doch dem leicht, dem Gott der Allerhöchste es erleichtert, der Mensch muß sich anstrengen, und Gott dem Gepriesenen obliegt die Leitung. Gott der Allerhöchste hat gesagt: [K. 29:69] „*Und die sich für uns abmühten, die führen wir unsere Wege.*" Ist der Mensch schwach, dann beginne er mit dem, was er hat, und was meinst du über den mächtigen, reichen, edelmütigen und barmherzigen Herrn?

Und solltest du sagen: „Das Leben ist kurz, und diese Anstiege sind lang und schwierig, und wie lange dauert das Leben, bis du diese Bedingungen erfüllst und diese Steigungen zurücklegst?", — (so ist die Antwort): Ja, bei meinem Leben! Diese Steigungen sind wahrlich lang, und die Bedingungen dabei sind hart. Doch wenn Gott der Allerhödiste seinen Diener erwählt, so verkürzt er ihm dessen Länge und erleichtert ihm das Schwierige dabei, so daß dieser, wenn er sie bewältigt hat, sagt: „Wie nahe und kurz war doch diese Wegstrecke und wie leicht und mühelos diese Sache!" Als ich dieses Ziel erreicht hatte, sagte ich:

„Für den, der es sucht, ist das Wegzeichen zum Ziele klar,
doch sehe ich die Herzen in Blindheit vor dem Ziel.
Verwundert war ich über einen, der unterging, da doch seine Rettung vor ihm lag,
und ebenso war ich verwundert über den, der davonkam."

Es gibt solche, die diese Anstiege in siebzig Jahren bewältigen, andere in zwanzig, in zehn Jahren. Wieder anderen gelang es in einem Jahre, anderen in einem Monat, sogar in einer Woche, ja in einer Stunde, ach manchem ist es in einem Augenblick gelungen, wenn Gott der Gepriesene besonders zum Erfolg verhalf und vorher verfügte.

Erinnerst du dich nicht an die „Leute der Höhle" (*ahl al-kahf*, Siebenschläfer), die nur einen Einfall brauchten, als sie sahen, wie sich das Gesicht ihres Königs Diokletian veränderte, und sprachen: [K. 18:14] *„Unser Herr ist der Herr der Himmel und der Erde, wir werden keinen Gott anrufen außer ihm, denn sonst würden wir Falsches sagen."* — Sie erlangten die Erkenntnis und nahmen wahr, welche Wahrheit dieser Weg barg. Sie legten diesen Weg zurück und begannen, alles ihm anheimzustellen, sich ihm anzuvertrauen und recht zu wandeln. So sprachen sie zueinander: [K. 18:16] *„Flieht in diese Höhle, euer Herr wird seine Barmherzigkeit über euch ausgießen und euch in eurer Sache Günstiges bereiten."* All dies fürwahr erlangten sie in einer Stunde oder einem Augenblick.

Denkst du nicht an die Zauberer Fir'awns (Pharaos), wie sie nur einen Augenblick brauchten, als sie das Wunder des gebenedeiten Mūsā (Moses) sahen und sprachen: [K. 7:121–122] „*Wir glauben an den Herrn der Welten — den Herrn des Mūsā und Hārūn.*" So erkannten sie den Weg, legten ihn zurück, und innerhalb einer Stunde, ja weniger, begannen sie Gott den Allerhöchsten zu erkennen, sich dessen Ratschluß zu fügen, geduldig auszuharren bei ihrem Leide, für seine Wohltaten zu danken und nach seinem Zusammentreffen zu verlangen mit den Worten: [K. 26:50] „*Das ist kein Schaden, wahrlich zu unserem Herrn kehren wir zurück*" (bei Pharaos Drohung mit Kreuzigung). Wir haben schon erzählt, daß der gottselige Ibrāhīm ibn Adham das Weltleben führte, doch dieses aufgab und jenen Weg verfolgte. Er hatte erst einen Teil der Strecke zwischen Balch und Mārwarūd zurückgelegt, als er zu einer Stelle kam, wo er einem Mann zuwinkte, der in das dort tiefe Wasser von der Brücke hinabgestürzt war, mit dem Worte: „Bleib stehen!" Da stand der Mann, wo er war, in der Luft und wurde gerettet. — Rābi'a aus Basra war eine ältere Sklavin, die man auf dem Markt von Basra herumführte, doch niemand begehrte sie wegen ihres Alters. Ein Kaufmann aber erbarmte sich ihrer, erstand sie um hundert Dirham und ließ sie frei. Da erwählte sie diesen Weg und begann das geistliche Leben, und es war noch nicht ein Jahr verflossen, da besuchten sie die Asketen Basras wie die Koranleser und Gelehrten wegen ihres hohen Ranges (der Heiligkeit).

Wer aber nicht schon vorher Sorge getragen und nicht mit der Gnade und Führung mitgearbeitet hat, sondern auf sich selber vertraute, der bleibt vielleicht in einer Schlucht bei einem Aufstieg von siebzig Jahren stecken, ohne weiterzukommen, und wie oft schreit und jammert er, wie dunkel dieser Weg sei, wie beschwerlich und hart diese Sache und voller Rätsel sei!

Das ganze hat doch seinen Ursprung, und der besteht in dem, was der Mächtige, Allweise, Gerechte und Barmherzige zugemessen hat.

Sagst du nun: „Warum wird dem einen besonderer Erfolg zuteil, der einem anderen versagt wird, während doch beide sich dem geistlichen Leben hingeben?", — so ertönt es bei dieser Frage vom Gezelte der Majestät, daß es (Zurückhaltung) nötigster Anstand und bestes Wissen um das Geheimnis des „Herrseins" (Geheimnis des Ratschlusses) und wahrhaftes „Dienersein" (geschöpfliche Begrenztheit) sei, denn [K. 21:23] *„Er wird nicht gefragt nach dem, was er tut — doch sie werden befragt!"*

Meine Meinung ist: Das Gleichnis von diesem Weg gilt für den Weg des Jenseits mit seinen Anstiegen, Wegstrecken, Durchgängen und verschiedenen Lagen der Leute auf ihm. Manche durchlaufen ihn wie der herabschießende Blitz, manche wie der Sturmwind, ein anderer wie das edle Roß und ein anderer wie der Vogel. Einer marschiert, und ein anderer kriecht, bis er eine schwarze Kohle wird. Einer hört eine Stimme aus der unsichtbaren Welt, während ein anderer, mit Haken gepackt, in die Hölle geschleudert wird. Ebenso ist es mit diesem Wege und seinen Wanderern in der Welt. Es sind zwei Wege: Weg der Welt und Weg des Jenseits. Der Weg des Jenseits ist für die Seelen, und die Einsichtigen nehmen seine Schrecken wahr. Der Weg der Welt ist für die Herzen, dessen Schrecken die mit Einsicht und Gewissen Begabten schauen. Doch ist die Lage der Wanderer im Jenseits verschieden, während diese in der Welt sich nicht unterscheiden. Betrachte dies gebührend. Dies ist es — und bei Gott steht der Erfolg.

In diesem Kapitel erkenne ferner, worüber man nachzuforschen hat. Es ist nicht so, daß dieser Weg, ob er lang oder kurz sei, nicht den Wegstrecken gleich ist, den die Seelen zurücklegen. Er wird je nach Kraft oder Schwäche der Seele durchwandert. Es ist der geistige Weg, auf dem die Herzen gehen, er wird durch Gedanken gemäß den Glaubenslehren und Einsichten zurückgelegt. Sein Ursprung ist ein himmlisches Licht und ein göttlicher Blick im Herzen des Menschen, der dadurch Einblick erhält und die Wirklichkeit beider Welten in Wahrheit erschaut. Nach diesem Licht trachtet der Mensch vielleicht hundert Jahre lang, ohne es zu erlangen, noch überhaupt eine Spur davon zu schauen. Dies hat schon in einem Fehler bei der Suche seinen Grund, ferner in mangelndem Bemühen und Unkenntnis des Weges. Einer findet es in fünfzig Jahren, ein anderer in zehn, einer an einem Tage, ein anderer durch Fügung des Herrn der Herrlichkeit in einer Stunde und einem Augenblick. Er, der Allerhöchste hilft ja durch Führung, der Mensch aber ist gehalten, sich abzumühen und seinen Auftrag zu erfüllen, und dieser nun ist zugemessen und vorbestimmt, und der Herr hat gerecht entschieden, er handelt, wie er will, und entscheidet, wie er will.

Sagst du nun: „Welches ist die größte Gefahr und das Schwierigste bei dieser Sache, und wessen bedarf der schwache Mensch am meisten? Wozu ist all dieses Tun, Eifern und Erfüllen dieser Bedingungen?“, — so sage ich: Bei meinem Leben! Du sprichst wahrhaftig ein aufrichtiges Wort. Darum hat der Allerhöchste gesagt: [K. 90:4] „*Wir haben den Menschen in Kümmernis erschaffen*“ und ferner: [K. 33:72] „*Hätten wir dem Himmel, der Erde und den Bergen dieses* (*das Menschsein*) *anvertraut, sie hätten sich geweigert und gefürchtet, es zu tragen, doch der Mensch hat es übernommen, der doch Übles tut und unwissend ist.*" Daher hat der hochgebenedeite Herr der Gesandten gesagt: „Wüßtet ihr, was ich weiß, dann würdet ihr oft weinen und selten lachen." Es wird überliefert, ein Rufer lasse sich vom Himmel aus vernehmen: „O wären doch die Geschöpfe (Menschen) nicht geschaffen worden! O wenn sie geschaffen worden sind, daß sie doch wüßten, warum sie geschaffen worden sind. O und wenn sie es wüßten, daß sie doch nach ihrem Wissen handelten!" — Ebenso sagen die gottbegnadeten Gläubigen der Frühzeit, daß vom gottbegnadeten Abū Bakr, dem Wahrhaftigen, das Wort überliefert wird: „Lieber möchte ich doch Grünzeug sein und von den Tieren verzehrt werden, aus Furcht vor der Strafe Gottes." Vom gottbegnadeten 'Umar heißt es, er habe einen Mann die Koranverse rezitieren hören: [K. 76: 1] „*Ist denn über den Menschen eine so lange Zeit verflossen, da er ein unbedeutendes Wesen war* (*vor der Geburt*)*?*", und dazu bemerkt: „O wäre sie nur vorüber!" Der gottbegnadete Abū 'Ubayda ibn al-Jarrāḥ hat gesagt: „Ich möchte für meine Leute lieber ein Schafbock sein, dann würde man mein Fleisch mit den Zähnen zerreißen und meine Fleischbrühe trinken, und wäre nicht erschaffen worden." Von Wahb ibn Munabbih heißt es: „Der Mensch ist dumm erschaffen worden, wäre seine Dummheit nicht, er würde seines Lebens nie froh —." Vom gottseligen al-Fuḍayl ibn 'Iyāḍ: „Wahrlich, ich beneide keinen der ‚nahestehenden' Engel noch einen gesandten Propheten, noch einen frommen Gottesdiener. Werden denn diese am Tag der Auferstehung nicht getadelt? Ich beneide den, der nicht erschaffen wurde." Vom gottseligen 'Aṭā' as-Sulamī wird das Wort berichtet: „Würde ein Feuer angezündet und gesagt: ‚Wer sich hineinstürzt, wird zunichte', so würde ich fürchten, vor Freude zu sterben, noch ehe ich ans Feuer gelange."

Wie du sagst, o Mann, ist die Sache also schwierig, ja noch härter und größer, als du glaubst und dir vorstellst, es ist jedoch etwas, das im anfanglosen Wissen (Gottes) schon bestand, und es ist eine Führung, die der Mächtige Allwissende durchführt. Der Mensch hat kein anderes Mittel, als sich im Dienste Gottes anzustrengen, sich an dem „*Seil Gottes*" [K. 3:103] zu halten und immerdar Gott den Gepriesenen anzuflehen, daß er sich vielleicht in seiner Huld dessen erbarme.

Nun sagst du aber: „Warum dies alles?" Es deutet dieses Wort auf eine große Versäumnis hin. Es ist schon richtig zu sagen: Was ist das neben dem, was der Mensch sucht? Weißt du, was der schwache Mensch sucht? Es sind wenigstens zwei Dinge miteinander, wonach er trachtet: Eines ist das Heil in beiden Welten, und das zweite ist, König in beiden Welten zu sein.

Das Heil in dieser Welt aber ist dieses Weltgut, dessen Übel, Anfechtungen und Unheil, weil die ‚nahestehenden' Engel nicht davor sicher sind. Du hast doch die Überlieferung über Hārūt und Mārūt (die beiden Engel) gehört, bis man erzählt, daß, falls man die Seele eines Menschen zum Himmel bringt, die Engel des Himmels erstaunt sagen: „Wie ist dieser einer Stätte entkommen, in der unsere Besten verdorben sind?"

Dann ist da das Jenseits mit seinen Schrecken und Schwierigkeiten, da die gebenedeiten Propheten und Gottgesandten rufen: „Meine Seele, meine Seele, heute bitte ich um nichts als um meine Seele!" Man sagt sogar, daß ein Mann, der soviel gewirkt hat wie siebzig Propheten, meint, er würde nicht gerettet. Wer also vor den Anfechtungen dieser (Welt) sicher sein will, der gehe im Islam aus ihr heraus, dann ist er sicher, kein Leid trifft ihn, und ebenso wer vor den Schrecken jener (Welt sicher sein will), so daß er ins Paradies eingehe und kein Leid ihn treffe. Ist dies etwas Leichtes?

Dann will er Königsherrschaft und Ehrung, weil der König in Freiheit und nach seinem Willen waltet. Und wahrlich, dies besitzen in der Welt die Heiligen Gottes des Gewaltigen und Mächtigen sowie die Auserwählten, die sich mit seinem Ratschluß bescheiden. Land und Meer bedeuten für sie einen einzigen Schritt, Stein und Lehm sind ihnen wie Gold und Silber, Geister (*jinn*), Vierfüßler und Vögel sind ihnen unterworfen, und sie wollen nichts, das ihnen nicht gehört, weil sie nur wollen, was Gott will, und was Gott will, das hat Dasein. Sie scheuen kein Geschöpf, doch ehrt sie die ganze Schöpfung. Sie dienen niemandem außer Gott dem Gewaltigen und Mächtigen, doch dient ihnen alles außer Gott. Wo sind die Könige der Welt, die mit dieser Schar zusammen auf gleicher Stufe sind? Vielmehr sind sie geringer und niedriger.

Vom Königtum des Jenseits sagt Gott der Allerhöchste: [K. 76:20] „*Und wenn du schaust, so schaust du dann Wonne und ein großes Königtum.*“ So schätze doch das, wovon der Herr der Herrlichkeit spricht, es ist wahrlich ein großes Königtum, während du weißt, daß die ganze Welt insgesamt gering ist und von Anfang bis zum Ende nicht lange dauert. Was der einzelne von uns an diesem Wenig als Anteil hat, das ist gering. Da gibt dann einer von uns sein Vermögen und seine Seele hin, um vielleicht ein geringes Maß von diesem Wenig zu erlangen, das nicht lange dauert. Hat er es erlangt, so wird er entschuldigt, ja beneidet, und das Vermögen und seine Seele, die er dafür hingegeben hat, werden nicht einmal für viel gehalten, so wie man von Imra' al-Qays sagt, da er spricht: [Ed. Ahlwardt, S. 130, Z. 43–44]

„Mein Gefährte weinte, als er den Weg vor sich sah,
und war überzeugt, daß wir den Kaiser (von Byzanz) erreichen.
Da sagte ich ihm: ‚Nicht weine dein Auge,
wir suchen vielmehr ein Königtum, oder sterben und werden entschuldigt.'"

Wie ist es aber mit jemandem, der das große Königtum an der Stätte des ewigen dauernden Paradieses sucht? Hält er es trotzdem für viel, zwei Rak'a für Gott den Allerhöchsten zu verrichten oder zwei Dirham wegzugeben oder zwei Nächte zu wachen? Keineswegs! Und hätte er tausendmal tausend Seelen (*nafs*) und ebensoviele Geister (*rūḥ*) und gleichviel Lebenszeit, und wäre jede Lebenszeit von der Dauer der Welt und länger und mehr, und gäbe er dies für das herrliche Erstrebte hin, so wäre das wenig! Erreicht er nachher das Ziel, so wäre das gewaltiger Gewinn und viel zu dem hinzu, was er gegeben hat! — O Armer, so erwache denn, du Nachlässiger, vom Schlaf!

Ferner habe ich überdacht, was Gott der Gepriesene dem Menschen dafür gibt, wenn er ihm gehorsam ist, in seinem Dienste beharrte und sein Lebtag diesen Weg wandelte? Da fand ich im ganzen vierzig Gnadenerweise, davon zwanzig in der Welt und zwanzig im Jenseits: Die in der Welt sind:

1. Gott gedenkt seiner, lobt ihn und ehrt einen Diener, dem Gott der Herr der Welten bei seinem Lobpreis und Gedenken Gnade erwies.

2. Der Mächtige und Herrliche dankt ihm und schätzt ihn hoch. Wenn ein schwaches und dir gleiches Geschöpf dir dankt, so hast du Ehre davon, und wie erst, wenn dies durch Gott geschieht, dem Ersten und Letzten.

3. Er liebt dich. Wenn der Vorsteher des Stadtviertels oder das Oberhaupt einer Stadt dich liebte, so würdest du dich dessen rühmen und hättest Nutzen bei hohen Stellen. Was aber ist es um die Liebe des Herrn der Welten!

4. Er (der Mensch) hat einen Anwalt, der ihm seine Angelegenheiten besorgt.

5. Er hat einen Bürgen für seinen Unterhalt, der von Fall zu Fall ihm ohne Mühe und Sorge Zuwendungen macht.

6. Er hat einen Helfer, der jedem Feind gegenüber genügt und wider jeden Böswilligen verteidigt.

7. Er hat einen Vertrauten, der sich ihm nie entfremdet, von dem nicht zu befürchten ist, daß er sich ändere und wechsele.

8. Der hohe Rang der Seele, den der niedere Dienst an der Welt und ihren Leuten nicht erreicht, sondern der nicht einmal will, daß Könige und Gewaltige der Welt ihn in Dienst nehmen.

9. Das Trachten richtet sich aufs Höhere. Er erhebt sich über die Befleckung am Schmutz der Welt und deren Leute und kümmert sich nicht um ihre Zierde und Vergnügen, so wie verständige Männer über die Spiele von Kindern und Frauen erhaben sind.

10. Reichtum des Herzens, so daß er reicher als ein Reicher in der Welt ist. Immerdar ist er heiterer Seele,

freudigen Herzens, kein Geschehnis schreckt ihn, noch bekümmert ihn ein Mangel.

11. Licht des Herzens. Durch das Licht seines Herzens gelangt er zu Wissen, Geheimnissen und Weisheit, wozu ein anderer nicht einmal teilweise gelangt, wenn er sich nicht sehr anstrengt und ein langes Leben hat.

12. Frohsinn des Herzens. Er spürt keine Beklommenheit mehr wegen weltlicher Mühen und Mißgeschicke der Welt, noch wegen Belästigungen und Tükken der Leute.

13. In den Menschenseelen wird Ehrfurcht erweckt. Es sehen ihn die Besten wie die Bösen, jeder Pharao und Machthaber scheut ihn.

14. Die Liebe in den Herzen. Der Barmherzige schafft ihm Beliebtheit. Du siehst, daß alle Herzen angezogen werden, ihn zu lieben, und alle Gemüter insgesamt natürlicherweise dazu neigen, ihn zu schätzen und zu verehren.

15. Die von ihm ausgehende Segenskraft (*baraka*) die in den Dingen, sei es Rede oder Herzensregung (*nafas*), Tat, Kleid oder Ort ist, so daß sie sogar durch den Boden, auf den er trat, und den Ort, an dem er eines Tages saß, wohltätig wirkt, sowie durch einen Menschen, der sein Gefährte war oder ihn einmal gesehen hatte.

16. Er macht die Erde mit Land und Meer untertan, so daß er, wenn er will, in der Luft wandelt oder auf dem Wasser geht oder die ganze Erde in weniger als einer Stunde durchquert.

17. Die Herrschaft über die Tierwelt, seien es Raubtiere, Wild, Löwe, Tollwütige usw. Die wilden Tiere lieben ihn, und die Löwen wedeln mit dem Schweif vor ihm.

18. Er besitzt die Schlüssel der Erde. Schlägt er mit der Hand darauf, so hat er einen Schatz, wenn er will,

und tritt er mit dem Fuße, so hat er eine Wasserquelle, wenn er deren bedarf. Wo immer er sich niederläßt, da hat er einen Tisch, der für ihn bereit ist, wenn er es mag.

19. Die führende Stellung und das Ansehen am Tore des Herrn der Herrlichkeit. Die Leute wünschen seine Fürsprache bei Gott dem Allerhöchsten, indem sie ihm dienen, und er erlangt von Gott dem Allerhöchsten die benötigten Dinge durch sein Ansehen und seine Segenskraft.

20. Gott der Allerhöchste erhört seine Bitten. Was er auch immer von Gott dem Allerhöchsten erbittet, das gibt er ihm, und legt er für jemanden Fürsprache ein, so wird sie angenommen. Und beschwört er Gott den Allerhöchsten um etwas, so gewährt er ihm, was er will, so daß es unter den Heiligen einen gibt, der auf einen Berg zeigt, und dieser verschwindet. Er bedarf gar keiner mündlichen Bitte, denkt er an etwas, so ist es da, ohne daß er mit der Hand darauf zu deuten braucht.

Das sind die Wunderkräfte (*karāmāt*, Charismen) in dieser Welt.

Die im Jenseits sind:

21. Gott erleichtert ihm die Todespeinen. Sie haben ja den Herzen aller hochgebenedeiten Propheten Furcht eingeflößt, daß sie Gott darum baten, er möge es ihnen erleichtern, so daß für einen von ihnen der Tod wie ein Trunk kühlen Wassers für den Lechzenden war. Gott der Mächtige und Gewaltige hat gesagt: [K. 16:32] „*Diejenigen, welche die Engel selig hinübergehen lassen.*"

22. Sie bleiben in der Erkenntnis und im Glauben fest. Hiervor besteht alle Furcht und aller Schrecken, worüber man weint und bekümmert ist. Das Wort

Gottes des Mächtigen lautet: [K. 14:27] *„Gott stärkt die Gläubigen durch das feste Wort im Leben dieser Welt wie im Jenseits.“*

23. Es gehen ihm zu: Beruhigung, Erhaltung des Lebens, frohe Botschaft, Wohlwollen und Sicherheit. Der Gepriesene und Allerhöchste hat gesagt: [K. 41:30] *„Fürchtet euch nicht noch trauert und verkündet die Frohbotschaft vom Paradies, das euch verheißen ward.“* Er fürchtet nicht das, was ihm im Jenseits bevorsteht, noch trauert er über das, was er in der Welt zurückläßt.

24. Ewig weilt er im Paradies und in der Nähe des Barmherzigen.

25. Seinem Geiste wird das Geheimnis enthüllt, und er steigt mit Ehren, Wohlgefälligkeit und Gnadenerweisen über die Engel der Himmel und der Erde empor. Sein Leib wird öffentlich durch das Leichenbegängnis geehrt, man drängt sich, über ihn die Gebete zu verrichten, und beeilt sich, ihn (für die Beerdigung) zuzurüsten, wodurch man mehr Verdienst erhofft und dies als großen Gewinn ansieht.

26. Er ist sicher vor der peinlichen Befragung im Grabe nebst der Unterweisung über die Vergeltung. Vor diesem Schrecken ist er sicher.

27. Das Grab wird ihm geräumig und erleuchtet, und er wird in einem Paradiesgarten bis zum Tage der Auferstehung sein.

28. Sein Geist und seine Seele werden frohgestimmt sein und Ehrung erfahren, im Innern „grüner Vögel“ mit den frommen Brüdern, freudig und in froher Erwartung der Gaben, die ihnen Gott huldvoll spendet.

29. Seine Auferstehung wird in Ehren sein und ausgezeichnet durch Gewänder, Krone und (das Reittier) *burāq*.

30. Ihre Gesichter sind weiß und licht. Gott der Allerhöchste hat gesagt: [K. 75:22–23] „*Glänzende Gesichter an jenem Tage, die zu ihrem Herrn hinschauen*", ferner: [K. 80:38–39] „*Einige Gesichter werden an jenem Tage heiter, lächelnd, frohgestimmt sein.*"

31. Er ist sicher vor den Schrecken am Tage der Auferstehung. Gott der Allerhöchste hat gesagt: [K. 41:40] „... *oder wer bei der Auferstehung ganz sicher ist.*"

32. Die Schrift der Abrechnung ist zur Rechten, und einige brauchen überhaupt diese Schrift nicht.

33. Die Abrechnung wird erleichtert und mit einigen gar nicht vorgenommen.

34. Die Waage wird schwer sein, und mancher wird überhaupt gar nicht auf die Waage gestellt werden.

35. Man kommt zum Wasserbecken des hochgebenedeiten Propheten, trinkt einmal daraus und dürstet dann nimmermehr.

36. Man überschreitet die Brücke — und wird vorm Höllenfeuer gerettet, so daß manche dessen Getöse gar nicht hören, denn sie sind dort, wohin es ihre Seelen auf ewig gezogen hat, während das Feuer für sie erlischt.

37. (Ihre) Fürbitte bei den verschiedenen Phasen der Auferstehung ist ähnlich der Fürbitte der Propheten und Gottesgesandten.

38. Da ist das ewige Königtum im Paradies.

39. Das größte Wohlgefallen, das Gott an ihnen hat.

40. Das „Zusammentreffen" mit dem Herrn der Welten (*liqāʾ*, *visio*), des Gottes der Ersten und der Letzten, (die Schau) ohne das „Wie" (*kayf*), erhaben ist seine Majestät.

Ferner sage ich: Ich habe dieses dargelegt, soweit mein Wissen und Verstehen mit seinen Fehlern und Mängeln reicht. Dennoch habe ich zusammenfassend und kurz die Grundsätze und Grundzüge behandelt, und das Buch würde nicht ausreichen, hätte ich einiges davon im einzelnen gebracht. Du siehst ja, daß ich das Königtum der Ewigkeit zu einem einzigen Ehrengewand gemacht habe, und hätte ich es zergliedert, so wären es mehr als vierzig Ehrenkleider geworden, wie die Paradiesjungfrauen, Schlösser, Gewänder usw. Ferner enthält jede Art noch Einzeldinge, die nur der erkennt, der ein (mystisches) Wissen ums Jenseits hat und der es selbst wahrgenommen hat — und dies ist ihr Schöpfer und Herrscher! Welches Verlangen sollten wir nach dessen Erkenntnis haben, da unser Herr der Gepriesene sagt: [K. 32:17] *„Keine Seele weiß, was ihnen an Augenweide verborgen wurde."* Darin hat er geschaffen *„was kein Auge gesehen, kein Ohr gehört und was in keines Menschen Herz aufgestiegen ist"* [W. I. 47]. Die Ausleger sprechen über das Wort des Allerhöchsten: [K. 18:109] *„Eher erschöpft sich das Meer, als sich die Worte meines Herrn erschöpfen"*, daß dies die Worte sind, die Gott der Allerhöchste im Paradies an die Paradiesbewohner huldvoll und ehrend richten wird, und derart wird dessen Zustand sein.

Wieso sollten wir ein Teilchen von tausendmal tausend Teilchen davon erreichen, da wir Menschen sind, oder wie sollte das Wissen eines Geschöpfes es umfassen? Keineswegs! Vielmehr verzichtet das Streben darauf, und die Vernunft ist dazu unfähig. Dies ist wahrhaftig so und Gabe des Mächtigen, Allweisen, so wie es seiner großen Huld gemäß ist und es seiner urewigen Freigebigkeit entspricht.

Nun wohlan, die Tätigen sollen handeln, und die Eifrigen sollen ihren Fleiß für das große Ziel einsetzen. Sie sollen wissen, daß dies das wenigste von dem ist, was sie notwendig haben, erstreben und worauf sie ihren Sinn richten. Sie sollen wissen, daß der Mensch im ganzen vier Dinge haben muß: Wissen, Tun, Lauterkeit und Furcht. Zuerst soll er den Weg wissen, sonst ist er blind, dann soll er nach seinem Wissen handeln, sonst ist dieser verborgen, dann soll er ganz lauter handeln, sonst täuscht er sich, ferner soll er ständig Furcht haben und sich vor Übeln in acht nehmen, bis er Sicherheit findet, sonst ist er voll Eigendünkel. Mit Recht hat Dhū n-Nūn gesagt: „Alle Leute sind Tote außer den Wissenden, und die Wissenden sind Schlafende, außer denen, die handeln, und dies sind alle Selbstgefälligen außer den Lauteren, und die Lauteren sind alle in großer Unsicherheit."

Meine Meinung ist wie folgt: Da ist jemand, der wohl Vernunft aber kein Wissen besitzt, entweder mißtraut er dem Wissen um das, was vor ihm liegt, oder er bekennt das, was er als nach dem Tode kommend voll erfaßt, falls er über diese Beweise nachdenkt sowie über die warnenden Beispiele und wenn er diese Koranverse anhört und durch die Warnung und Unruhe in der Seele infolge dieser Gedanken und Besorgnisse. Gott der Allerhöchste hat gesagt: [K. 7:185] *„Haben sie im Bereiche der Himmel und der Erde gesehen, was Gott geschaffen hat?"*, ferner: [K. 83:4–5] *„Glauben jene nicht, daß sie wieder auferweckt werden an einem großen Tage?"*

Der zweite ist dann jemand, der Wissen besitzt, doch das Wissen nicht in die Tat umsetzt. Er bedenkt nicht die ungeheuren Schrecken und schweren Strafen, um die er sicher weiß und die ihm bevorstehen. Dies ist die erhabene Botschaft, von der ihr euch abwendet!

Der dritte ist jener, der wohl handelt, doch dabei nicht die lautere Absicht hat. Betrachtet er nicht das

Wort des Allerhöchsten: [K. 18:110] „*Wer mit seinem Herrn zusammentreffen* (*ihn schauen*) *will, der möge rechtschaffen handeln, und wenn er seinen Herrn anbetet, diesem nichts* (*als Gottheit*) *beigesellen.*“

Der vierte ist ein Mensch lauterer Gesinnung, der keine Furcht hat. Denkt er nicht darüber nach, wie der an Majestät Erhabene mit seinen Auserwählten, Heiligen und Dienern verfährt, was auf das Verhältnis zwischen ihm und seinen Geschöpfen hindeutet? Er sagt daher zu den Menschen, die er am meisten liebt: [K. 39:65] „*Dir und denen, die vor dir waren, ist es ja geoffenbart worden: Wenn du andere Götter anbetest, so ist dein Tun umsonst, und du gehörst zu denen, die da Schaden leiden. — Bete vielmehr Gott an und sei dankbar!*“ Es gibt noch mehr derartiges, so daß man erzählt hat, der Gebenedeite habe gesagt: „*Die Sure Hūd* (11) *und ihre Schwestern* (d. h. z. B. Sure 56) *haben mein Haar weiß werden lassen.*“

Sodann liegt die Sache im einzelnen wie im ganzen in vier Versen des erhabenen Buches nach dem Worte des Erhabenen und Mächtigen: [K. 23:115] „*Habt ihr gemeint, wir hätten euch im Scherz erschaffen und daß ihr nicht zu uns zurückkehren werdet?*“, ferner: [K. 59:18] „(*Jede*) *Seele möge bedenken, was sie für das Morgen vorausgeschickt hat — und fürchtet Gott! Wahrlich Gott weiß, was ihr tut*“, dann: [K. 29:69] „*Die sich für uns bemüht haben* (*gekämpft haben*), *werden wir unsere Wege führen.*“ — Dann hat er das ganze zusammengefaßt, er, der Wahrhafte, der da redet: [K. 29:6] „*Wer sich abmüht, der müht sich um sich selber ab, wahrlich Gott bedarf der Welten nicht.*“ —

Wir bitten Gott den Allerhöchsten um Vergebung für alles, wobei der Fuß strauchelte oder die Feder abwich. Wir bitten ihn um Vergebung für alle unsere Aussprüche, die nicht unseren Taten entsprechen. Wir bitten ihn um Vergebung um alles willen, das wir in bezug auf die Religion Gottes des Allerhöchsten mangelhaft behauptet und erklärt haben. Wir bitten ihn um Vergebung wegen jedes Gedanken, der uns zur Verstellung und Eitelkeit verleitet hat, sei es in einem von uns verfaßten Buche oder in einer Rede, die wir aufgesetzt, oder in einer Wissenschaft, die wir dargestellt haben.

Wir bitten ihn, o Brüderschar, er möge uns und euch nach unserer Erkenntnis handeln lassen und dadurch nach seinem Antlitz trachten, und daß er es uns nicht zum Fluch werden lasse, sondern es auf die Waagschale der guten Werke lege, da unsere Werke uns zurückgegeben werden, — wahrlich, er ist freigebig, edelmütig.

Unser gottbegnadeter Scheich hat gesagt: „Wir wollten dies als Erklärung darüber behandeln, wie der Weg zum Jenseits zu beschreiten sei, und sind unserem Ziel getreu geblieben."

Preis sei Gott, durch den die guten Werke zustande kommen und durch dessen Huld die Segnungen herabsteigen. Gott möge den Besten der Geborenen segnen, der die Bitte an den vortrefflichsten Angebeteten richte, Muḥammad den Propheten — und wolle über sein Haus jederzeit viel gutes, segensvolles Heil kommen lassen.

BENUTZTE LITERATUR

Abū Rīda, M. A.: *Al-Ghazālī und seine Widerlegung der griechischen Philosophie*, Madrid 1952.

Abū Ṭālib al-Makkī: *Qūt al-qulūb*, 2 Bde., Kairo 1932.

Aḥmad Farīd Rifā'ī: *Ghazālī*, 3 Bde., Kairo 1939.

Alwardt, W.: *The Diwans of the Six Ancient Arabic Poets*. London 1870.

Ali Hassan Abdel-Kader: *The Life, Personality and Writings of Al-Junaid*. London 1962.

Anawati, G. — Gardet, L.: *Mystique musulmane*. Paris 1961.

Andrae, T.: *Islamische Mystiker*. Stuttgart 1960.

Anṣārī, 'Abdallāh: *Kitāb manāzil as-sā'irīn*. Ed. et trad. par L. de Beaureceuil. Kairo 1962.

Arberry, A. J.: *Le soufisme*. Paris 1952.

Asín Palacios, M.: *Chrestomatia al-gazeliana*. Madrid 1941.

— *Logia et agrapha Domini Jesu. Patrologia Orientalis*. Bd. 13 und 19, Paris 1919.

al 'Asqalānī, Ibn Ḥagar: *Tahdīb at-tandhīb*. Kairo 1910.

Bauer s. Ghazālī

Beaureceuil, L. de: *Le retour à Dieu*. MIDEO VI, 1961.

— Anawati, G.: *La preuve d'existence de Dieu chez Ghazālī*. MIDEO III, 1959.

Bedawī, Abd ar-Raḥmān: *Mu'allafāt al Ghazālī*. Kairo 1961.

Bergh, S. v. d.: *Ghazali on Gratitude Towards God and its Greek Sources. Studia Islamica XI*. Paris 1957.

Bousquet, G. H.: *La morale de l'islam et son éthique sexuelle*. Paris 1953.

— Analyse et Index s. Ghazālī.

Bouyges, M. — Allard, M.: *Essay de Chronologie des oeuvres de Al-Ghazālī*. Beyrouth 1959.

Brockelmann, K.: *Geschichte der arabischen Literatur*. Leiden seit 1943.

BROWNE, E. G.: *A Literary History of Persia.* Vol. II, repr. 1951.
BUHL, F.: *Das Leben Muḥammads.* Heidelberg 1955.
CARRA DE VAUX: *Gazālī.* Paris 1902.
CHIDYAQ s. GHAZĀLĪ.
CORBIN, H.: *Terre céleste et corps de résurrection.* Paris 1960.
DERMENGHEM, E.: *Vies des Saints musulmans.* Alger o. J.
DINGEMANS s. GHAZĀLĪ
EI = *Enzyklopädie des Islams.* Leiden 1913–1934, Neuauflage seit 1960.
ESS, J. VAN: *Die Gedankenwelt des Ḥārith al-Muhāsibī.* Bonn 1961.
Essai = MASSIGNON, L.: *Essai sur l'Origine,* s. d.
Gairdner s. GHAZĀLI
GAL = BROCKELMANN, K.: *Geschichte,* s. d.
GARDET, L.: *La pensée religieuse d'Avicenne.* Paris 1951.
— *Expérience mystique en terres non-chrétiennes.* Colmar 1953.
— ANAWATI, G.: *Introduction à la théologie musulmane.* Paris 1948.
AL-GHAZĀLĪ: *Aiyuhā' l-walad.* (O Kind!) Arabisch und deutsch von HAMMER-PURGSTALL. Wien 1838. — In Sammelband: *Al-jawāhir al-ghawālī fī rasā'il al-Ghazālī.* Kairo 1924.
— *Iḥyā' 'ulūm ad-dīn.* 5 Bde. (*al-maktaba at-tijārīya*). Kairo um 1950. Daraus: BAUER, H.: Über Intention, reine Absicht und Wahrhaftigkeit. Halle 1916. — DERS.: *Erlaubtes und verbotenes Gut.* Halle 1922. — DINGEMANS, H. H.: *Al-Ghazzalis boek der liefde.* Leiden 1938. — WEHR, H.: *Al-Ghazālīs Buch vom Gottvertrauen.* Halle 1940. — BOUSQUET, G. H.: *Ihya ouloum ed din ou vivification des sciences de la religion. Analyse et Index.* Paris 1955.
— *Kīmiyā as-sa'āda.* Kairo o. J. — *Elixiere der Glückseligkeit.* Übers. (nach einer persischen Version) von RITTER, H., Düsseldorf 1961.
— *al-Maqṣad al-asnā. Sharḥ asmā' Allāh al-ḥusnā.* Kairo 1961.
— Mishkāt al anwār. Risālat aṭ-ṭair. Ar-risāla al-wa'zīya. Al-adab fi'd-dīn. In Sammelband: *Al-jawāhir al-ghawālī.* S. o., Kairo 1924.
— *Mishkāt al-anwār* (The niche for lights). Ed. and transl. by GAIRDNER, W. H. T., Lahore 1924.
— *al Munqidh mina' ḍ-ḍalāl.* Eingel. v. A. MAḤMŪD. Kairo 1955.

— *Réfutation excellente de la divinité de Jésus Christ* (*Ar-radd al-jamīl li-ilāhīyat 'Isā, bisarīh al-injīl*). Texte et trad. par CHIDYAQ, R., Paris 1939.

GOLDZIHER, I.: *Muhammadanische Studien*. Halle 1889–90.

— Vorlesungen über den Islam. Heidelberg 1910.

AL-ḤALLĀJ: Ed. par MASSIGNON, L., Paris 1913.

— *Dīwān al-Ḥallāj*. Ed. et trad. par MASSIGNON, L., *Journal asiatique*. Paris 1931.

HARTMANN, R.: *Al-Kuschairis Darstellung des Sufitums*. Berlin 1914.

ḤILYA = ABŪ NU'AIM AḤMAD B. A. AL-ISBAHĀNĪ: *Ḥilyat al-auliyā'*. 10 Teile. Kairo 1938.

HINZ, W.: *Islamische Maße und Gewichte. Handbuch der Orientalistik*, Erg. 1, H. 1. Leiden 1955.

HODGSON, M.: *The Order of the Assasins*. 's-Gravenhage 1955.

HOURANI, G. H.: *Averrhoes on Good and Evil. Studia Islamica* XVI. Paris 1962.

IBN HISCHĀM: *As-sīra an-nabawīya*. 2 Bde. Kairo 1936.

IBN SA'D: *Biographien Mohammeds, seiner Gefährten usw.* 10 Bde., hrsg. v. SACHAU, E. Leiden 1905–21.

JABRE, F.: *La biographie et l'oeuvre de Ghazālī réconsidérées à la lumière des Tabaqāt de Sobki. MIDEO* I, 1954.

— *La notion de certitude selon Ghazālī*. Paris 1958.

JACOB, G.: *Altarabisches Beduinenleben*. Berlin 1897.

JEFFERY, A.: *Reader on Islam*. 's-Gravenhage 1962.

JUYNBOLL, TH.: *Handbuch des islamischen Gesetzes*. Leiden 1910.

LANE, E. W.: *The manners and customs of the modern Egyptians*. London 1954.

LE STRANGE, G.: *The Lands of the Eastern Caliphate*. Cambridge 1930.

MAHMOUD, A.: *Al-Mohasibi*. Paris 1940.

AL-MANĀWĪ, A.: *Faid al-qadir* (Hadithkommentar). Kairo 1931.

MASSIGNON, L.: *Al Hallaj, Kitāb al-ṭawāsīn*. Paris 1913.

— *Essai sur l'origine du lexique Musulmane*. Paris 1922 und 1960.

— *La passion d' al-Ḥallāj, martyre mystique de l'Islam*. Paris 1922.

— *Akhbār al-Ḥallāj*. Paris 1936.

— *Dīwān al-Ḥallāj. Journal Asiatique*. Paris 1931.

— *Les sept dormants d'Ephèse en Islam et en chrétienté.* Paris 1954–1961.

MIDEO = Mélanges, Rev. des études islam. Institut Dominicain d'Etudes Orientales. Kairo.

Muḥāsibī, Abū 'Abdallāh al-Ḥarith: *Kitāb ar-ri'aya li-ḥuqūq Allāh.* Ed. Smith, M. London 1940.

Nafaḥāt = 'Abd ar-Raḥmān Gāmī: *Nafaḥāt al-uns min ḥadrat al-quds.* Teheran 1917–1918.

Nawawī, Muḥyī ad-dīn: *Al-arba'ūn ḥadīth.* Mit Kommentar des Nabrāwī. Kairo 1959.

Nicholson, R. A.: *The Idea of Personality in Sufism.* Cambridge 1923.

Pedersen, J.: *Der Eid bei den Semiten.* Straßburg 1914.

Perle = Ghazālī: *Ad-durra al-fāchira. La perle précieuse.* Ed. et trad. par L. Gautier. Neudruck Leipzig 1925.

Quschairī, Abū 'l-Qāsim: *Ar-risāla al-quschairīya fī 'ilm at-tasauwuf.* Kairo 1957.

Qut = Abū Ṭālib al-Makkī: Qut, s. d.

Ritter, H.: *Das Meer der Seele.* Leiden 1955.

Rosenthal, E. J.: *Political Thought in Medieval Islam.* Cambridge 1958.

Rubinacci, R.: *Un antico documento di vita cenobitica musulmana. Annali de Inst. univers. orientale di Napoli,* Bd. 10. Napoli 1960.

Schaeder, H. H.: *Der Mensch in Orient und Okzident.* München 1960.

Schaltūt, M.: *Al-Islām, 'aqīda wa scharī'a.* Kairo 1959.

asch Scha'rānī, 'Abd al Wahhāb: *Aṭ-Ṭabaqat al-kubra.* 6 Teile. Kairo 1906.

Smith, M.: *Al-Ghazālī the mystic.* London 1944.

Steingass, F.: *A Comprehensive Persian-English Dictionary.* London 1947.

Subkī, Tāj ad-dīn: *Aṭ-Ṭabaqāt asch-schafi'īya al-kubra.* 6 Teile. Kairo 1906.

Sul. = Sulamī, Abū 'Abd ar Rahmān as. S. d.

Sulamī, Abū 'Abd ar-Rahmān: *Aṭ-Ṭabaqāt aṣ-ṣūfīya.* Ed. N. Sarība. Kairo 1953.

Sweetmann, J. W.: *Islam and Christian Theology.* I—II. London 1947.

Tarich Baghdad = Abū Bakr al-Baghdadi: *Tārīch Baghdād.* Kairo 1931.

Tha'labī, Aḥmad b. Mḥd. b. Ibrāhīm: *Qiṣaṣ al-anbiyā'.* Kairo 1952.

Tscheuchner, W.: *Mönchsideale des Islam nach Ghazālīs Abhandlung über Armut und Weltentsagung* (Diss.). Berlin 1933.

Ueberweg-Heinze: *Grundriß der Geschichte der Philosophie,* Basel 1952.

W. = Wensinck: *Concordance.*

Walzer, R.: *Greek into Arabic.* Oxford 1962.

Wehr s. Ghazālī

Wensinck, A. J.: *The Muslim Creed.* Cambridge 1932.

— *Concordance et indices de la tradition musulmane.* Leiden 1936–1962.

— *La pensée de Ghazālī.* Paris 1940.

Wickenhauser, A.: *Einleitung in das Neue Testament.* Freiburg i. B. 1959.

Wilzer, S.: *Untersuchungen zu Gazzālīs kitāb at-tauba.* Der Islam. Bd. 32, 237–309. 1957.

Wolfensohn, J.: *Ka'b al-Aḥbār und seine Stellung im Ḥadīth* (Diss.). Frankfurt a. M. 1933.

Zakī Mubārak: *As-taṣauwuf al-islāmī fi 'l-adab wa 'l-achlaq.* Bd. 2. Kairo 1937.

PERSONENNAMEN UND ERLÄUTERUNGEN ISLAMISCHER FACHAUSDRÜCKE

Vorbemerkung

Das Verzeichnis enthält die von al-Ghazālī als Gewährsleute oder Vorbilder angegebenen Personen. Manche scheinen den Lesern so bekannt gewesen zu sein, daß sie unter einer bekannten „kunya", Vater (*abū*) oder Sohn (*ibn*) des N. N. genannt wurden. So konnten nicht alle identifiziert werden. Es zeigen sich dabei, abgesehen von den Propheten, vor allem „Gefährten" Muḥammads (abgekürzt Gef.), dann besonders Überlieferer des Hadith [S. Goldziher, *Mohammedanische Studien*, II, S. 153.]. Spätere schließen sich an diese Traditionarier an, meist zur zweiten Generation gehörig (*tābi'ūn*, etwa von 660 an). Wie Massignon es darstellt [s. *Essai*, S. 141–143], erscheinen unter ihnen die ältesten Sufis. Von 700 an zeigt sich dann schon ein klassifiziertes asketisches Wissen [ebd. S. 143 ff.]. Die sogenannten Ṭabaqātwerke, chronologisch geordnete Biographien, die hier als Quelle zitiert werden, können nicht in allen Fällen als sichere Zeugen für das Todesjahr und noch weniger für überlieferte Legenden sein. Ein großer Teil der Beispielserzählungen wie der Weisheitssprüche läßt sich auch im Hauptwerk Ghazālīs wie bei den von ihm benutzten Vorgängern nachweisen. Wie die Jahreszahlen angeben, handelt es sich immer um Sufis der älteren Zeit, die eine bis zu den Gefährten des Propheten zurückgehende ununterbrochene Tradition vertreten und so für Ghazālī echte Sunnaleute sind.

'Abbād b. 'Abbād al-Khawwās, 8. Jh., Ḥilya VIII, 281.

abdāl (sing. *badal*), Stufe der Hierarchie der Heiligen. EI, *abdāl*; Essai 112.

'Abdallāh ibn Mas'ūd, Gef. 653/4. EI. Ḥilya II, 70.

Abrechnung [s. Perle 81] nach dem Tode.

Abū 'Ubayda al-Jarrāḥ, Gef. 639. EI (2. Aufl.).
Abū 'Umar al-Kindī, Geschichtsschreiber, 964. Sul. 15, Anm. g.
Abū 'Umar az-Zajjājī, 959. Ḥilya, X, 376.
Abū 'Umar al Anmātī, 9. Jh. Qushayrī 25.
Abū Ya'qūb as-Sijazī, 942. EI (2. Aufl.).
Abū Yazīd, s. Bisṭāmī.
Adam, Vater der Menschheit und erster Prophet. EI, „Bissen des Adam" bei Tha'labī, Qiṣāṣ 19, Ibn Sa'd I, 11 Übers. bei Jeffery 189.
'adhāb al-qabr, Pein des Grabes, ähnlich dem Fegefeuer. EI, *'adhāb*.
Adham, s. Ibrāhīm ibn Adham.
Ahl al-kahf, Die „Siebenschläfer". EI, Massignon, Les sept dormants; Tha'labī, Qiṣāṣ 231.
Aḥmad ibn Arqam al-Balkhī?
'Ā'isha bint Abī Bakr, Gattin des Proph. 678. EI.
'Alī ibn Abī Ṭālib, Vetter und Schwiegersohn des Proph., Kalif 659. EI.
al-A'mash, s. Abū Isḥāq al A.
amr, Befehl Gottes, logosähnlich. EI.
'Āmir ibn 'Abd Qays, Asket, 661 od. 680. Ritter 680.
'Amr ibn al-'Āṣ, Gef., Eroberer Ägyptens, 661. EI.
'ārif, „Gnostiker", im Besitze höheren Wissens. S. Jabre, Notion (Ind.).
'Āmir b. Sharaḥ(b)īl ash-Sha'bī, Gef. 721/2. Ibn Sa'd VI, 171, Sul. 108.
'Atā'as-Sulamī, Asket. Sha'rānī I, 37; al-Muḥāsibī 80.
Auferstehung (*qiyāma*), Reittier aus guten Werken, Perle 43; „grüne Flügel", S. 28.
'Awf ibn 'Abdullāh?
Bal'am, Bileam der Bibel. EI.
baraka, Segenswirkung göttl. Ursprunges. EI.
Beerdigung, beschleunigt, s. Juynboll, Handb. 169, bei Heiligen, Lane 523.
Banī Shayba-Tor an der Umfassg. der Ka'ba, EI, *ka'ba*.
bid'a, willkürl. Lehre ohne dokumentierte Grundlage. Goldziher, Muh. St. II, 23.
al-Bisṭāmī, Abū Yazīd, berühmter Sufi, 874/857. EI.

„Brücke“, *ṣirāṭ*, EI, *kiyāma*; Wensinck, M. Creed 232.
„Bücher“, als geoffenbarte Schriften: Torah, Psalmen, Evangelium, Koran. EI, *Indjīl, thawrāt, zabūr.*
Burāq, Mythisches Reittier Muḥammads bei seiner nächtlichen Himmelreise. EI, *burāk, mi'rāj.*
Khaythama ibn 'Abd ar-Raḥmān, Gef. Ibn Sa'd VI, 200; Ḥilya IV, 113.
Khālid ibn Ma'dan, 722. Ḥilya V, 210.
khawāṭir, „Einfälle“. Iḥyā', Index § 89-91; Qūt al-qulūb I, 168 ff.
Khuthaym, Ibn Sa'd V, 343.
Dankbarkeit, s. auch v. d. Bergh 77.
ad-Dāranī, Myst. Theol. 830/1. Ḥilya IX, 254. Essai 197.
Dāwūd, David der Bibel, EI. Die angeführte Stelle s. Tha'labī S. 107
Dāwūd ibn Nāṣir at-Tā'ī, Hanbalit. Theol. 781. Tārīkh Baghdād X, 221.
dhikr, intensive Vergegenwärtigung Gottes, suf. Übung. EI.
Dhū n Nūn, Abū l-Fayḍ, Asket, 859, EI, Dhu'l N.
„Erwartung, bange“, s. Ḥadīth [W. II, 60], „Wenn die Gläubigen vor dem Höllenfeuer gerettet werden, so werden sie auf der Brücke angehalten, die vom Paradies ins Höllenfeuer führt ...“
Farqad as-Sinjī 748/9. Essai 131.
fiqh, früher allgemeiner Ausdruck für relig. Wissen, später Pflichtenlehre. Juynboll, Handb. 23.
Fluchgebet, s. Pedersen, Der Eid bei den Semiten, 114 und 194.
Fuḍayl ibn Iyāḍ, früher Sufi, 803. Ritter 702; Qushayrī 9.
Ja'far ad-Duba'ī ibn Sulaymān, Traditionarier, 795. Ibn Sa'd VII, II, 44.
Jibrīl, Gabriel. EI, Djabrā'īl.
jihād, „Anstrengung“, Teilnahme am Religionskrieg. Juynboll 339 oder spirituell-ethisch aufgefaßt Iḥyā', Index § 167.
jinn, Geister zwischen Engel und Mensch. EI, *djinn.*
Glaubensgnade, plötzlich erteilt, s. Jabre, Notion 432.
Grab, Besuch usw., Juynboll, Handb. 170.
„grüne Vögel“ s. Perle. 28, Anm. 3. In Iḥyā' „weiß“, N. 497.
Juwaynī, 'Abd al-Ma'ālī 'Abd al-Malik ibn 'Abdallāh, Imām al-ḥaramayn, Lehrer Ghazālīs 1085. Subkī II, 249; EI, Djuwaini.
Hābīl, Abel. EI, Hābīl.

ḥadīth qudsī, Nichtkoran. Ausspruch des Propheten, in dem Gott in erster Person spricht. Essai 120.

Hannād, nach anderer Verson Juhaina. Manāwi. Fayḍ. V, 1. Teil.

Harim ibn Ḥayān, Asket, 7./8. Jh. Ibn Sa'd VII, I, 95; Sha'rānī I, 25.

Ḥarith al-Muḥāsibī, s. Muḥāsibī.

Ḥarith ibn 'Umayra, Gesandter des Propheten, ermordet. Ibn Sa'd IV, II, 65.

Ḥarmala, Gef. Ibn Sa'd V, 224; Ḥilya. I, 358; Subkī 257.

Hārūt und Mārūt, gefallene Engel, EI, Harūt und *malā'ika.*

al-Ḥasan al-Baṣrī, hervorragender Asket, 728. Essai und 151; EI.

Ḥassān ibn Abī Sinān, früher Asket. Essai 103; Ḥilya III, 114 ff.

Ḥātim ibn Yūsuf al-Aṣamm, 851/2. Ḥilya VIII, 73, Quschayrī 13; Ritter 713.

Hishām ibn Ḥassān al-Qurdawsī, 765/6. Sul. 362, Anm. b.

Heilige, s. EI, *walī*, *abdāl.*

Herz, *qalb*, Bauer, Intention 18 ff.; Jabre, Notion 466; Iḥyā', Ind. § 85. „gebrochenes Herz, Ritter 251.

Höllentiere, s. Iḥyā' IV, 8; Hadithe dazu 533.

Hūd und ihre Schwestern, d. h. Sūrat Hūd und al-Wāqi'a [W. III, 224]. EI, Hūd.

Iblīs (aus diabolus), EI. s. Übers. bei Jeffery 248.

Ibn 'Abbās, 'Abdallāh, Vetter des Propheten, 687/8. EI.

Ibn 'Awf, 'Abd ar-Raḥmān, Gef. 652/3. Ibn Sa'd. III, I, 87.

Ibn Fūrak, s. Abū Bakr.

Ibn Mas'ūd, 'Abdallāh, Gef. 653/4. EI.

Ibn al-Mubārak, 797/8. Essai 151; Ritter 672.

Ibn as-Sammāk, Abū l-'Abbās, 799. Sha'rānī I, 48.

Ibn Shubruma, 691/2. 'Asqalānī, Tahdīb V, 250.

Ibn 'Umar, 'Abdallāh, Sohn des Kalifen 'Umar, 693. EI.

Ibn 'Uyayna, Abū Muḥammad Sufyān, 794/5. Sha'rānī I, 44.

Ibrāhīm, Abraham der Bibel; Khalīl Allāh, „Freund Gottes". EI.

Ibrāhīm ibn Adham, Asket, zw. 776 und 783. EI; Dermenghem 13.

Ibrāhīm al-Khawwās, 903. Qushayrī 24.

Ibrāhīm al-Nakha'ī, 754. Ibn Sa'd VI, 188. Sul. 42.

Ibrāhīm at-Taymī, Asket, 8. Jh. Ibn Sa'd VI, 199; Essai 148; Ḥilya IV, 201.

Murji'iten, weitherzige Sekte des Frühislam, der Zugehörigkeit zur Gemeinde des Islam Heilsgewißheit bedeutete. Wensinck, Muslim Creed 182; EI, Murdjiiten.

Mūsā und Qārūn, Moses und Korah. EI. Am Jüngst. Gericht, s. *Perle* 51–52.

Muzunī (auch Muzanī), Gef. Ḥilya II, 224; Ibn Sa'd V, 340.

an-Nakha'ī, al-Aswad ibn Zayd, Asket, 694. Sha'rānī, Tab. I, 23.

an-Nakha'ī, Ibrāhīm ibn Yazīd, 713/4. ebd. I, 33.

nafs, „Triebseele". EI, *nafs*; Hartmann, Darst. 11 und 76.

Naṣr al-Maqdisī, Schafiit. Theologe, 1096. Subkī IV, 27.

Nūḥ (Noeh), EI; „flucht" s. Tha'labī, Qiṣāṣ 33; Perle 61; vgl. Koran 71, 21.

Nawf al Bikālī, Traditionarier, 714. Ibn Sa'd VII, II, 160; Ḥilya II, 48; Goldziher, Muh. Studien II, 163.

'Umar ibn al-Khaṭṭāb, zweiter Kalif, 644. EI.

'Umar II, Ibn 'Abd al-'Azīz, 7. Umayyadenkalif religiöser Richtung, 720. Goldziher, Vorl. 50.

Propheten am Jüngsten Gericht, s. Übers. Jefferys von Abu l-Layth as-Samarqandī (983) 226.

Qābīl, Kain der Bibel. EI, Hābīl.

Qaḍā', ewige Vorherbestimmung. S. Goldziher, Vorles. 94; Wensinck, Muslim Creed 143; EI, *kadā'*.

Qadariten, Gegner der Gabriten, vertraten volle Freiheit des Menschen. Wensinck, Muslim Creed 53.

Qatāda, as-Sadūsī, Traditionarier, 735/6. Ibn Sa'd VII, I, 28. Goldziher, Muh. Stud. II, 10.

al-Qushayrī, Abū Qāsim, bedeutender suf. Schriftsteller, 1074. EI, Kushairi, Hartmann, Darstellung.

Rābi'a al-'Adawīya, berühmte Mystikerin, 801. EI.

rak'a, Einheit der sechs Gebetsstellungen. Juynboll, Handb. 78.

ar-Rashīd, Hārūn, Abbasidenkalif, seine Wallfahrt fand 802 statt, 808. EI.

Sahl, wohl S. at-Tustarī, 896. Essai 264; EI.

salaf, die Gläubigen der Frühzeit. Gardet – A., Introd. 211.

Salmān al-Fārisī, Gef. ca. 655. EI. Goldziher, Muh. Stud. I, 117.

Sha'bī, s. 'Āmir ibn Sharaḥbīl.

Shaqīq al-Balkhī, Asket, ca. 890. Sul. 62; Qushayrī 13.

Sekīna, Seelenzustand der Ruhe, hebr. Ursprungs. EI *sakīna.*

Ṣiffīn, Stadt am Eufrat, berühmt durch Schlacht zwischen 'Alī und Mu'āwiya. EI.

Strafen der Hölle, Schlangen, Skorpione usw., s. Jefferys Übers. 211.

Sufyān ibn ath-Thawrī, Schulhaupt suf. Gesinnung, 777/8. Essai 148. EI.

Sufyān ibn 'Abdallāh, Traditionarier. Ibn Sa'd V, 376.

Sulaymān al-Khawwāṣ, 9. Jh., *Ḥilya* VIII, 276.

sunna, Muḥammads Tun, Sprechen und stillschweigendes Gutheißen. Wer sich von Abweichungen von dieser Praxis freihält, gehört zu den Sunnatreuen. EL.

tafsīr, die Exegese des Koran. EL.

Tiere, ihr Verhältnis zu Sufis, s. Ritter 325; Smith, Gh. 51; Hartmann 160.

Usāma ibn Zayd, Freigelassener des Propheten, 674. EI.

Uways al-Qaranī, Asket, vor 700, Essai 140; Ḥilya II, 79; Goldziher, Muh. Stud. II, 147.

Waage beim Jüngsten Gericht, Ghazālī sagt, daß alle diese Dinge Wirklichkeiten, jedoch bildlich aufzufassen sind. EI, *kiyāma.*

Wasserbecken, „Teich des Propheten", s. EI, *kiyāma;* vgl. gleiche Ansicht Ghazālīs.

Wahb al-Munabbih, Prediger, ca. 732. EI; Essai 143.

Yaḥyā, Johannes d. T. EI. Die Erzählung findet sich auch bei Tha'labī, Qiṣāṣ 62.

Yaḥyā ibn Mu'ādh ar-Rāzī, Prediger, 871/2. Essai 238; Qushayrī 107.

Yūnus, Jonas der Bibel, EI. Tha'labī, Qiṣāṣ 230. Die „sieben Gottesdiener" nicht auffindbar.

Yūnus ibn 'Abdallāh?

Yūnus ibn 'Ubayd Allāh, Traditionarier, 756/7. Ibn Sa'd VII, II, 23; Essai 146.

Yūsuf, Josef, Sohn Jakobs, EI. Tha'labī, Qiṣāṣ 63 ff. Auch hier die Frage nach dem Glauben Yūsufs.

Yūsuf ibn Asbāṭ ash-Shaihanī. Asket, 8. Jh., Ḥilya VII, 237.

Zarāra ibn Awfī, Prediger, ca. 700. Ḥilya II. 258.

Zayn al-'Abidīn, 'Alī, Urenkel des Propheten, 711 od. 713. EI.

Das Buch der Ehe
Kitāb ādābi n-nikāḥ
Das
12. Buch der
Iḥyā' 'ulūm ad-dīn
Übers. u. kom.
v. Hans Bauer
176 S., kart.
ISBN 978-9963-40-048-5

Unter dem Gesamttitel einer „Islamischen Ethik" bei Max Niemeyer, Halle 1917 erschienen, vereinigt das „Buch des rechten Benehmens in der Ehe" die wichtigsten Auskünfte der Tradition zu Fragen der Ehe und ist ein unverzichtbarer Grundtext, Klassiker islamkundlichen Wissens. In ihm wird in wunderbarer Klarheit deutlich, was unser Schöpfer, der uns liebt und nach uns sieht, von uns wünscht, sofern wir Mann und Frau sind. Was uns heute mit Blick auf eine blaßgesichtige Moderne im vorliegenden Text sicher auffallen, erschrekken oder beglücken wird, ist neben dem offenen Bekenntnis zur Wichtigkeit der Ausübung des Geschlechtlichen, ja deren Gesegnetheit, eine klare Aufgabenverteilung als Ausdruck göttlicher Weisheit.

Intention, reine Absicht und Wahrhaftigkeit
Kitāb an-niyyah wa l-ikhlāṣ wa ṣ-ṣidq
Das 37. Buch
der *Iḥyā' 'ulūm ad-dīn*
Übers. u. kom. v. Hans Bauer
144 S., kart.
ISBN 978-9963-40-049-2

Das Buch rückt die Grundfragen dessen in den Blick, was eine Handlung zu einer guten macht, durch welches seiner Momente sie vom Herrn der Universen akzeptiert, ja geliebt wird und was es ist, wodurch wir als Handelnde zu wahren Menschen werden.

Gute tausend Jahre bevor der deutsche Philosoph Immanuel Kant mit dem guten Willen die Absicht als das wesentliche Kriterium der Moralität einer Handlung erkannte, war dieses allesentscheidende Prinzip jeden Tuns und (intendierten) Lassens von S. Muḥammad ﷺ der Menschheit verkündet worden. Imam Ghazālī hat mit vorliegendem Werk das vom Propheten hinterlassene Erbe in einer Form zusammengebracht, die es zu einer unverzichtbaren Lektüre macht.

Erinnerung an den Tod und das Leben danach
Kitāb dhikr al-mawt wa mā baʿdahu
Das 40. Buch der *Iḥyāʾ ʿulūm ad-dīn*
Übers. v. Radhia Shukrullah
144 S., kart.
ISBN 978–9963–40–050–8

IM LETZTEN BUCH seiner „Wiederbelebung der Religionswissenschaften" erinnert der Jahrtausendgelehrte an den Tod und daran, wie entscheidend wichtig es für uns ist, seiner während unseres Lebens zu gedenken.

Es berichtet uns erstaunliche Dinge, daß beispielsweise nach dem Tod geschehene Verletzungen des Körpers von der Seele durchaus wahrgenommen und mit dem Tod Probleme und Gefahren keineswegs verschwunden sein werden. Es schildert Umstände des Sterbens und all jener Dinge, die uns durch die Offenbarung und die Überlieferung des Propheten ﷺ bekannt geworden sind, in einer nie zuvor erfahrenen Genauigkeit, bis hin zur höchsten Form der Glückseligkeit im Antlitz des Barmherzigen.

Mukhtaṣar
The Ihyāʾ ʿulūm ad-dīn as abriged by himself
Translated from the Arabic, and annotated by Marwan Khalaf
480 pages, Hardcover, thread-stitching, book mark
ISBN 978–9963–40–051–5

THE SHAYKH *and Imam, the Proof of Islam, Abū Ḥāmid Muḥammad ibn Muḥammad al-Ghazālī, may Allah be pleased with him, stated*: '– I missed, in some of my travels, a facility for extracting from the *ḍ ʿulūm ad-dīn* its essences, due to the difficulty of carrying it around with me, on account of its bulk. Hence I tackled this matter, seeking success and guidance from God and praising His Prophet. It consists of forty chapters. – And God guides to the truth.'